平凡社新書
941

塀の中の事情
刑務所で何が起きているか

清田浩司
KIYOTA KŌJI

HEIBONSHA

塀の中の事情●目次

プロローグ……13
「塀の中は社会を映す鏡」／〝シャバ〟より居心地がいい？／初めての刑務所取材
打ち砕かれたネガティブな受刑者像

第一章　処遇困難者――深刻な高齢化と再犯問題……25

府中刑務所……26
日本で受刑者最多の刑務所／非常ベルが鳴り響く「五区」／刑務官を脅す外国人受刑者
四人に一人が六〇歳以上

大阪刑務所……37
まるで高齢者施設／意思疎通が困難な受刑者／ゲームする金欲しさに空き巣

広島刑務所「尾道刑務支所」……46
全国でも珍しい高齢者対応の刑務所／塀の中でも〝老老介護〟／カメと戯れる高齢受刑者
無銭飲食の常習者／「特別調整」が必要な高齢受刑者／再犯問題をどう解決するか

第二章　LB級施設――無期懲役者たちの叫び……67

岐阜刑務所…………68
塀の中へ——全裸になり検査を／ほぼ終身刑に近い無期懲役／深刻だった〝過剰収容〟時代
「マル特無期」とは何か／「血が飛び散る夢を何度も……」／恩人に対する裏切り
「野垂れ死にでもいいから社会に出たい」／緊迫した塀の中の運動会／担当刑務官を胴上げ
旭川刑務所…………98
全国初の全室個室化／被害者遺族の声を聞く

第三章　塀のない刑務所…………107

松山刑務所「大井造船作業場」…………108
日本初の開放的処遇施設／驚くべき低い再犯率／〝鬼〟刑務官による厳しい訓練
素養を見抜く幹部職員／いよいよ〝塀の外〟へ／相互牽制で逃走防止
鉄格子、鍵、テレビのない部屋で／先輩作業員からの〝洗礼〟／箸の上げ下ろしから注意
受刑者間の厳然とした〝序列〟／造船所の一般工員と受刑者が分け隔てなく
想像以上の厳しさに／人を見て接し方を変える〝リーダー〟
刑務官立ち合いで家族に電話も／晴れて大井を〝卒業〟

網走刑務所「二見ヶ岡農場」……154
ほとんどが刑務所の〝常連〟／東京ドーム七六個分の巨大農場
受刑者が国道脇でトラクターを運転／受刑者を信用しつつも
生き生きとした表情の受刑者たち

函館少年刑務所「船舶職員科」……171
海の上の刑務所／本気で漁業を目指す受刑者たち／「マグロの遠洋漁船に乗ってみたい」
夜間操業の実習訓練に同乗取材／塀の中で漁業関係者がセミナー

第四章 神輿づくりで受刑者を更生……193

富山刑務所……194
地元からの依頼がきっかけで始まった神輿づくり／高倉健主演映画のモデルになった職員
自動車工場の製造ラインのように／四尺の大神輿が完成
振り込め詐欺の主犯格が神輿づくり／「毎晩、一〇〇万円以上使っていた」
意味のある怒り方／受刑者の口から「達成感」／プレッシャーとの闘い／成瀬氏、涙の退職

第五章　女子刑務所…………223

栃木刑務所…………224
女性受刑者の〝生の声〟／イジメはないのか／〝窓際族〟の受刑者たち
水の飲み方を忘れる受刑者まで／帰る場所がない高齢受刑者たち
「窃盗症」という負のスパイラル／〝取材不可〟のエリア／初めての日本が〝塀の中〟
女子刑務所で初の国際対策室／成田空港で逮捕されたシングルマザー
和気あいあいの日本語教室

名古屋刑務所「豊橋刑務支所」…………254
過剰収容対策で女子刑務所に／人気のメニュー〝黄な粉ご飯〟
〝もう一人の自分〟盗みたいという衝動

和歌山刑務所…………265
収容人数、西日本最多の女子刑務所／箸をつけないのは「ささやかな反抗」
海千山千の受刑者には〝事務的な対応〟
「お友達がたくさんいていいな」／高齢受刑者のほとんどが窃盗罪
思い出の曲をリクエスト／月一回の炭酸飲料が楽しみ

こぼれ出る大粒の涙／運動会にも高齢化の影響／「残りの人生すべてをかけて償う」

第六章　医療刑務所……295

東日本成人矯正医療センター……296
明治から続いた八王子医療刑務所／鉄格子のある病院／乳がん手術の現場を取材
服の色で受刑者を選別／壁に便を塗りたくる受刑者も／座して死を待つだけの受刑者も
深刻だった塀の中の「医師不足」／前代未聞のプロジェクト〝受刑者の大移送〟
病と闘いながら罪を贖う

北九州医療刑務所……326
洗面器を配る刑務官／摂食障害とは何か／対人恐怖症のケースも
何が彼女を追い詰めるのか／摂食障害治療の難しさ
グループミーティングで語られた〝漠然とした不安〟／〝生きている〟という実感
〝逃げられない〟環境ならでは

第七章　塀の外に出てから……353

更生保護施設「両全会」…………354
更生保護施設とは／帰る場所がない女性たち／シングルマザーの新たな入所者
両全会の一日／メイク指導やファッションショーも／「悪いもう一人の自分が」
警察署の面会室での悲しい再会／新たな試み「リ・コネクト」／突然姿を消した寮生
〝薬物事犯〟更生の険しい道のり／「両全会は刑務所より厳しい」
OA中にニュースで逮捕の報を／塀の中からの手紙／〝寄り添い型ケア〟のグループホーム
更生保護施設を出てからも

特別編

元オウム信者との〝面会記録〟…………399
〝塀の中〟での出会い／一七年間にわたる逃走の理由／平田が訴える〝報道被害〟
被害者遺族に対する態度／地下鉄サリン事件前夜〝爆弾事件〟の真相
裁判所の〝恣意的な訴訟指揮〟／オウムはいつから変質したのか
刑務所とオウムの〝共通点〟／オウム死刑囚の一斉執行／平田との関係性

エピローグ…………437

日本の刑務所一覧

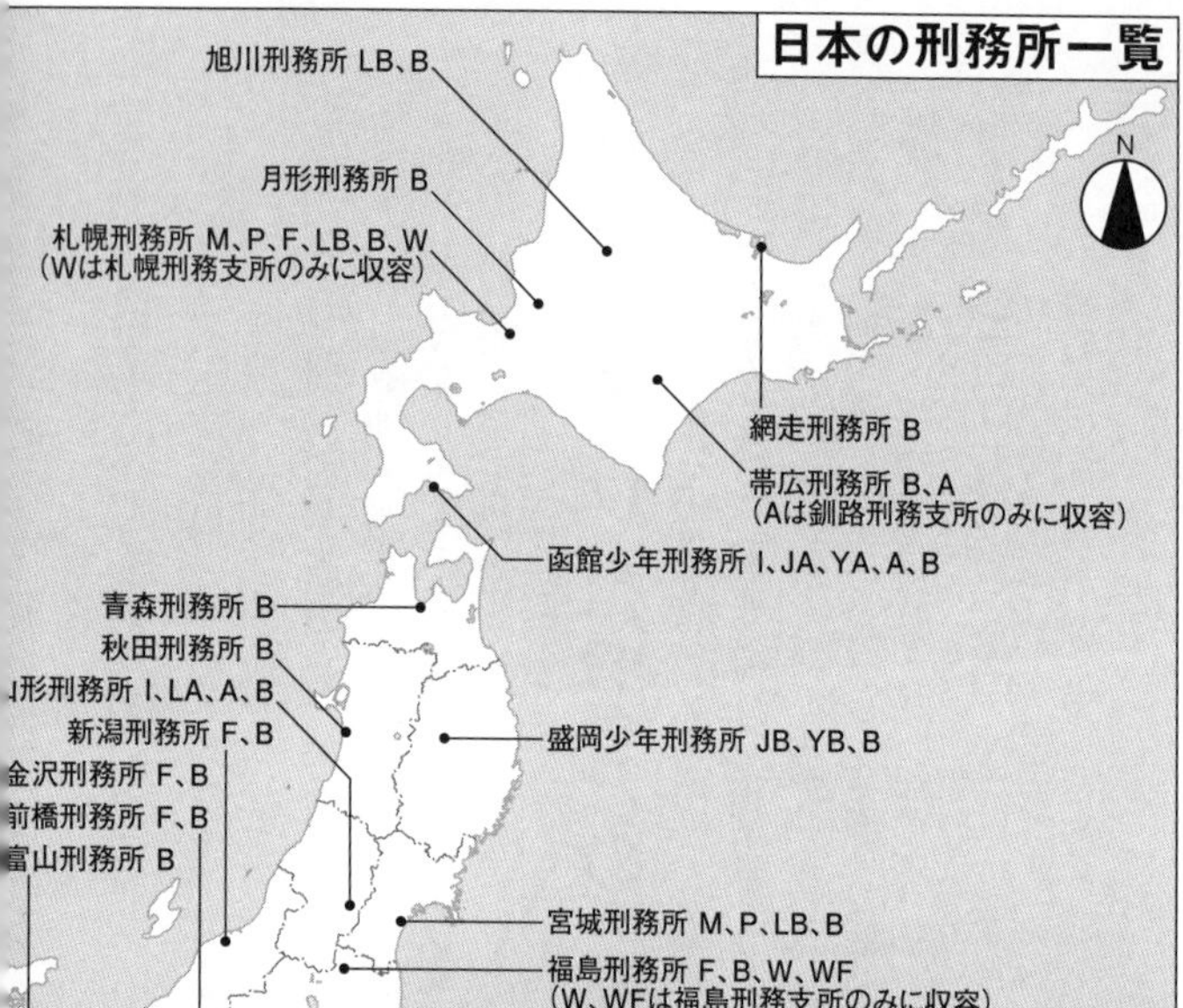

処遇指標

A指標	犯罪傾向の進んでいない者
B指標	犯罪傾向の進んでいる者
W指標	女子
F指標	日本人と異なる処遇を必要とする外国人
I指標	禁錮受刑者
J指標	少年院への収容を必要としない少年
L指標	執行すべき刑期が10年以上である者
Y指標	可塑性に期待した矯正処遇を重点的に行うことが相当と認められる26歳未満の成人
M指標	精神上の疾患又は障害を有するため医療を主として行う刑事施設等に収容する必要があると認められる者
P指標	身体上の疾患又は障害を有するため医療を主として行う刑事施設等に収容する必要があると認められる者

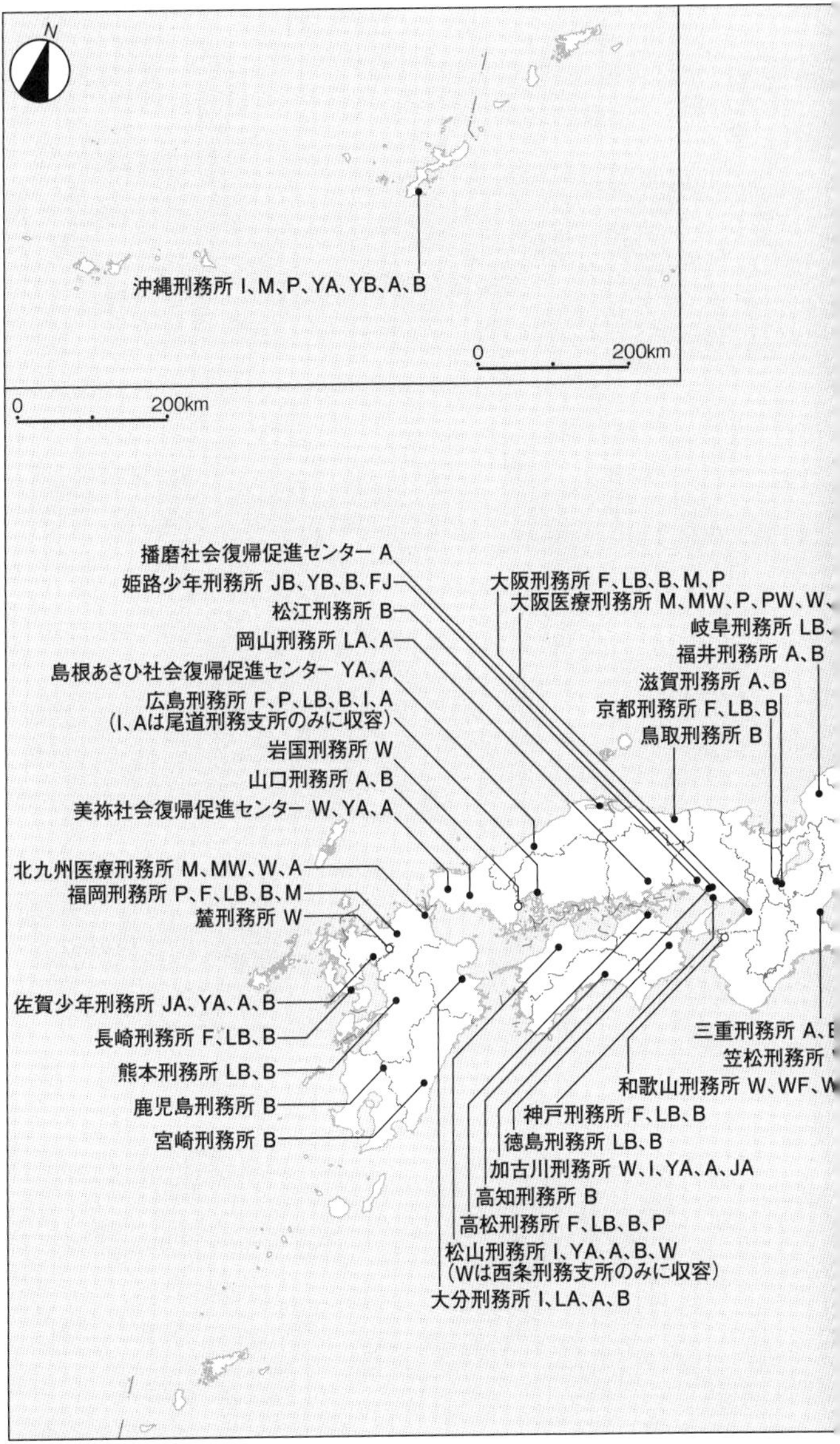

N
沖縄刑務所 I、M、P、YA、YB、A、B
0
200km
0
200km
播磨社会復帰促進センター A
姫路少年刑務所 JB、YB、B、FJ
松江刑務所 B
岡山刑務所 LA、A
島根あさひ社会復帰促進センター YA、A
広島刑務所 F、P、LB、B、I、A
(I、Aは尾道刑務支所のみに収容)
岩国刑務所 W
山口刑務所 A、B
美祢社会復帰促進センター W、YA、A
北九州医療刑務所 M、MW、W、A
福岡刑務所 P、F、LB、B、M
麓刑務所 W
佐賀少年刑務所 JA、YA、A、B
長崎刑務所 F、LB、B
熊本刑務所 LB、B
鹿児島刑務所 B
宮崎刑務所 B
大阪刑務所 F、LB、B、M、P
大阪医療刑務所 M、MW、P、PW、W、
岐阜刑務所 LB、
福井刑務所 A、B
滋賀刑務所 A、B
京都刑務所 F、LB、B
鳥取刑務所 B
三重刑務所 A、
笠松刑務所
和歌山刑務所 W、WF、W
神戸刑務所 F、LB、B
徳島刑務所 LB、B
加古川刑務所 W、I、YA、A、JA
高知刑務所 B
高松刑務所 F、LB、B、P
松山刑務所 I、YA、A、B、W
(Wは西条刑務支所のみに収容)
大分刑務所 I、LA、A、B

プロローグ

「清田さん、刑務所の食事がなぜ〝クサい飯〟って言われるかご存じですか？」

以前、ある刑務所の取材中に立ち合っている刑務官から突然、こんな素朴な質問が投げかけられたことがある。刑罰だからか、おいしくないからか、わかりそうでわからない。

「すみません、知りません。どうしてですか？」

「諸説あるんですが、雑居房（現在では集団室と呼ばれる）だと一つの部屋でトイレが五、六人共同じゃないですか。そのトイレのすぐ脇で食事をしなくてはいけないので、〝クサい飯〟って言われているんですよ」

刑務所で取材していると、男子と女子の施設で一番感じる違いは、その臭いである。男子刑務所の集団室の棟の廊下に立つと、汗や体臭などがない交ぜになった〝男臭さ〟に圧倒される。集団室の場合、刑務官の言うように各部屋の中に共同のトイレが設置されているため、掃除は毎日しているものの、そのトイレの多さからも独特の臭いが漂っているのだ。

一方、多くの女子刑務所の集団室の棟はトイレが各階に一つずつしかない。部屋には鍵がかからず、夜中でも部屋を出てトイレに行くことができる。これは「半開放」と呼ばれていて、女性施設の特色でもある。女性と男性の体臭の違いもあるだろうが、このトイレの数の違いによって、男女の施設で醸し出す臭いの違いが出ているのかもしれない。

ところで、その〝クサい飯〟を最近口にする機会があった。刑務所での朝昼晩三度の食事は毎回、所長や担当職員が試食し、異常がないかを確認する（これを「検食」という）。ある女子刑務所を取材中、所長から「今から夕食を検食しますが、清田さんもどうぞ」と言われ、サンプルを差し出された。この日の副食は焼き魚、キャベツと油揚げの煮浸し、わかめの中華風サラダ。主食は米七対麦三の麦飯であった。できたての食事は一般社会で食べられているものと全く遜色なく、おいしくいただけた。

今や白いご飯より麦飯のほうが値段が高いのだが、塀の中では健康面も配慮して伝統的に麦飯が続いている。とはいえ取材した所長によると一日三食にかかる費用は受刑者一人あたり四二三円、ワンコイン以下で賄《まかな》っているというから、その努力は評価に値すると思う。

「塀の中は社会を映す鏡」

私が刑務所取材を始めて二〇年近くなる。これまで北は北海道、南は九州まで三〇か所以上の刑務所や少年院などの刑事施設を取材し、テレビ朝日のニュース番組「スーパーJチャンネル」や「報道ステーション」で特集として放送してきた。ここまで長く全国各地の刑務所取材を続けた理由は、「塀の中は社会を映す鏡」という簡潔だが実に的を射た、ある法務省幹部の言葉に感銘を受けたことがきっかけだった。

二〇一九（平成三一）年四月現在、全国に刑務所は六一か所、少年刑務所は六か所ある。受刑者は男性が四万一五六人、女性は三五六四人。ここ数年は四万人台で推移しているが、ピークだった二〇〇六（平成一八）年ごろには六人用の集団室に定員を超える八人もの受刑者が収容されていた時期もあった。ある法務省幹部は失業率の低下により刑務所への入所者数が減ってきていることが要因ではないかと分析していた。

その塀の中を見てみると、窃盗、薬物事犯の再犯率は深刻さを増すばかりである。歯止めが掛からない受刑者の高齢化もまさに一般社会を映す鏡のようである。実際、数字上でも六〇歳以上の受刑者が実に二〇％を超えているのだ。「老後破綻」という言葉も使われて久しくなるが、近年は高齢者になって初めて罪を犯し塀の中に入るケースも増えてきているという。高齢化で受刑者の医療費も年々、増加している。

またピーク時には各地で外国人受刑者も増え、「国際対策室」なる新しい部署を設けた刑務所もある。現在は外国人受刑者の数も落ち着いているが、入管法（出入国管理及び難民認定法）の改正で残念ながら、その数は再び増加に転じる可能性もある。まさに刑務所は「社会の縮図」であり、今、社会が解決すべき問題が塀の中に凝縮されている、と言えよう。

〝ジャバ〟より居心地がいい？

私が数多く取材した中でも、関東地方唯一の女子刑務所である栃木刑務所の現場を見たときの衝撃は忘れられない。

受刑者は毎朝、自分の部屋から刑務作業を行う工場へ移動する。工場ごとに列を組み歩くのだが、その最後尾には自力で歩くこともままならずシルバーカーと呼ばれる手押し車に手をかけてゆっくりと移動する高齢者が数人いたのだ。中には他の受刑者の介護を受けながら移動する者もいた。

こんな優しそうなお婆ちゃんたちが一体どんなことをしてここに来たのだろう――。

まず頭に浮かんだのは素朴な疑問だ。

工場担当のベテラン刑務官によれば、認知症が進んで水の飲み方すら忘れ一人で薬を飲むこともできない者、自分の称呼《しょうこ》番号（刑務所から与えられる番号、受刑者は所内でこの番号で確認されることが多い）さえ言えない者、さらには俄に信じられない話だが、休みが明けると歩き方すら忘れてしまい、朝、部屋から全く動けない者までいるというのだ。

そのようなときは刑務官が「こうやって足をあげて！」と歩き方から教えるのだと嘆い

ていた。そのため刑務官たちは休み明けが憂鬱になるという。取材中、その〝悲しすぎる現実〟に、思わず言葉を失った。高齢受刑者の指導をする刑務官の姿は、さながら介護士のようにも見えた。いまや刑務所は〝介護施設状態〟にあると言っても過言ではないのだ。

ではなぜ、こうした高齢者が塀の中で服役しているのか。女性の場合、その罪状のほとんどは窃盗事件か覚醒剤など薬物事件で服役している。

窃盗罪での再犯の場合は「常習累犯窃盗罪」が適用され、刑期も長くなる傾向にある(窃盗罪は懲役一〇年以下か罰金五〇万円以下。常習累犯窃盗罪は窃盗、窃盗未遂罪にあたる行為を常習的にする罪で、過去一〇年間に三回以上懲役刑を受けた者が新たに罪を犯すと成立、三年以上の有期刑となる。現在、有期刑の最高は三〇年である)。

彼女たちは刑務所を出所しても身寄りがなく、結局一般社会では行き場がないケースが多いのだ。高齢のため、職に就くこともできず、手元にあるわずかなお金を節約し、空腹に耐えかねてスーパーやコンビニ店でおにぎりやサンドイッチなどを万引きして逮捕、起訴され、実刑判決を受け再び塀の中に舞い戻ってきてしまう。いわば食べるために万引きしたり、刑務所に入りたいがために再犯を繰り返してしまうケースがままあるということだ。

数年前、ある女子刑務所を取材した際、八〇代の受刑者の言葉が今でも強く印象に残る。私が「もう二度と塀の中には戻ってきたくはないですよね?」と尋ねると、

「ええ、それはそうなのですが、ここは雨風もしのげて三度の食事も出て、布団にくるまって寝られて、先生（刑務官のこと）もやさしくて本当にいま、ありがたい気持ちでいっぱいなんです、感謝、感謝、感謝で何も言うことはありません……」

彼女は塀の中で最期を迎えるのを決めているかのような話しぶりであった。高齢の男性受刑者にも時折、見受けられるが、再犯を繰り返し服役生活が長くなると、刑務所生活のほうが一般社会にいるより居心地がいいと感じさせてしまうケースがあるのだ。

実は刑務所取材をしていると、いつもこのジレンマに陥る。言わずもがなだが「懲役」とはペナルティ、刑罰である。「罰」であるのにもかかわらず、居心地がいいと思わせてしまっては、もはやその意味をなしていないのではないだろうか。そこには、われわれ社会が抱える根源的な問題が隠されているのではないか――それを知りたくて私は刑務所取材を続けているのである。

初めての刑務所取材

私は一九九一（平成三）年にテレビ朝日に入社し、以来、報道局で社会部記者、ニュース番組「報道ステーション」「スーパーJチャンネル」のディレクター、デスクを務めるなど報道畑を歩んできた。

入社五年目になろうとしていた一九九五年三月、死者一三人、負傷者六〇〇〇人超という未曽有の被害を出した地下鉄サリン事件が起きた。私はオウム裁判が本格化した同年九月から司法クラブに異動し、司法記者として二年、キャップとして三年、計五年担当した。当時、わが社も司法クラブにはキャップ以下六人の記者を擁した。

司法クラブの記者の仕事を簡単に説明すると、主に裁判担当は最高裁判所、東京高等裁判所、東京地方裁判所の各裁判所の法廷で裁判を傍聴し記事にする。そして検察担当は最高検察庁、東京高等検察庁、東京地方検察庁に出向き特捜部が手掛ける政界の疑獄事件や大型経済事件、脱税事件などの取材をする。新聞・通信社には法務省の記者クラブである法曹記者クラブに専属の記者がいたが、民放各社は司法クラブの記者が法務省関連の取材もカバーしている。

私が司法キャップをしたのは一九九八（平成一〇）年から二〇〇一（平成一三）年までの三年間だった。この間、偶然ほぼ同じ時期に法務省の広報室長を務めた方がいた。室井誠一氏。この方は法務省では数少ない、いわゆる〝キャリア官僚〟だった（法務省トップの次官は歴代、検察官が務め、各局長も検察官、裁判官が占めている。近年はようやく、刑務所を所管する矯正局の局長に法務省プロパーが就くことが多くなってきた）。実は先の「塀の中は社会を映す鏡」はこの方から聞いた言葉だ。

キャップと広報室長というカウンターパートの関係にあり、接する機会も多かったのだが、実に物腰が柔らかく、私が初歩的な質問をしても決して嫌がらず答えてくれた。

私が司法キャップから本社の遊軍キャップに異動になるとき、室井氏も松本少年刑務所の所長へと転勤となった。実は私が初めて刑務所を取材しようと思ったのは、室井氏が所長になったからであった。

二〇年ほど前、初めての刑務所取材となった松本少年刑務所、それはまさに驚きの連続だった。JR松本駅から車で十数分。施設に到着すると、室井所長(当時)と広報担当の職員が出迎えてくれた。控え室に案内されると、まず職員から、

「刑務所の取材は初めてとお聞きしました。取材に入る前にいくつか注意事項、禁止事項について説明させてください。まず申し訳ありませんが、携帯電話、たばこは必ずこちらの控室のロッカーに入れていただき、塀の中には絶対に持ち込まないでください」

と指示された。これは取材中、万が一にも落として受刑者が拾うなどした場合に大変な事態になるからだ。また、取材で必要なボールペンやメモ帳、撮影に必要な機材やテープなどの落し物にも、当然のことながら十分、注意をするよう最初に言われる。

また、塀の中での取材中にはスタッフ同士でも名前で呼び合わないことを注意された。

「受刑者たちは、ほんの些細なことでも、どう逆恨みするかわかりませんから、塀の中での会話には十分気をつけてください。お名前がわかってしまうと後々問題にならないとは限りません。それと、あまり笑ったりすると、精神的に不安定な受刑者もいますので、自分を見て笑ったのだと勘違いしたり、被害妄想的に思われてしまうこともありますから、

それも注意してください」

塀の中の取材は通常とは違う緊張感を持って行われなければならないのだ。当然のことながら目の前にいるのは何らかの罪を犯した人間ばかりであるということを忘れてはならないのだ。

さらに、職員からは、こんな注意も受けた。

「塀の中では、どんなに急いでいても走らないでください。なぜかというと受刑者たちが何かあったのかと勘違いしたり、不安になったりします。万が一受刑者とぶつかったりすると大変なことにもなりますので、移動は必ず私と一緒にお願いします」

塀の中の日常は、起床、朝食、工場での刑務作業、昼食、夕食、自由時間、就寝と同じことの繰り返しである。そこへわれわれのような取材班が入るとなると、途端に「非日常」が現れることになるのである。特に女子刑務所の場合、取材に立ち合う職員から、

「取材者の皆さんが男性なので、収容者（職員は受刑者のことをそう呼ぶ）もなんか浮き足だっていますね、普段と違うことが起きるとざわざわするんですよ」

と囁《ささや》かれたこともある。これはまさに塀の中、独特の現象である。

打ち砕かれたネガティブな受刑者像

細かい注意事項、禁止事項の説明を受け、私はいよいよ初めて塀の中に入った。季節は

夏、八月だった。その年は猛暑で冷房がないと熱中症になりそうなほどの暑さだった。しかし、刑務所の中では病舎と呼ばれる病気やけがをした受刑者が収容される場所を除き、冷房はかかっていない。職員に受刑者たちが刑務作業をしている工場まで案内される。そこで私は初めて目にする受刑者たちの姿に衝撃を受けた。

収容されているのは二〇歳未満で犯罪傾向が進んだ少年受刑者、二六歳未満でやはり犯罪傾向が進んだ成人受刑者だ。少年刑務所といっても、現在は子どもの数が減り少年事件も減少していることから、実は成人の受刑者のほうが多い。他の成人刑務所と較べるとここは収容者の平均年齢が若いのが特徴だ。私が取材した当時、工場にいた多くの受刑者は二〇代に見えた。

松本少年刑務所は施設内に中学校がある唯一の刑務所でもある。中学校は桐分校といい、全国の刑務所から義務教育を終えていない受刑者を集めて中学校教育を行うという特色もある。この桐分校はテレビドラマにもなった。また松本筑摩高校の協力により、通信制の高校卒業資格を取得することも可能だ。

ここには木彫や研磨などの木工工場、印刷工場、アルミの鋳造品のバリ取りや端子を組み立てる金属工場、自動車整備工場などがある。

また取材時には、「情報処理科」という新しい職業訓練が始まるところでもあった。受刑者たちが情報処理の資格の国家試験（経済産業省が認定）を目指すという試みで非常に興味深かった（以後、私は受刑者たちが慣れないパソコンで悪戦苦闘する様を半年ほど密着取材し、特集として三回にわたって放送した。第一期は一〇人の受刑者が国家試験を受験、三人程が合格したと記憶している）。

前述したが、懲役は刑罰であるのだから刑務作業は受刑者たちにとって「義務」であるのは言うまでもない。しかし、その刑務作業の様子を実際に目にして、私が描いていた〝ネガティブな受刑者像〟はまたたく間に粉砕された。みな額に汗して真剣に作業をしていたのである。

どの工場も備えつけてあるのは扇風機のみである。彫刻刀を手に木材を彫っている者、玄関の門扉のバリ取りを必死に行う者、自動車整備工場ではこの暑い中、車の下に潜り込み黙々と作業をしていた。印刷工場では印刷機を前に印刷物を一枚一枚丁寧にひたすらチェックし続けていた。

刑務作業中には休憩時間もあるのだが、工場によっては休憩の終わり間際に受刑者たちが集まり、掛け声をかけ「頑張るぞ、よっしゃー！」と叫んで作業を再開していた。

多くの受刑者たちが与えられた仕事を懸命にこなしていこうという前向きな感じに映ったし、工場ごとの団結も感じられた。罪を犯してしまった若者たちも社会復帰を目指し更生しようと必死にもがいている……初めて見るその光景に私は思わず目を奪われた。

もちろん、受刑者のなかには挑戦的な視線を向けてくる者もいた。しかし、これまでの自分が「受刑者＝犯罪者＝悪」という短絡的な思考に陥っていたことを思い知らされる瞬間であった。

彼らはいったいどんな罪を犯してここにいるのか。いま遺族や被害者にはどんな思いを抱いているのか。自分の家族に対する思いは？　そして、いまどんなことを考えながら日々生活しているのか――。

彼らから話を聞きたい、いつの間にか私の中でそうした思いが募っていった。それが宿命だったのか私は刑務所取材にはまっていき、気づけば二〇年近く経っていた。言ってみれば刑務所取材がライフワークの一つになっていたのだ。

人間は過ちを犯す生き物である。取材を進めると受刑者一人ひとりにはさまざまな事情、背景、そしてドラマがあることがわかる。そして、そうした過ちを犯した彼らをまた社会で受け入れるために、われわれが何をすべきか、どう向き合うべきか、いま何ができていないのか、幾度となく考えさせられた。

本書を執筆するにあたって、「スーパーJチャンネル」で長年、一緒に特集を制作している連形昂志ディレクターには取材資料の提供など多大な御協力をいただいた。この場を借りて御礼申し上げたい。

なお本文中のデータ、登場人物の役職、年齢などはすべて取材当時のものである。

第一章　処遇困難者

——深刻な高齢化と再犯問題

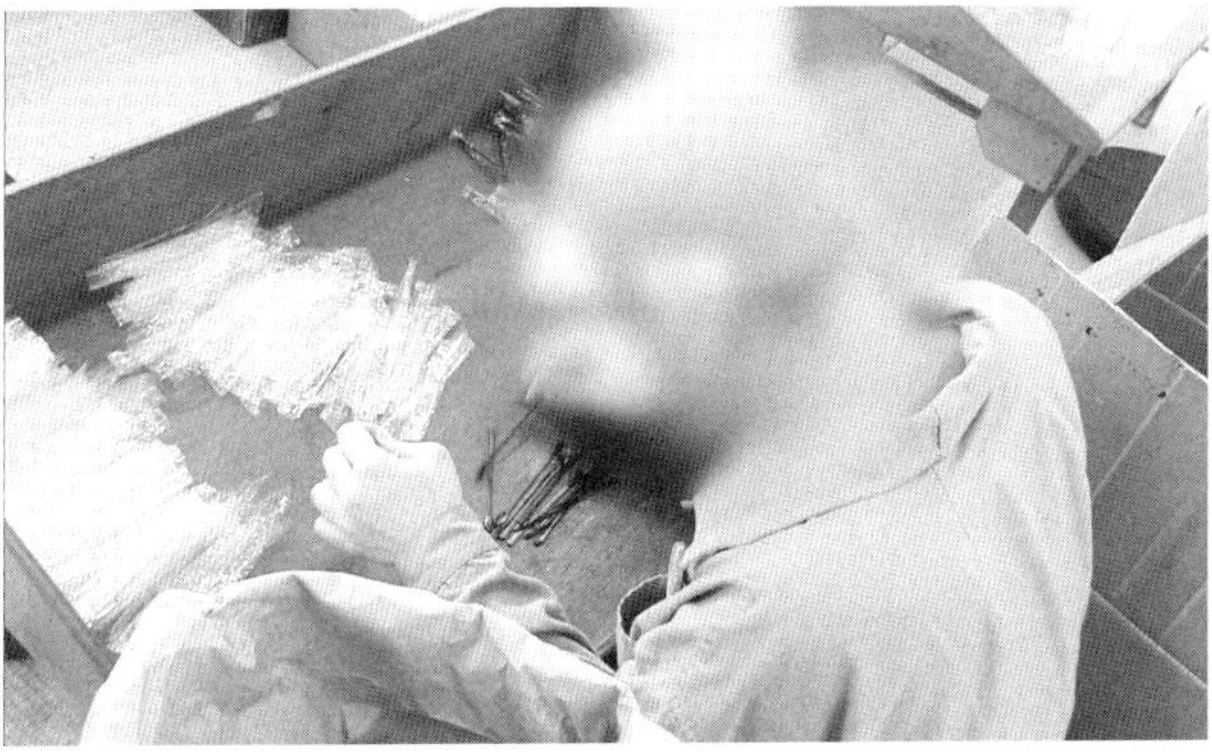

製品の不良を見つけ分別する刑務作業。大阪刑務所

府中刑務所

日本で受刑者最多の刑務所

近年、塀の中では「処遇困難者」と呼ばれる受刑者が増えており、深刻な問題となっている。処遇困難者とは、身体・精神疾患を持つ者や薬物中毒、自傷行為に及ぶ者、粗暴な振舞いを繰り返し刑務官の指示に従わない者など、一般の受刑者との共同生活が困難な受刑者のことをいう。

処遇困難者が増えている背景には、一般社会同様、塀の中でも高齢化が進んでいるのに加えて、窃盗や薬物事犯を中心に再犯率が高くなっていることなどが挙げられる。ここでは、こうした処遇困難者を数多く抱え、刑務官が対応に苦慮している塀の中の実態を紹介したい。

まずは府中刑務所、受刑者数が日本最多の刑務所だ。一九六八（昭和四三）年一二月に起きた三億円事件の現場は府中刑務所の塀沿いの通りだった。白バイに乗った警察官の制服姿の男が「この現金輸送車に爆弾が仕掛けてあるかもしれない」と声を掛け、運転手ら四人を車から降ろして現金を奪って逃げたのがまさに府中刑務所の裏だった。

その歴史は長く、ルーツは江戸幕府が石川島（現在の東京都中央区佃）に設置した人足《にんそく》寄場《よせば》にさかのぼる。人足寄場とは犯罪を重ねる者たちを収容した施設で、明治維新で廃止されたがこれが府中刑務所の前身とされる。一八九五（明治二八）年、監獄機能は西巣鴨に移転されたものの、一九二三（大正一二）年の関東大震災で全壊したため、東京府府中町（現在の東京都府中市）に移転。一九三五（昭和一〇）年に府中刑務所としてスタート、累犯受刑者で改善困難な者を収容するようになる。

ここには刑期一〇年未満の犯罪を繰り返した、いわゆる累犯受刑者ら約二六〇〇人が収容されている（二〇一三年取材時）。金属加工や木工などの一般の刑務作業を行う三二の工場は「一区」「二区」「三区」に分けられている。

さらに、洗濯工場や炊場《すいじょう》と呼ばれる食事を作る工場など受刑者の生活回りの世話をする場所は「四区」と呼ばれる。四区で作業するのは「経理係」と呼ばれる模範的な受刑者だ。府中刑務所では、いわゆる模範囚と呼ばれる行状の良い受刑者が減少し、刑務所の運営を揺るがしかねないような事態が起きていた。炊場では当時、三七人の受刑者が三時間ほどで二五〇〇人以上もの食事を作らなければならないのだが、作業に必要な人数に一〇人ほど足りない状態が続いていたのだ。

洗濯工場を見てみる。受刑者の衣類や寝具などを洗濯・補修するのが主な仕事だ。日本の刑務所では「受刑者ができることは自分たちで賄う」という自給自足が原則になっている。受刑者に現状を聞いた。覚せい剤取締法違反と窃盗で刑務所は二度目、今回は懲役三年六か月の刑に服している。

「自分が洗濯工場に来た一年半前から一〇人ほど人数が減ってしまいました。それと以前と比べて年齢層が全体的に高くなっていますが、私たちのいる工場は力仕事とかあるので、年配の方ですと作業を補助しなければならないので大変な部分はあります。人が足りないところをカバーしあっているのが現状で、高齢化と人数が減ってしまったことが一番つらいです」

――一人当たりの仕事量が増えていると？

「そうですね、受刑者の数が減っていますので一人で二人分の仕事をしたり、最悪の時は三人分の仕事をしなければならないのが現状です」

洗濯工場の担当になって三年目だという刑務官に聞くと、当初は五五人いたが、四〇人を切ったときもあったという。洗濯工場では一日一万枚から一万五〇〇〇枚の衣類を限られた時間で洗濯し、各受刑者に返さなければならないという。

――やはり現状の人数は厳しいですか？

「今現在がぎりぎりの状況でやっていますので、あと一〇人、二〇人程度減ると相当厳しいのかなと思います」

と受刑者と同じことを指摘した。

刑務所の運営を根底から揺るがしかねない事態に陥っているとも言えるが、府中刑務所に特別に設置された「五区」と呼ばれるエリアに集められた受刑者たちの様子を見ると刑務所が抱える問題の根深さが見えてくる。

非常ベルが鳴り響く「五区」

「ピー！　医務棟・廊下、非常！　医務棟・診察室、非常！」

取材中、刑務所内で緊急事態が起こったことを告げる非常ベルが鳴り響いた。非常ベルが鳴ると、持ち場を離れることができる職員全員が現場へ駆けつけるのがルールだ。一日鳴らない日もあるが、二、三回は鳴ることが多いという。多い時には一日八、九回も鳴るときもある。この時、刑務官たちが向かった先は、問題の五区だった。診察室で、何かが起きたようだ。「うぉ〜」と時折、叫び声も聞こえる。

中から連れ出されたのは、三〇代の外国人受刑者。診察中に突然、職員につばを吐きかけ、暴れだしたという。受刑者は興奮を鎮めるため、二四時間監視の保護室へ連行された。

刑務所内でも特別なエリア「五区」。周囲は逃走防止用のフェンスに囲まれ厳重に管理されている。そんな五区を取材することが許可された。五区の担当者に聞く。

——こちらにはどのような受刑者が集まっているのですか？

「まず意思の疎通が困難な者です。また理由もなく自分を傷つけてしまう者や、突然職員の制止を聞かず、大声を出すなど、処遇が困難な者を多数収容しています」

五区に収容されているのは、まさに処遇困難者だ。刑務所の処遇に不満を持っていたり、身体・精神疾患を抱え医療上の理由で共同生活ができない受刑者たちである。全体の受刑者の中で、その数は年々増加しているという。

——受刑者は昔と比べ変化していますか？

「受刑者が変わった点は人権意識が高くなったということですね。われわれの言葉尻をとらえたり、何かあれば訴訟にもっていくとか、また自分をコントロールできない人が最近増えているのかなとも思います」

一般の受刑者とは違い、その多くは「昼夜間単独室」と呼ばれる個室の中で簡単な刑務作業を行い、一日を過ごす。部屋の中をのぞいてみるとハンガーを作っていた。中には刑務作業の時間が始まっているのに一向に作業をしようとしない受刑者もおり、刑務官から注意を受けていた。

刑務官を脅す外国人受刑者

五区では、冬は週に二回と定められた入浴も特別な浴室に一人で入ることになっている。受刑者がトラブルを起こした時に事情を聞く「調べ室」が受刑者の居室のすぐ近くにあるのも特徴だ。運動の時間になると刑務官が一人一人に運動に行くか確認していた。

受刑者が、唯一外に出ることができる一日三〇分の運動時間も独特だ。一般の受刑者がシャワー設備も付いた広いグラウンドでスポーツなど自由に過ごしているのに対して、五区では一つ一つ区切られた運動場の中で行っていた。

運動場といっても壁と鉄格子、有刺鉄線に取り囲まれた非常に狭い空間だ。これも、受刑者同士のトラブルや、逃走を謀ったりすることを防止するための処置なのだ。中には車椅子や松葉杖が必要な受刑者もいた。そうした受刑者のためには両脇には手すりが設けられている。「運動時間」とは言うものの細長い狭い空間をただひたすら行ったり来たりしたり、柔軟体操などをするだけだ。五区担当の刑務官が厳しい現状を話す。

「何より本当に突発的な事案が多いのが五区です。居室の中で机を持って、窓ガラスをたたき割ったので制止したのですが、そのガラスの破片を持って職員に向かってくる場面もありました」

そして、懲罰中の五区の受刑者に、きちっと刑務作業をするように指導する場面にも遭遇した。刑務官が部屋をのぞき注意する。

「起きなさい！」

「What's?」

「起きなさい！」

「Fuck you!」

指導を受けていたのは外国人受刑者だった。室内では、座って作業をしなければならないのに、寝転がっていたのだ。外国人の場合は特に「言葉の壁」や文化の違いなどから日本での受刑生活になかなか適応できないケースも多いという。

「起きたか？」

「バカ！」

「バカじゃないよ、ほらちゃんと座って！」

反省する様子は全くない。それどころか、こんなことを言い始める。

「あなたの子ども、いくつですか？」

「子どもじゃない。あなたが座る」

「あなたの子ども、いくつですか？」

「子どもがどうしたの？　子どもは関係ない」

しきりに刑務官の家族のことを口にするのには、理由がある。家族に危害が及ぶことを臭わせて、脅しているのだ。

「きちんと座りなさい。じゃあ、また来るぞ！」

これまでの常識が通用しない新しいタイプの受刑者、それが五区の現実なのだ。これは大変そうだ。刑務官に聞く。

——会話が成立しない感じにも見えましたが？

「一回ダメだったら、そこであきらめるのではなく、何回も同じことを指導していきたいと思います。通訳を介して実際の心情ですよね、何を思っているか聞いたり面接等を行ったり日頃から意思の疎通がはかれなくても声かけをして心を開いてくれる場合もあります。日々こつこつとやっていくしかありません」

四人に一人が六〇歳以上

五区の中の「西四舎」というエリアには、車椅子や松葉杖を使用している者、つまり自力で歩行が困難な者など身体的な理由で集団生活ができない受刑者が収容されていた。彼らを連行する際には転倒しないよう注意しているという。こうした受刑者と接する上で担当刑務官は、

「集団生活ができず一人でいる時間が長いので精神的に参ってしまうケースもあります。ですので定期的に職員が話を聞いたり、ここのフロアの者を集めて運動させたり、話をする機会を与えてストレスを発散させるように気をつけています。話し相手がいないと人間というのは塞ぎ込んでしまうということがありますので……」

こうしたエリアでは非常ベルも鳴りやすい。

「やはり季節の変わり目は心情的に不安定になって、精神に変調をきたすこともあります。冬から春先にかけて、そして夏場は暑さからストレスが高まっているので非常ベルの発報

は多いです」

夜八時半、静まり返った五区。いつ、不測の事態が起きるかわからないこのエリアでは夜間の巡回も二人一組で行われている。

「東五舎一階、非常！　東五舎一階、非常！」

やはり、非常ベルが鳴ったのは五区だった。いったい何が起きたのか。刑務官に聞くと、

「職員の制止に従わず大声を発し続けたという事案です」

認知症の症状がみられる七〇代受刑者が、部屋の中で、大声を出し続けていたというのだ。五区には認知症の高齢受刑者が数名いるという。

――夜になっても、こういうことがよく起きるのですか？

「時間は関係ありません。どうしても自分で抑えられない人が真夜中でも大声を出すことはよくあることです」

五区が抱えるもう一つの深刻な問題、それは高齢受刑者をどのように処遇するかだ。高齢のため、一般の工場で働くことができない受刑者が年々増えている。このため五区には「養護工場」と呼ばれる高齢の受刑者が作業をする場所があり、ハンガーのシールはがしなど、通常の刑務作業より簡単な軽作業をしながら一日を過ごしている。

取材時、一部屋に六人いたが、みな七〇代、八〇代であった。刑務官になって七年目という担当者にどんなことに気をつけているのか聞いてみる。

「やはり高齢の受刑者が大人数の居室内で生活しておりますので、ちょっとしたことで揉め事が起こったりします。表情に変化がないかというところに注意して接しています」

——養護工場の中でのトラブルはありますか？

「養護工場では居室内で作業をして、その場で夜も寝食をともにしているものですから些細なことで喧嘩が起こったりします」

——どういう喧嘩ですか？

「それはもう、つかみ合いや殴り合いの喧嘩です。高齢であっても、そうしたことはあります。入浴の時にぶつかったり、部屋の中の掃除をしない人がいるとか、ほんとに些細なことですね。集団生活ですのでストレスは溜まっているとは思います」

基本は職員が制止して収まるが、興奮状態になって殴りかかったり、暴れまわるなどして職員が制止できない場合には手錠を使うこともあるという（ちなみに刑務官は通常、警棒を持っていない）。

府中刑務所の受刑者の平均年齢は四九歳。受刑者の四人に一人が六〇歳以上だ。五区に収容されている七〇代の受刑者に話を聞くことができた。常習累犯窃盗罪で、今回が八回目の服役だという。

「刑務所を出てもなかなか仕事がないし、さみしいから賑やかなところに、つい行ってしまいます。デパートとか、そのへんにある物を持っていっちゃうんですよ」

今回は置き引きで被害額は四、五万円だという。そして自分の身の上を話し始める。

「私の場合はね、三歳のときに親父に捨てられて、小学校も行ってないんですよ。四五、六までは書くことと読むことも全然できなかった。私は一七歳まですごく苦労しました。夜は橋の下で寝ました。電気もない、ろうそく一本の生活ですよ。鉄屑拾ってそれを売って生活をしてました。もちろん風呂なんてないし、銭湯にいったのも一年に二、三回くらいですよ。逆に刑務所はつらいとは思わなかった。三食ついて布団の上で寝られて本当に天国みたいなところですよ、刑務所は」

――社会のほうがつらいですか？

「まあね、友達はいないし、話す相手はいないし……。夜、酒飲むでしょう、ふらっと気が大きくなってそのへんにあるもの盗っていってしまう、その繰り返しですよ」

男は胃がんを患《わずら》い、手術したが体調はよくないという。母、妹とも六〇年以上会っていない。

――出所後は何をしたいですか？

「社会出たらやりたいことは、おふくろと妹がどうなっているか調べたいと思っている、それだけ。今度、社会に出たら歳でしょう、働けないでしょ、体も悪いし……」

身寄りも仕事もなく、もし出所したとしても、その後の生活の当てがない高齢受刑者が行きつく先は再び刑務所なのか。五区の責任者に聞く。

「初犯の人が減っている一方で再犯者の数は一向に減らない。再犯も回数を繰り返すと高齢化が進みます。その悪循環に陥っているのではないのかと思います」

——限界を感じることはないですか？

「限界を感じたことはありません。累犯は多いですけど、二度と刑務所に入らないという気持ちの者も中にはいると思います。いずれ社会にでたら『刑務官の中にもいい刑務官もいたな』という感じで目覚めてもらえたらと思って受刑者と接しています」

「東四舎三階、非常！　東四舎三階、非常！」

そして、今日もまた府中刑務所では急を告げる「非常ベル」の音が鳴り響く。日本最多の受刑者を抱える刑務所には、心休まる時は一瞬もない。

大阪刑務所

まるで高齢者施設

大阪・堺市の市街地の真ん中に位置する〝西日本最大〟の大阪刑務所。関係者の間では略して「ダイケイ」と呼ばれる。ここにも再犯や暴力団関係の受刑者などおよそ一八〇〇人が収容されている。取材した当時（二〇一七年）、最高の服役回数は三五回目という人生のほとんどを塀の中で過ごしている受刑者もいた。

工場での刑務作業を見ると他の刑務所とは少し違った運用をしている。大阪刑務所では刑務作業が受刑者の状態によってA、B、Cと三つのタイプに分けられているのだ。中には小さなスプーンの袋を外したり、ナプキンを折るだけという簡単なものもあった。いったい、西日本最大の刑務所で何が起きているのか、紹介していきたい。

午前六時五〇分。大阪刑務所の一日が始まる。起床時間の様子を見ると、ある一角に少し様子が違う受刑者たちの姿があった。

刑務所では布団やシーツのたたみ方、置き方に関して細かいルールがあるのだが、起きてから十数分経っても一向に布団やシーツがたためないでいる者がいる。何をするにしても非常に動作が遅いのだ。中には外国人受刑者の姿があったが、他の受刑者が身支度を整え、すでに部屋の掃除を行っているにもかかわらず、着替えすら終えていない。神経質なのか丁寧に毛布をたたんでいて一向に着替えようとしない。

職員が部屋を見回り、早く着替え、部屋の掃除をするよう再三促す。

どうにか、着替えを終え、部屋の掃除を済ますと刑務官が「気をつけ！」と号令をかけ朝の点検が始まる。施錠されているか、受刑者たちが自分の部屋にいるかを刑務官が二人一組になって確認していく。

認知症の症状を示す受刑者。大阪刑務所

「六一室、点検！　一名」

「一名」

　朝点検が終わると、朝食の時間だ。この日の献立はレーズンパンにマーガリン、紙パックのコーヒーという簡単なもの。配られるとすぐに食べ始めるが、ここでも奇妙な光景が繰り広げられていた。

　七〇代の受刑者が飲んでいたのは、洗面台から汲んできた大量の水だった。一気に飲み干すと、その器をなぜかテーブルの上で回し、それが終わると、服の下からタオルを取り出し、汗もかいていないのに、熱心に顔を拭き始める。実は今、刑務所内でも彼のように著しく動作が遅く、認知症のような症状を示す受刑者が増えつつあるという。高齢者施設のように見えるがここは塀の中だ。

　朝食を終えると出室だ。受刑者の部屋の扉が開き、刑務作業を行う受刑者が一斉に工場へと向かう。最初に出てきたのは、車椅子に乗った受刑者。移動に時間がかかるということで先に移動する。中には松葉杖をついている受刑者もいる。

意思疎通が困難な受刑者

二〇一五（平成二七）年から、大阪刑務所では受刑者の状態に合わせた刑務作業を行わせるため、前述したとおり、工場を三つのタイプに分けた。

まずAタイプは一般の受刑者が刑務作業を行う工場だ。刑務官が「天突き用意！　はじめ！」と叫ぶと、受刑者たちは「ヨイショ、ヨイショ！」と掛け声をあげながら両手を上に突き出す運動を始める。刑務作業前の準備として行われているのが、この「天突き体操」だ。身体を温めることで、けがの防止にもなるという。

そして刑務官が「よし！　作業はじめ！」と叫ぶと刑務作業が始まる。ここで受刑者が作っているのはカーテンレールだ。電動ドライバーを使いこなし、手際よく組み立てていく。大阪刑務所での刑務作業は、このような民間企業からの受注のほか、地元・堺市の伝統工芸品の敷物「手織緞通《ておりだんつう》」の製作も行われ、技術伝承のために一役買っているという。

Bタイプは何らかの障害がある受刑者だ。工場に到着すると作業着に着替えるのだが、その時間も普通以上にかかる。サンダルから靴に履き替えるのですら非常に時間がかかっていた。Bタイプの工場では、受刑者が長い時間、椅子に座れないため、畳の上で刑務作業をする姿もあった。こうした光景は他の刑務所の工場では、あまり見られない。

作業の様子を見ると、ある受刑者は袋から小さなスプーンを取り出す作業を延々と繰り返す。さらに隣の受刑者はフォークを束にして袋に入れる簡単な作業をしている。

彼らが行っているのは、製品の不良を見つけ分別するというごく簡単な検品作業だ。実は懲役刑を科せられた受刑者は、刑務所内で何らかの刑務作業を行うよう法律で義務付けられている。だが、現実には刑務作業のレベルを落とさないと、ついていけない受刑者が増えつつあるのだ。担当刑務官が説明する。

「ほかの工場では一回の指導でできますが、この工場では何度も指導を繰り返し、わかりやすくしています。意思疎通が困難な受刑者も多く、体調面については自ら訴えることが少ないため受刑者が出すサインを見逃さないように心がけています」

そして大阪刑務所では、さらに軽い作業を担当するCタイプの工場も存在する。それは高齢者や何らかの疾患を抱えた受刑者を集めた「養護工場」だ。作業内容も紙ナプキンを折るなど単純な作業のみを行う。取材時には三七人の受刑者がいたが受刑者の平均年齢は七〇歳、そのほとんどが六〇代から七〇代だ。

「一列、前へ進め！」

刑務官が号令をかけると一日四〇分間設けられている運動の時間となる。養護工場で作業する受刑者たちの運動時間は、他の工場とは異なった雰囲気に包まれる。通常の受刑者のようにグラウンドではなく、養護工場の受刑者たちは周囲を白いフェンスで囲まれた狭いスペースでの運動となる。言い方はよくないが、それはまるで鳥籠のようだった。

運動する者は少なく、ほとんどが日光浴といった感じだ。さらには雑談をしたり将棋を指すなど、その光景はさながら高齢者の福祉施設の庭先を彷彿とさせる。

一方、簡単な検品作業を行うBタイプの工場では午前中の刑務作業が終わり、受刑者たちが楽しみにしている昼食の時間となっていた。この日の昼食の献立は、麦ご飯にチキンカツ、バターコーン、鮭と根菜の味噌汁。皆が黙々と食事を口に運ぶ傍らで手先が不自由なのか、食べるのもおぼつかない受刑者の姿もちらほら見られる。食べ物を口に運ぼうとするが、ぽろぽろと下に落としてしまう。

食後は休憩時間になるが、高齢受刑者たちは雑談にも加わらず、午前中の作業に疲れたのか居眠りをしていた。簡単な刑務作業でも、ようやくこなせている状態のようだ。

ゲームする金欲しさに空き巣

担当刑務官に聞く。

――社会に復帰した際、適応できない受刑者の割合はどのくらいなのでしょう？

「六割から七割近くはいると思います。社会に出て、法律を遵守《じゅんしゅ》すること、当たり前のことができない受刑者が多いので……」

さまざまな原因から、社会に適応できず、結果として再犯を繰り返し刑務所に戻ってくるという。われわれはその中の一人、五〇代の受刑者に話を聞くことができた。

——服役するのは何回目ですか？

「一〇回目です」

——今回服役することになった罪名は？

「窃盗です。知らない人の家に入って、現金とかを取って……」

八〇代の母親のもとで生活し、お金には困っていなかったというのだが、五万円ほどを盗んだという。今回は出所後、一年も経たないうちに刑務所に舞い戻ってきてしまった。中学卒業後、工場で働いたり清掃の仕事などをしていたが、どれも仕事は長続きしなかったという。その理由を尋ねると、

「自分でもわからないです。違う仕事をしたいなと思ってしまい……やっぱり、上の人に怒られたりしたら、すぐに嫌になってしまって」

そして再犯の理由を聞き、私はあきれてしまった。

「ゲームとかするお金が欲しくて……」

——ゲーム？　ゲームセンターとかですか？

「そうです、遊ぶお金がどうしても欲しくて……。家に帰るとまた何か言われるかなと思うので、それだったら、家に帰らないでどこかの旅館に泊まってと……」

彼は若いころから、ゲームセンターに入り浸り、そうした遊ぶ金欲しさから空き巣を繰り返し、一〇回も服役することになってしまったという。

――そのときは働こうと思わないのですか？

「盗んだほうが早いかなと……」

〝盗んだほうが早い〟という言葉に罪の意識は全く感じられない。出所後の目標を聞く。

「お母さんも高齢やし、同じことを繰り返していたら、お母さんの死に目にあえないか、わからないですし、やっぱり今回を最後にして社会で頑張っていこうかなとは思います」

――またゲームしたくなるんじゃないですか？

「今度はしたくなったら、ちゃんと家でお母さんに言ってから、ゲームセンターに行こうかなと……」

彼のように繰り返し窃盗をした場合、常習累犯窃盗罪で裁かれる。今回は懲役三年六か月だ。被害額が少ない場合でも常習性が問われ、刑期が長くなることも多く、刑務所の高齢化の一因とも言われている。

さらに、もう一人。

――刑務所で服役するのは？

「一〇回くらい……恐喝とか窃盗とかですね」

六〇代までに一〇回もの服役を繰り返した受刑者。高齢になってもなお、再犯を繰り返す理由を尋ねる。

「ギャンブルに走った傾向がありました。お金もすぐなくなりますし……、仕事も続かないっていう」

彼は社会に戻るたびにギャンブルに溺れ、生活そのものが破綻していたという。法務省によると取材当時（二〇一七年）、受刑者の中で再犯者の割合は四八％と過去最高を記録した。年々犯罪者の数自体は減る一方で、再犯を繰り返す受刑者が「固定化」しつつあるのだ。

高い再犯者率、そして受刑者の高齢化という一朝一夕には解決しえない深刻な問題に直面する刑務所の厳しい現実。大阪刑務所で再犯受刑者を心理面などからサポートする刑務官は社会に適応できない出所者を受け入れる社会的な受け皿の必要性を訴える。

「ぎりぎりで福祉制度に乗りきらない、でも問題をかかえている人が結構多くいるというのが現状です。この人は困っている人なんだと気づいて手を差し伸べていくしかありません」

〝社会を映す鏡〟とも言われる刑務所。再犯と高齢化という刑務所が直面する問題は、決して塀の向こうだけの話ではないのだ。高齢者の処遇の在り方について次の刑務所で考えたい。

広島刑務所「尾道刑務支所」

全国でも珍しい高齢者対応の刑務所

刑務所内の体育館である行事が始まろうとしていた。白髪が目立つ高齢受刑者ばかり数十人が椅子に座って待っている。すると、そこにギターを持った男性が現れる。いったい何が始まるのだろうと思っていると男性が挨拶を始める。

「それでは始めます！　音楽の力でストレス解消、みなさん健康になっていただきます！　オープニングソングを歌いますので、手拍子して応援してください！　それでは手拍子！」

と元気よく叫ぶと八〇年代に流行った松村和子の「帰ってこいよ」を歌い始める。受刑者に「早く社会に帰ってこいよ」というメッセージなのだろうか。

歌が終わり、「ありがとうございました、拍手！」と男性が言うと、「いやー！」と受刑者が叫びみんなで両手を挙げ、万歳をする。続いて「幸せなら手をたたこう」を歌う。受刑者も歌詞に合わせ手をたたいたり、足踏みをしたりする。そしてまた歌い終わり男性が「拍手！　ヤー！」と言うと受刑者全員が「ヤー！」と叫ぶ。この後、手を振りながら発声練習をしたり首を回したり、手を握ったりとまるで認知症予防の運動のようだ。

「はい、みなさんありがとうございます！」

歌っていた男性は音楽指導の講師。行われていたのは「高齢者向けプログラム」だ。月に一度、懐メロや童謡を歌いながら受刑者が体を動かすというものだ。プログラム終了後、講師の男性に話を聞く。

——このプログラムの狙いはなんでしょうか？

「音楽で高齢受刑者のみなさんがストレスを解消して、健康になってくだされば と思ってやっています。歌の指導を入れるときは『気持ちを伝えるように優しく歌ったらいいですよ』という指導をしています。温かい気持ちになっていただいて、人に迷惑かけないような気持ちになっていただければ、と思います」

塀の中で講師を続けていて、〝塀の中の高齢化〟は肌で感じているのだろうか。

「講師を一〇年ほどやっていますが、ここ数年でさらに高齢化が進んだと思います。当初は一〇人くらいでしたが今日はあれだけいました。これからもっと高齢受刑者が増えるんじゃないかと思いますね」

ここは全国でも珍しい高齢者対応の尾道刑務支所。社会の高齢化が進む中、それをはるかに上回るペースで高齢受刑者が増えているという。ここには、そんな年老いた受刑者たちが集められている。ある高齢受刑者と私とのやりとりが、事態の深刻さを表している。

――刑務所に入るのは何回目ですか？

「もう二〇回くらいになるかな……うん？　一四回か一五回か……」

――回数もわからなくなってきているのですか？

「ええ……」

自分の服役回数すらわからない高齢受刑者。なぜ、彼らは高齢になっても罪を犯すのか。その実態を紹介したい。

瀬戸内海を望む坂の街として有名な広島県尾道市。その市街地に尾道刑務支所はある。その歴史は古く一八七七（明治一〇）年、尾道警察構内に「監倉」が設置され、一九二五（大正一四）年に現在地に移転した。ここは主に刑期一〇年未満の初犯の刑務所なのだが、その中に特別なエリアが設けられている。支所長が所内を案内してくれた。

「ここは高齢受刑者用の居室棟です。廊下に手すりを設置するという配慮をしています」

一九八五（昭和六〇）年から高齢受刑者の収容を始め、一九八九（平成元）年から改築を行ったと説明を受ける。単独室と呼ばれる一人用の部屋は三畳ほどの広さ。各部屋のトイレにも手すりが付いている。こうした造りは一般の刑務所では見られない光景だ。

収容されているのは主に六五歳以上の高齢受刑者。刑期や罪状にかかわらず、主に中国地方から集められている。七〇代が最も多く、最高齢は八七歳だ。支所長に聞く。

――高齢受刑者の定義は六五歳以上ということですか？

「そうですね、そこはなかなか難しいんです。『s指標』という、処遇をする上で配慮を要する符号で〝s〟というのがあるんですが、特に高齢だと限られてはいないんです。s指標は日常生活の基本動作に支障があって、その処遇上の配慮が必要な人にs指標がついています。sがついている人は現在七一名、ただその中で高齢者、六五歳以上が現在六五名です」

「指標」（処遇指標）とは受刑者を適切に処遇できるよう、その特性・適性に応じて収容する刑務所や収容後の処遇方針を定めるためのものだ。受刑者を適切に分類することで、再犯の防止や矯正教育の効果の向上などが期待できることから定められている。

たとえばAは犯罪傾向が進んでいない者、Bは犯罪傾向が進んでいる者、Lは刑期が一〇年以上の長期受刑者、Fは外国人受刑者、Wは女性、などとなっている。sというのは、今回の取材で私も初めて知った。

この施設の定員は三六五名に対し二二〇名程度を収容しており（取材時、二〇一五年）、常時、約三割程度が高齢者という割合だ。支所長が施設の特徴を説明する。

「基本的には畳の生活になりますけれども受刑者の身体状況に応じて、たとえば車椅子を使用する必要がある受刑者には居室にベッドを設置し、負担のない生活をさせております。この居室と同じフロアに入浴場、そして作業場を設けている形です。バリアフリーですね。高齢受刑者用の入浴場も一般の入浴場と違う点は手すりを設置しています。身体の機能を補う狙いです」

つまり、居室、工場、入浴場、食堂、運動スペース、すべてを同じフロアに集中させ高齢受刑者の移動の負担を軽くしているのだ。

――刑務所としては受刑者の高齢化をどのようにお考えですか？

「当所の場合は、昭和六〇年から高齢受刑者の収容を開始していますが、その後、平成二〇年にそれまでは一か所だった高齢受刑者用のスペースを、その隣にもう一か所増やしまして、この二つの工場で七〇名程度の収容が可能になっています。しかし、なかなか現状、当所の対応ができる数を超えているので厳しい状況にはなっています」

塀の中でも〝老老介護〟

尾道刑務支所の一日は、午前六時四〇分に始まる。起床後、受刑者たちはわずかな時間で洗面を行い、身支度を整える。が、部屋には一人では起き上がれない高齢受刑者がいる。同室の受刑者が二人掛かりで起き上がらせる。

起きても着替えも一人でできない。着替えを終えた同室の受刑者二人掛かりで手伝う。よく見るとオムツも交換していた。しかし、なかなか足がうまく入らず難航する。朝から何をするにも非常に時間がかかる。彼だけに特別に許可された椅子があり、そこまで手を携えて椅子に辿り着くと高齢受刑者もちょっとほっとした表情を見せる。その間、他の受刑者たちはそれぞれ身支度を進める。

　そして、朝食の時間。この日の献立は麦ご飯にキャベツと油揚げの味噌汁、海苔の佃煮、納豆。そして、部屋を見回すと「弁当」と呼ばれる特別食を食べている受刑者もいた。高齢で柔らかい物しか食べられない受刑者に用意される。納豆は刻んで細かくしたもの、味噌汁の具も刻んで小さくしている。

　中にはこんな高齢受刑者もいた。四人部屋に収容されている七〇代のA受刑者。介助しているのは、やはり同室の受刑者だ。彼らの助けを借りないと生活も難しい状態なのだという。まさに、「老老介護」の状態だ。

　このA受刑者、七〇代になって生活に困り、強盗未遂の罪で服役。徐々に身体が不自由になっていったという。朝食を食べる時も納豆を自分でかき混ぜることもできず、他の受刑者が朝食の手伝いまでしていた。同室の受刑者にご飯の上に納豆や味噌汁をかけてもらい、それをレンゲで食べるのが精一杯の状態だ。箸が使えないためレンゲの使用が特別に許可されているという。私は今回の取材で彼に注目することにした。

　朝食が終わり、しばらく経つと刑務官が「出室！」と叫ぶ。すると、受刑者の部屋の扉が一斉に開く。刑務作業を行う工場へと移動する。まず先に移動に時間のかかる受刑者だけ部屋を出る形を取っている。高齢者とはいえ、懲役刑を受けた受刑者は刑務作業が義務付けられている。

刑務官が「イッチ、ニー！　イッチ、ニー！」と号令を掛け、高齢受刑者たちも工場へと向かう。A受刑者は車椅子での移動だ。ただここで普通の刑務所と違うのは、高齢受刑者たちの掛け声が一切聞こえないということだ。男子刑務所で刑務官の号令だけが聞こえるというのは異例の状態だ（女子刑務所では移動の際、刑務官の号令、受刑者の掛け声はない）。

向かう先は、居室エリアと廊下でつながった高齢受刑者専用の工場。中には手押し車や松葉杖を使って移動する受刑者もいるが、車椅子の受刑者は同じ工場の受刑者が押している。

高齢者エリアはバリアフリーになっており、少ない移動で済むようになっている。工場に入るや否や行われるのが「検身」と呼ばれる身体検査だ。何か隠し持っていないかを刑務官が体を軽く触りながら確認する。高齢者も例外ではない。

次に作業着への着替えをする。

しかし、車椅子や手押し車で移動する高齢受刑者は着替えに時間がかかるため、別の部屋で同じ工場の受刑者が手助けしながら着替えをする。通常は立ったまま着替えるが、高齢者には難しいので畳を敷いて座って着替えられるように配慮してあるのだ。確かに見ていると立っているのもつらいようで、椅子に座ったまま着替えをしていた受刑者もいた。特に靴下をはく際には体勢を屈《かが》まなければならないため、一苦労だ。着替えの場所から工場の自分の席までは、ほんの数メートルだが他の受刑者につかまりながらゆっくりと移動する。

　工場担当の刑務官が受刑者の前に立ち、朝の挨拶をする。

「おはよう、今日は大変寒いです、朝晩寒いです。風邪をひかないようにしっかり、うがい手洗いするようにしてください。作業始め！」

　午前七時五〇分、刑務作業が始まる。ここで行われているのは一般企業から受注した部品の組み立てや商品の梱包などの軽作業だ。A受刑者の様子を見てみると刑務官と何やら話をしている。

「どうやってやるんだったっけ？　忘れた？　きれいにして並べるんぞ！　おい、○○（A受刑者の名字）、聞いとるか、コレをこちらに移す。違う、違う、これがあるやろ、これをこっちに移すんだ。そうそう。こちらをそろえてって！」

　刑務官がしきりに注意をするが、どう見ても仕事のようではない。小さく切った紙をそろえているだけなのだ。実は、他の受刑者が行っている作業が行えないため、担当刑務官がA受刑者だけに割り当てた作業だというのだ。しかし、しばらくすると手が止まり、眠ってしまう。刑務官が「おい！　○○！」と注意する。

「はい」

　と答え眠りから目が覚める。刑務官が言葉を掛ける。

「やらな……続けてせにゃ！　手をしっかり動かさなきゃダメで……、わかるか？」

作業時間中、ずっとこうしたやりとりの繰り返しになっていた。

また、勝手に他の受刑者と話していた高齢受刑者には、

「しゃべるとき、相談するときは手を上げる、な？　これはルールじゃ。話すときはどうしよる？　まずそこからや」

高齢受刑者は「はい」と答えると、

「あんた叱りよるわけじゃない、間違いを指導してるだけ、怒ってないからな」

とすかさずフォローもする。高齢者ならではの処遇なのだろう。

カメと戯れる高齢受刑者

刑務官歴二〇年以上だという担当刑務官に聞く。

――高齢受刑者はコミュニケーションをとるのは大変ではないですか？

「そうですね、多弁な受刑者が多い半面、一切話をしない、周りと隔壁を持ったような受刑者もおりますので、こちらから声をかけることもしています。特に初犯の受刑者はあまりしゃべらないというか、周りになじめないという者もおりますので、できるだけこちらからも休憩時間などに体の具合はどうかとか、声を掛けるようにしています」

――認知症が進んでいるような受刑者はいるのですか？

「徘徊《はいかい》したり、ここはどこかわからないという者はいませんが、高齢のために記憶力が低

下していたり、理解力に欠けていたりという受刑者も数多くいます。生活面は、何度も同じ注意とか指導をして、大きな声で言わないと理解してもらえない、ということもありますので大変です」

そしてA受刑者の作業内容について聞く。

——彼にはなぜあのような作業をさせているのですか？

「他の受刑者に課している作業とは全く違いますが、それは彼には作業をできる能力がないので、私の判断であいう作業を設けてさせています。それでもなかなかできないので、声をかけて手伝いながらという形ですね」

——着替えにしても移動にしても、大変なようですが？

「食事以外のことは自分でできない者もいます。話せないわけじゃないんですけど、言葉をなかなか発しないのでトイレに行きたいとか、服を着替えたい、寒いとか暑いとかという反応もないので、そういう者については衛生係の受刑者に対応させたり、同室者に介助させたりという形をとっています。食事については自分で食べたいものは食べられるんですけど、他のことは自分で思うようにできないんで、あのような形になっています」

現場を見て塀の中の高齢化は想像以上に深刻だ。

——今後さらに高齢受刑者が増えると、刑務官の負担もさらに増えるのでは？

「特に最近は初犯の受刑者が多いので、これから先も高齢者受刑者が増えていくかと思います。今後は生活する居室においての苦労もさらに増えてくるんじゃないかと。たとえば失禁したり、体調が急に悪くなったりというような受刑者が増え、私たちの仕事の範囲、幅が広くなってくるんじゃないかと思っています」

こうした状況のため、ここでの一日の作業時間は一般の受刑者より二時間少ない六時間程度。刑務官が「休め！」と叫ぶと、四五分間の昼休みの時間となる。昼食後、受刑者たちは将棋を指したり、新聞を読んだりと自由に過ごすことができる。

工場の横にあるベランダに目を向けると、ひざをついて屈んでいる受刑者がいた。何をしているのかよく見てみるとカメと遊んでいるではないか。一般の刑務所では動物を飼うことは許されていないが、この工場では高齢受刑者の〝癒し〟のためにカメが飼われていて、休み時間になると、ベランダで戯れるというのだ。高齢者に対応した刑務所ならではの特別な措置だ。自らを「カメ係」と称して自発的に世話をしている受刑者二人に話を聞く。二人とも七〇代だ。

「生き物じゃからね、やっぱり生きているということは慰めになるし……」

「かわいい子どもみたいなものですよ。首をこう上げたり、かわいいものですよ」

──餌はあげているんですか？

「餌は夕方にあげています。ただカメは冬眠をする関係で他の生き物とはちょっと事情が違うんですよ」

——これから冬はどうなるんですか？

「冬も外気温が〇度以下になれば冬眠はしますけど、部屋の中で飼っているから冬眠はしません」

塀の中のささやかな楽しみということだろう。担当刑務官は言う。

「一〇年以上前ですが小さなカメを飼い始めて、生き物の世話をするという優しい気持ちというか、生き物をかわいがってやることに生きがいを感じるということで続けています。段々大きくなってきて今では水槽も小さくなってしまいました。世話係もこちらで指定しているのではなく、自分がかわいがってやりたいという者四、五人で世話したり掃除したりという形でやっています」

無銭飲食の常習者

こうした高齢受刑者の数はこの刑務所でも年々増えているのが現状だ。一〇年前は四四人だったのが、取材当時（二〇一五年）七四人と実に一・七倍にも増えている。

なぜ、高齢者が刑務所へ入ることになってしまったのか。七〇代で服役二〇回という受刑者に話を聞いた。

——今回、服役することになった罪名は何でしょうか？

「詐欺です。何人かで飲んでいて、支払いになって詐欺だと……」

詐欺と聞いてピンときた。

——無銭飲食ということですか？

「そうそう」

最初に服役したのは二二歳の時。無銭飲食の常習者で、前回出所してからわずか二か月で刑務所に舞い戻ってきてしまったというのだ。被害金額は五～六〇〇〇円だという。

——出所する時に二度と塀の中に来ないぞという思いはなかったですか？

「それはあるんですけど、一か月探しても仕事がなく（出所時に所持していた）五〇〇〇円やそこらのお金じゃ生活もできないしね」

計二〇年近く塀の中で過ごしたという彼は長年、解体業の仕事をしていたというが、天涯孤独な上、高齢で足が不自由なことから生活ができるだけの仕事が見つからなかったという。五〇歳を過ぎたあたりから就職の〝厚い壁〟を感じるようになったと話す。

——無銭飲食を繰り返すのは、お金が全然なくなってしまって、食べるものに困ってやってしまうんですか？

「結論はそうなりますね。だから恥ずかしい話、無銭飲食をする前に水ばっかり飲んで生活するんですよ。朝起きたら水を飲んでね、お腹が空いてきたらまた水を飲んでという生活をやってそれから無銭飲食をすることになるんです、みっともないけど……」

——刑務所に入ってしまうことがわかっていて無銭飲食をしているのですか？

「そう言われてもやむを得ないですね」

――七〇歳を超えられて服役生活もなかなか厳しいんじゃないですか？

「ちょっとね、口じゃ負けない気でいるんだけど体でついていくのが大変だね」

――何が一番大変ですか？

「やっぱり動作が鈍いってことだよね。悔しくてさ……」

老いていき、動作もままならない自分への歯がゆさ、悔しさを滲ませていた。出所後はこれまで経験のある土木関係の仕事を探すというが、それが見つかる保証はない。

「特別調整」が必要な高齢受刑者

午後三時。一日の刑務作業が終了する。通常の刑務所より二時間ほど早い時刻だ。部屋に戻って、すぐに入浴の準備が始まる。冬場の入浴は、週二回、一五分と決められている。高齢受刑者は準備に時間がかかるため、一般の受刑者よりも早めに入浴する。あの七〇代の車椅子のA受刑者も他の受刑者の介助を受けながら入浴場に向かっていた。

通常の受刑者は大きな浴場に集団で入るが、身体が不自由で、集団での入浴が困難な受刑者は一人用の浴室で一般受刑者の介助を受けながら入浴することになる。

脱衣所に到着してもなかなか立ち上がれない。どこかにつかまっていないと立てない状態だ。介助役の受刑者が服を脱がし、オムツを外す。ようやく洗い場に入り椅子に座る。

内臓も悪いのか足がかなりむくんでいる。

「お湯かけるよ！」と声を掛けお湯を浴びると、

「ああ、熱い！」

と漏らし、あわてて介助役の受刑者が「熱い？」と確認する。浴槽に入り、お湯につかる。A受刑者もほっとした表情を見せるが、また浴槽から出るのも介助をしてもらい一苦労だった。

介助をしていた受刑者に話を聞いた。彼は四〇代、窃盗罪で懲役四年、介助を始めて三か月だという。

——高齢者の介助は大変そうですが慣れましたか？

「こういう介助の仕事は初めてなので、おたおたする面もあるんですけど、だいぶ慣れてきて高齢者の気持ちになって考えるようになりました」

——最初は戸惑いましたか？

「そうですね、どういうふうにしたら、お年寄りの方が気持ちよく風呂に入ってもらえるかということを考えました。気持ちよかったと言ってもらえると嬉しかったですね」

——出所するまで続けたいですか？

「そうですね、役に立てればどんな形であれ人の役に立ちたいと思っています」

午後四時半、夕食の時間。夕方五時を過ぎると早々と布団が敷かれる。就寝の午後九時までは「仮就寝」の時間となり横になってもいい自由時間になる。仮就寝も通常よりも一時間早くなっている。ここでも他の刑務所では見られない光景があった。高齢受刑者が自分で布団を敷けないため、同じ部屋の受刑者が敷いてあげるのだ。

四人部屋の共同室の様子を見てみると、すでに三人の受刑者は着替えを済ませ布団の中に入っている。しかし、一人の受刑者だけ着替えておらず、椅子に座ったままの状態が続いていた。あの七〇代のA受刑者だった。彼は眠る前に必ずしなければならないことがあると刑務官から聞いた。一体、なんなのだろうと思っていると刑務官が部屋の中へ入っていく。様子を見ていると毎晩、刑務官が二人掛かりで、オムツをA受刑者にはかせているというのだ。

刑務官が「パジャマは着るか？」と尋ねるとA受刑者は「パジャマは着ないです」と答える。A受刑者は夜間、失禁することが多いため、こうして就寝前におむつを替えてから寝かせているのだ。トイレに行くにも同室の受刑者に手伝ってもらう。トイレが終わりズボンをはくのも一人ではできない。彼はランニングシャツにオムツという姿で布団の中に入ろうとしていたが、それも難儀な様子だった。刑務官が毛布と掛け布団をかけるとようやく部屋の様子も落ち着いた。

A受刑者は、出所後に身を寄せる場所がない受刑者の一人だ。彼のように高齢で障害があり、適当な帰住先がなく出所後の自立が困難な者は「特別調整」の対象となる。特別調整とは受刑者が釈放後、速やかに適切な介護、医療等の福祉サービスを受けられるようにするため法務省が厚生労働省と連携して、二〇〇九（平成二一）年四月からスタートさせた制度だ。刑務官、社会福祉士が対象受刑者と出所前に面接し、自治体や福祉施設などにつなぐのだ。

再犯問題をどう解決するか

A受刑者が社会福祉士と面談し、出所後の居住先について話をする場面を見ることができた。まずは社会福祉士の第一声に驚く。

「私のこと、覚えていますか？」

「覚えはあるんですが……」

「ここで福祉の相談をしている者です。まずは覚えておいてくださいね」

そして出所後についての話を始める。

「今日ここに来てもらったのは、ここを出た後、どうするおつもりなのかをもう一度聞かせてもらいたいと思いまして。ここを出た後、〇〇さんはどこに帰るつもりでいますか？」

「家がぐちゃぐちゃになっているもので……」

「前回までの確認なんだけどね、今あなた家はないから帰る場所がないよって前回、先生から話してもらったんやけど覚えとるかな？」

「その通りです」

「今帰るところがなくて困っていましたね。どうしようかなと言われていましたね？」

「ええ」

「今は一人で生活していくのが難しくなったから誰かに手伝ってもらって食事の出る、お手伝いのある場所で暮らしていけたらいいんじゃないかなっていうお話になりましたね。そこを一緒に探していこうかねっていう話をしたのは覚えていますか？」

「ええ」

「そういうところを探してみようかね。あす市役所の人が来ます。どの程度のお手伝いが必要かをきちんとわかった上で、ここを出た後に移って生活する場所を探してもらうようになります。今、そういう予定になっています。大丈夫ですか？」

「ああ」

　自分の今後の大事なことであるのに、どうにも本人の反応が薄い。社会福祉士も少々困惑気味だが、根気強く丁寧に話をしていたのが印象的だった。面談後、社会福祉士に聞く。

——話を進めるのがなかなか大変そうでしたが？

「そうですね。今日はすごく調子がよかったほうなんですが、普段は自分がしゃべっていることも、その端から忘れてしまうような記憶の低下がみられる受刑者なので、状態に合わせてしゃべり方を変えています。難しい言葉とか問いかけはなるべく避けて日常生活にある言葉で問いかけて、ご自身の口から希望をハッキリ言っていただけるようにして、そういった支援ができるような働きかけをしていますね」

——彼の場合、今後はどういう流れになるのですか？

「介護保険の要介護認定の申請をすることが方針として決まりまして、要介護を取ったうえで介護施設をあたっていくという流れになっています。その準備段階として出所が半年後なので要介護認定を取ります。出身が尾道ではなくて遠いところなので尾道市のほうに居住依頼をかけてもらって、認定士に調査をしていただくようになりますね」

支所長は現状の問題点をこう見ていた。

「現在、問題になっているのが高齢受刑者や身体障害を有している受刑者です。釈放後自立できない場合、特別調整を行っていますが、実はこれを希望しない人が増えています。しかし、自立できない人たちを円滑に社会復帰させるためには、特別調整の制度を利用させる取り組みが必要です。これからもそういう指導をしていこうと職員には話をしています」

再犯問題についてはどう対応するのか。

「まず特別調整という制度を周知してそこに乗せるのが必要なんですけど、特別調整で釈放した人間が短期間のうちに再犯をしてまた帰ってきてしまう、ということも実はあります。ですから、ここで、もう一度再犯防止の指導、そして社会で定着できるための指導をして、社会生活上で必要なスキルの指導の必要性を見直す取り組みをやっています」

私は最後にこう聞いた。

——刑務所にいる間、高齢受刑者には何が一番、必要ですか？

「再犯率を下げるためには、受刑者自身が改善、更生の気持ちを持つのが一番で、そのための指導を行います。そして社会福祉の制度を利用して社会で定着させることになるんですが、社会のほうでもある程度の見守りなどのご支援をお願いしたいと考えています」

確かにそれは理想ではあろう。その一方でインタビューした高齢受刑者の中には厳しい現実を見据え、こんな〝正直〟な発言をする者もいた。

——出所が近づいていますが、再犯をしない自信はありますか？

「ちょっと自信がないです。その時になって少し景気がよくなって、多少でも仕事があるようになればいいんですが、なかなかそうもいかないでしょうし……」

厳しいがこれが現実なのだろう。これからますます進んでいく日本社会の高齢化。われわれがこの厳しい現実をしっかりと受け止め、社会が一体となって高齢者を受け入れる体制作りを進めるなどの問題解決に取り組まない限り、高齢者の再犯を防止することはできない。

第二章　LB級施設

——無期懲役者たちの叫び

日本の刑務所で初めて全室個室化された旭川刑務所

岐阜刑務所

塀の中へ——全裸になり検査を

　ＬＢ級——そう呼ばれる受刑者たちがいる。懲役一〇年以上の長期刑（＝Ｌ）に服し、犯罪を繰り返す可能性が高い（＝Ｂ、Ａは初犯をさす）受刑者のことである。このＬＢ級受刑者を主に収容する施設は旭川、宮城、岐阜、徳島、熊本の全国で五か所。再犯で刑期が長い受刑者が多いため、その雰囲気たるや他の刑務所には見られない独特のどんよりとした重苦しさが漂い、取材をしていてもしばしば暗澹《あんたん》たる気分に陥る。

　私が初めてこのＬＢ級の施設で無期懲役者を取材したのは二〇〇三（平成一五）年夏、岐阜刑務所だった。

　鵜飼《うかい》で知られる清流・長良川が街の中心を流れる岐阜市。岐阜駅からタクシーに乗り、美川憲一のヒット曲「柳ケ瀬ブルース」で有名な繁華街・柳ケ瀬を過ぎ、しばらく走ると山あいへと入っていく。駅から車で三〇分ほど、トンネルを抜けると山と山の間に挟まれた盆地状になった場所に四方をグレーの高い塀で囲まれた要塞のような建物が姿を現す。それがＬＢ級の受刑者を収容する岐阜刑務所だ。

取材した当時（二〇〇三年頃）は収容率が高く、受刑者は八〇〇人弱も収容されていた。このうち無期懲役の受刑者は一〇〇人を超えていた。罪名は殺人、強盗、強姦、放火等々……かつてテレビや新聞をにぎわし、世間を震撼させた凶悪事件の犯人もいるという。私が國松警察庁長官狙撃事件の真犯人だと思っている中村泰《ひろし》もここ岐阜刑務所に収容されている。中村は今も二度目の無期懲役の刑で服役している（詳しくは拙著『警察庁長官狙撃事件――真犯人〝老スナイパー〟の告白』をお読みいただきたい）。

こうした重罪を犯した受刑者を多く収容するため警備も厳重だ。まず一つ目の扉をすぎると、職員が指紋を照合する電子錠がある。さらに二つ目の重い鉄の扉。テレビカメラが岐阜刑務所に入ったのは、これが初めてのことだと職員から説明を受けた。

受刑者が拘置所から刑務所に移送されると、まず「新入《しんにゅう》調べ」を受ける。「新入調室」と書かれた部屋に足を踏み入れた瞬間、世界が一変する。私はこの新入調べの光景も初めて取材した。岐阜刑務所には毎週金曜日、岐阜拘置所支所から新入の受刑者が〝定期便〟と呼ばれ、移送されてくる。

昼前、初犯の受刑者三人を乗せたワゴン車が出入り口に到着した。車から降りてきた三人は重い鉄の扉をくぐり、塀の中に入るとさすがに緊張した面持ちを見せていた。しばらくは、この塀の中での生活となる。三人ともまだ私服、スニーカーを履いていた。刑務官は五人いる。

「今回の罪名は？」

と刑務官が聞く。

「覚せい剤取締法違反です」

一人目の受刑者が答える。この男は覚せい剤取締法違反で一年八か月の実刑判決を受けた。他の二人は、窃盗で懲役八か月と詐欺で懲役一年四か月だった。拘置所や他の刑務所から移送される場合、その施設での態度、行状、性格などが引き継がれる。三人の身元確認が済むと、服をすべて脱ぐ。これは衝撃的だ。

何か隠し持っている物がないかのための検査なのだが、新しく入った受刑者は皆、こうして全裸になって刑務官に確認されるのだ。そして、部屋で着る舎房着（この頃はまだグレーだった。しだいに草色の服に変わっていった）、工場着など刑務所内で決められている衣服が渡される。三人は支給された服に着替える。この服は刑務所を出る日まで着続けなければならない。

すると刑務官は三人に番号を告げた。

「○○（受刑者の名前）、ここでは○○○番という番号を使っていく。いいな？」

刑務所内では称呼番号と言われ点呼の際などに使われる。

さらに全員、正面と横顔を写真撮影される。万が一、逃走したときのためのものだ。そして、

「今から手荷物検査をします」

そう言うと刑務官たちは風呂敷の上に受刑者の荷物を広げ、ひとつひとつ取り上げて、品物の名前を読みながらメモしていく。拘置所に入ったときと同じ荷物かを確認すると後から説明を受けた。

塀の中に持ち込めるのは本当に必要と認められたものだけで、紙袋にまとめて持って行く。持ち込めない私物は出所の日まで刑務所が「領置倉庫」と呼ばれる倉庫で保管する。預けられた荷物は出所時に返還される。原則五四リットル缶二缶までの量だが、長期の受刑者だと荷物が増えるので段ボール箱で三、四箱になってしまう場合もあるという。

八〇〇人近くの私物を管理するのも大変な仕事だ。私物以外に受刑者が購入した本や家族が差し入れした本なども領置倉庫で保管される。中には一回に二〇〇冊もの本を送ってくる家族もいるという。これらはすべて担当刑務官がパソコンに入力しなければならないのだ。

そして指紋の採取。両手の指すべての指紋を取る。暴力団員など指がない場合は「欠損」と記入される。受刑者たちに生活の決まりなどが書かれた栞《しおり》が渡される。新入調べは一時間ほどで終わった。最後に刑務官はこう受刑者たちに向かって叫んだ。

「気をつけ、礼！　君たち三人は今日からここで生活する。ここでの生活はこの栞に基づいて送ってもらう。遵守事項に違反したら、行政処分による懲罰が科せられる。いいな？」

受刑者たちは「はい」と返事をする。刑務官からすれば最初が肝心ということなのだろう。待ち受けている生活が生易しいものではないことが伝わってきた。彼らは一か月くらい様子を見て岐阜に残すか、他の施設に移すか判断される。

ほぼ終身刑に近い無期懲役

死刑に次ぐ重い刑罰である〝無期懲役〟では、ごくわずかな数だが仮釈放が認められることもある。最近では年間全国で男女合わせて多くても一〇人はおらず、各施設一年で一人出るか出ないかだという。だが一人でも仮釈放になれば塀の中の受刑者たちの表情も驚くほど明るくなるという。無期懲役者にとっては、これ以上の明るい情報はなく、ある刑務官は「何十回の指導よりも誰かに仮釈《かりしやく》（仮釈放。関係者は略してこういう言い方をすることが多い）が出ると希望が持て力も湧くんです」と話していたのが印象的だった。

仮釈放は、法務省の省令上の規定では、
・悔悟《かいご》の情、改善更生の意欲がある
・再犯のおそれがない
・保護観察に付することが改善更生のために相当である
と認めるときにするものとするとある。ただし、「社会の感情がこれを是認すると認められないときは、この限りでない」とも定められている。

さらに詳細な規定もあり、たとえば「悔悟の情」については受刑者自身の発言や文章のみで判断しないこと、「改善更生の意欲」については被害者などに対する慰藉《いしゃ》の措置の有無やその内容、その措置の計画の準備や有無、施設における処遇への取り組み状況、反則行為の有無や内容、その他、施設での生活態度、釈放後の生活の計画の有無や内容などから総合的に判断することになっている。

また「再犯のおそれ」については、性格や年齢、犯罪の罪質や動機、態様、社会に与えた影響、釈放後の生活環境などから判断され、「保護観察に付することが改善更生のために相当」については悔悟の情及び改善更生の意欲があり、再び犯罪をするおそれがないと認められる者について、総合的かつ最終的に相当であるかどうかを判断することとされている。そして「社会の感情」については、被害者などの感情、収容期間、検察官などから表明されている意見などから判断することとされている。

手続きとしては刑務所長の申し出により受刑者本人の面接や帰住地、被害者感情の調査、検察への意見照会を経て地方更生保護委員会が審理し最終的な判断を下す。このため、いわゆる〝模範囚〟には仮釈放が認められることが多い。逆に規律違反をしたり懲罰を受けてしまうと仮釈放への道は遠くなってしまう。

法律上では、無期懲役者が仮釈放を許されるためには刑法第二八条で「刑の執行開始後一〇年を経過する」ことと受刑者に「改悛《かいしゅん》の状」があることの二つの要件を満たすことが必要とあるが、有期刑の最高が三〇年に引き上げられた現在（二〇〇五年刑法改正）では、許可されるまでの期間は平均三〇年を越えている。事実上、いま無期懲役は終身刑に近い刑罰と言ってもよい。

取材時は法改正前で有期刑の最高は二〇年であったが、この頃は厳罰化の風潮が強まり、当時でも最低二五年は服役しないと仮釈放の対象にはならなかった。当然のことながら出所後の身元引受人がしっかりしていないと仮釈放は認められない。LB級受刑者は犯罪を繰り返し、しかも最終的には凶悪事件を起こしているため親兄弟、親類縁者から見放され縁を切られた者も多く、ますますそのハードルはあがるのだ。

深刻だった〝過剰収容〟時代

私が岐阜刑務所を取材した二〇〇三（平成一五）年から翌〇四年にかけては、全国で受刑者の数が急増していた。法務省のまとめによると、取材時の一〇年前、一九九四（平成六）年時点で全国の受刑者の総数は三万七〇〇〇人余り。それが二〇〇四年四月速報値では六万三〇〇〇人余り、つまり一〇年で二万六〇〇〇人も増えていたのだ。

また平均の刑期も新たに入所した受刑者で比較すると、一九九二（平成四）年が二二・七か月だったのに対し、二〇〇二（平成一四）年は二七・九か月と半年近くも長くなっていた。つまり塀の中に入る人間も増え、かつ塀の中にいる時間も長くなっていたわけだから、刑務所が〝飽和状態〟になるのは当然のことである。岐阜刑務所も当時定員を一〇％程オーバーしていた。

このため法務省は各施設で建物の増設を進める。岐阜刑務所も総工費約一七億六〇〇〇万円をかけ受刑者が生活する舎房や刑務作業を行う工場などを増設、新舎房は三階建てで一六五人収容、ＬＢ級の施設では初めての増設だった。一六五人の定員増にはなるが、単純計算で新たに収容できる受刑者一人当たり一〇〇〇万円以上かかったことになるのだ。グラウンドを三分の一つぶしての工事で、後述するが毎年最大のイベントである運動会が過去に例がないほどの〝緊張状態〟に包まれたなかでの開催となった。

二〇〇四（平成一六）年四月、新しい舎房も完成し、受刑者を受け入れるための準備が始まった。舎房は三畳ほどの一人部屋が一六五室、雑巾や箒《ほうき》などの掃除道具から食器、テレビまですべての部屋に二五品の備品が入れられていく。

そして、ここからが職員総出の大変な作業が待ち受けていた。「捜検《そうけん》」と呼ばれる警備、保安上の検査だ。新しい建物は受刑者が入る前に部屋の隅から隅まで万遍なく異常がないか確認しなければならない。業者の忘れ物などないか（カッターなどの刃物、たばこなどが多いという）、ネジ一本、釘一本でも見つけたら回収する。側溝の蓋もひもで縛りつける。これは蓋も積み重ねると逃亡などに使われてしまうからだ。ちょっとした異常が逃亡など取り返しのつかない事故、トラブルにつながる可能性があるのだ。その様子を私も見ていたが、その徹底ぶりは相当なものだった。

この日は土曜日だったが七〇人ほどが休日出勤、窓の格子を金鎚で叩いたり、天井に隙間がないか、ネジの緩みはないか、一部屋一部屋入念にチェックしていった。また排水溝は磁石を使い何か落ちていないか確認しているとネジが出てきて回収された。

さらに、ある刑務官は部屋の洗面台に取り付けられた鎖に注目し、こう呟いた。

「これは外さないといけないな……」

鎖は小さいものだったが、自殺や自傷行為などに使われる危険があると判断され取り外された。捜検は半日かけて行われ、問題個所や業者の直しが必要なものをリストアップして報告し改修された後、受刑者が新しい舎房に入ることになる。

「マル特無期」とは何か

無期懲役者の中には「マル特無期」と呼ばれる者もいる。検察が「死刑に準ずる」と判断した無期懲役事件を「マル特無期事件」と指定し、仮釈放に際して特別な審理を求める運用があるのだ。マル特に指定されるのは死刑の求刑に対して無期懲役の判決が下された場合などである。

わかりやすい例を挙げると、地下鉄サリン事件の散布役でただ一人、無期懲役が一審で確定したオウム真理教元治療省トップ・林郁夫がそうだ。

林郁夫は地下鉄サリン事件で千代田線の車内でサリンを撒き、この路線では二人が犠牲となっている。共謀共同正犯が成立している他の散布役（林泰男、豊田亨、広瀬健一、横山真人の四人はいずれも求刑通り死刑判決）の判例を見れば死刑が相当である。

しかし、検察は林郁夫がサリン事件に関与しているとわかっていない段階での全面自供は自首に相当し、この自供がなければ、本事件は解決できなかったとの判断から無期懲役を求刑。求刑を上回る死刑が出る可能性もあったが、東京地裁の山室恵裁判長は求刑通り無期を言い渡した。このため林郁夫も「マル特無期」に指定され、年齢的にもおそらく仮釈放は難しいものとみられる。

岐阜刑務所には取材時、最も長い受刑者には一九六二（昭和三七）年から四〇年以上服役している者がいた。新幹線、コンビニ店、携帯電話などの実物を見たこともないという。

そうした無期懲役の受刑者と刑務官たちはどのように接しているのだろうか。私はある担当刑務官に聞いた。

——無期懲役者の処遇はどんな点が一番難しいですか？

「やはり無期懲役は刑期の満期日がありませんので、何かの弾みで自暴自棄になって生活がダレてしまうこともあります。そういうところをよく見て指導すべきところは指導して引っ張るところは引っ張り、長い目で見ながら常日頃接しています」

――先が見えない無期懲役は厳しい刑罰だと思いますが……。

「そうですね、いつ出られるのかわかりませんし、どんどん歳をとってしまいます。そうすると自分の家族からもどんどん離れていってしまい、出所しても引き受けてくれないとか、歳をとることによって出所しても社会での仕事もなくなってくる。そういう意味でも厳しい刑罰です。やはりしっかりした引受人がいて、なおかつ出所後の仕事もきちっと用意されていないと社会復帰はなかなかできません」

高齢の無期懲役者には〝獄中死〟、つまり刑務所内で最期を迎えるのを覚悟している者も多かった。実際に、獄中死するケースもある。無期懲役者が死亡して刑務所から遺族に連絡しても、

「なんで電話してくるんですか！　もう縁を切っているんですから連絡しないでください！」

などと怒鳴られることもあるという。遺族から遺体の引き取りを断られた場合は、刑務所で葬式をあげ火葬し、近くの無縁墓地に埋葬される。明治時代に合葬したのが始まりだという。

家族とも縁を切られる、面会者もいない、手紙も来ない……底知れぬ不安感、そして孤独感と必死に闘い、もがき苦しむ。彼らと話をしてみて、そんな印象を持った。無期懲役者は面会も親族や弁護人などに限られている。無期懲役者のインタビューは非常に貴重な

機会である。彼らの〝叫び〟に近い悲痛な声にしばし耳を傾けてもらいたい。

「血が飛び散る夢を何度も……」

〝凶悪犯〟を目の前にするのは長年、事件記者を続けてきた私もさすがにこれが初めてだ。無期懲役の受刑者との対峙に私は正直、緊張した。普段の取材ではあまり深く考えないが、どんなことから聞いたら話を引き出せるか、このときは頭の中で反芻《はんすう》していた。職員とインタビュー場所を相談し、グラウンドの端のほうにパイプ椅子を置いて話を聞くことにした。

緑色の帽子をとり、軽く会釈しながら現れたのは五〇代半ばの大柄の男だった。罪名は強盗強姦、強盗致傷、殺人、殺人未遂、実に六件もの事件で逮捕、起訴された。一審で精神鑑定も受けている。検察側の求刑は死刑だったが一、二審とも無期懲役の判決だった。

この男もおそらく〝マル特無期〟であろう。服役してすでに二六年にもなるという。二〇代以降ずっと、塀の中にいることになる。

――今、どんな刑務作業をしているんですか？

「洗濯工場です」

洗濯工場とは受刑者たちの衣類などを洗う刑務作業を行う。比較的〝選ばれた〟受刑者だと言える。続いて事件のことについて聞く。

——罪名はなんですか？

「罪名は……強姦、殺人です。はじめから強姦するつもりでおったんだけど、人がきたもので……」

詳しくは語らなかったが、事件現場に偶然現れた人を殺《あや》めたようだ。外部の人間との会話が久しぶりだからか、私とは視線を合わせようとはせず、質問に対する答えも短い。神経質そうにしきりに手を動かす。

——無期の判決を聞いたときはどう思いましたか？

「頭の中が真っ白になって何もわからなかったです……」

——一生、刑務所で暮らすと？

「はい、最初は一生を刑務所で暮らすと思っていたんです。そうしたら他の人に聞いたら真面目にやっていれば出所できるかもしれないっていうもんで、真面目に改心して暮らそうと思いました」

——服役生活が始まった二六年前と今と受刑者の数は増えていますか？

「そうですね、増えています。社会では事件がすごく多いんですね」

この頃は受刑者の数が増えていて過剰収容の状態が続いており、受刑者たちもそれを肌で感じていた。人を殺めるとはどういうことなのだろう、今の気持ちを聞いてみた。

——今、被害者に対してはどんな思いですか？

「何の罪もない方を殺めたのですから……ここでは被害者の冥福を祈るしかありません」

二六年服役した末の境地なのだろうか。しかし、未だに人を殺めた瞬間のことは脳裏をよぎるようだ。少しずつ、答えも長くなってきた。それは私の「寝られなくなることはありますか？」という問いに対しての答えだった。

「まだ逮捕前のことですが、家で寝ているときに被害者の方から追いかけられる夢でよく目が覚めました。その次は目の前に血が飛び散ったような夢をよく見ました。ぱーっと目の前が赤くなるんです。逮捕されて刑務所に入ってからは、それが薄らいでいきました。自分でもわかりません、なんでそんなふうになったのか」

——やはり罪悪感が心のどこかにあったのではないですか？

「だと思います」

二二年間〝事故なし〟（刑務所用語で規律違反や懲罰などがないことをいう）、問題も起こさなかったということで現在は単独室（当時は独居房と言われていた）で生活している。単独室になってからは八年だが、一人で部屋にいると今でも一週間に二度ほどは被害者のことを思い出し目が冴えてしまい寝られなくなるという。

「工場にいる時は一生懸命仕事をやっているから、あまり気にならないんです。だけど一人で独居房にいると被害者のことを思うんです」

——寝ているときに今でもその光景が蘇るのですか？

「そうですね、出てきます。独居房で一人になると考えちゃうんです。寝られないときもあります、一晩中起きっ放しです」

——自分のしたことに対しては後悔しているのですか？

「はい。だから今、写経をしているんです。部屋に帰ってきて食事の後、すぐに写経です」

——写経を始めたきっかけは？

「気を落ち着けて静かにしようと、初めはそういうつもりで写経していたんです。被害者のご冥福をお祈りするのと自分のためにも。写経を始めてもう一〇年以上になります」

——今、ご自身のご家族とは？

「全然、手紙も何もしていないです。もう受け取らないと連絡がありましたから……」

——面会は？

「面会もありません。家族からはもう身元引受人にもならないと言われています」

彼は長男で弟がいるといい、事件前は鉄工所で働いていた両親はもう八〇歳近いという。

——ご家族にはどんな思いですか？

「〝殺人者の家族〟と言われ、白い目で見られて本当にかわいそうだと思います。もちろん被害者の家族の方々にも申し訳ないと思っています。私のために何の罪もない人が被害にあってしまった、本当に申し訳ない」

——ここでの二六年間、何か印象に残っている出来事は？

彼はしばらく考えこんでいる。

「別にないです。同じ生活の繰り返しです」

——二六年は長かったですか？

「やっぱり長いですね……」

——どんな二六年でしたか？

この質問には一〇秒以上沈黙した。非常に重い沈黙だ。そしてこう答えた。

「被害者の冥福を祈る、それしか考えていませんでしたね……」

そしてまた長い沈黙……。一口に二六年と言っても曰く言いがたいものがあるのだろう。

話題を変えることにする。

最後に私はこう聞いた。

——もし仮釈放になったら、まず何をしたいですか？

「できることなら被害者のところにお詫びにいきたいです。でもそういうことはできないと思いますが……」

初めての無期懲役者のインタビューは時間にして三〇分弱だったが、無期懲役者の苦悩の深さを目のあたりにし、これまでに経験したことのない疲れがどっと襲った。二六年という歳月が経ち、ここまでの心境になれたのだとしたら、服役した意味は多少なりともあったのではないか。

恩人に対する裏切り

この後、もう一人の無期懲役者に話を聞くことができた。塀の中は三回目、岐阜刑務所に来て六年、五〇代で小柄な男だった。

――罪名はなんでしょうか？

「強姦殺人と放火です」

求刑通りの無期懲役、控訴はせず一審で判決が確定している。最初の服役は放火で七年、二回目は放火未遂で二年半塀の中で過ごしている。男が繰り返し事件を起こした原因は酒だった。酔うと見境がつかなくなるのだという。この悪癖は二度の服役生活でも治らず、ついに取り返しのつかない犯罪で尊い人命と自らの未来をも奪い去ってしまった。

「一回目も二回目も出所したら今度こそ真面目にやろうとは思いました。でもいったん外に出てしまうと、ついつい流されて酒に手を出してしまって……。出所するときは、よし酒をやめようと決意するんですが、お金があればすぐ酒を買ってしまい、酒に走って放火という事件に走ってしまいました」

性格の違いだろうか、一人目の受刑者と打って変わって、この受刑者は誰かに自分の話を聞いてほしいという欲求があるのか初対面である私にも饒舌に話をする。

——無期懲役の判決と言われたときの心境は？

「自分の事件を思えば無期か極刑、その二つしかないと思っていました。判決で無期と言われたときはやはり無期かと動揺はありませんでした。ある程度自分で気持ちの整理がついていましたから」

——控訴はしなかったのですか？

「控訴はしませんでした。自分は一人の命を奪ってしまった以上、素直に刑に服するしかないという気持ちがありました」

そして男は決して頭から離れることがないという恩人への裏切りを告白し始めた。

「自分はどうしてこうなったんかな……。結局いろんな忠告をしてくれた人の意見を無視した結果ですよね」

その恩人とは酒を飲んで起こした最初の放火事件で刑務所を出た男を雇ってくれた蕎麦屋の店長だった。店長は男が二回目の服役をしたときも身元引受人として待っていてくれたのだ。しかし、出所後再三にわたる「酒をやめろ」という店長の忠告を聞かず男はついに強姦殺人犯となり果ててしまった。

「そういう恵まれていた立場を台無しにしてしまって、ほんと、自分自身がいい加減だったんです……」

恩人を裏切ってしまったことを余程後悔しているのか、そう言うと彼は泣きだした。左手で涙を拭う。塀の中に入るか入らないかは、本当に些細な違いなのかもしれない。

「もしかすると自分は社会で生活する資格がないのかもしれません。だからここで生活しているほうが自分にとっても周りの人にとっても、ある意味幸せなのかもしれません」

絞り出すようにして最後は言葉をつないでいた。

被害者に対しては、どういう思いなのだろう。

「ありふれた言葉では言い尽くせない思いで、本当に申し訳なかったという気持ちです。だから一時は極刑まで考えていたのが無期になったわけですから、被害者の方やご遺族のお方の慈悲によって無期となって生かされているのだとお詫びの気持ちと一緒に感謝の気持ちもあります」

――事件を思い出さない日はない？

「殺人を犯したということは忘れないにしても、どういうふうに殺したとかを忘れられたら一番いいかなとは思いますけど、夜中に生々しく思い出したりします」

――どういうときに思い出すのですか？

「夜中ふっと夢に出てきて……、そうなると眠れなくなるからここに来て覚えた般若心経とかの御経をとにかく声を出さないように唱えて……唱えるしかなくて、唱える時は忘れられますから」

――重いものをずっと背負っていますね。

私もどう言葉をかけたらよいのか、困惑した。

「忘れないことがある面では被害者の方への償いになるかもわかりません」

そう言うと再び涙を流し始めた。普段、話したくても話す相手もいないのだろう。

私は少々厳しい質問を重ねた。

——先が見えない無期懲役という刑が下されたことに対してはどう思いますか？

「刑務所で勤め始めた最初の頃は無期だといっても二十数年経てば出られるという安易な考えでしたけれども、今は出ることを考えないで無期と下されたことを今は本当に……」

再び言葉を詰まらせる。

「年数が経てば経つほど自分にのしかかってくる罪の重さというか……、重くなっているような気がします」

——この先はどうしようと考えているのですか？

「いや、先のことは……。出られるかもしれないなんてことを少しでも思っていたら、一〇年、二〇年経ってそういう話がなければかえって焦ってしまいますし。今は一切先のことは考えないようにして今日一日を真面目に精一杯生きよう、もう一日一日の積み重ねだと思って先のことは考えないようにしています」

彼はあえて先のことは考えないようにして必死に心のバランスを保とうともがいている、私にはそう見えた。

――そのように思うきっかけはあったのですか？

「きっかけというか、やはり被害者のことを思うと、無期懲役の刑を受け始めたばかりの人間が二十数年後に出ることを考えること自体、被害者やご遺族の方々に申し訳ないという気持ちが湧いてきて一切先のことが考えられなくなったのです」

――被害者にはなにか供養しているのですか？

「被害者の方への償いになることはなにかと考えまして、まあ自己満足かもしれませんが写経を思いあたって、刑務所にお願いして許可をもらって一日もうほとんど平日は部屋に戻って午後六時から就寝の夜九時までずっと写経をやって、休日も朝起きて食事終わった後はほとんど一日、写経をやって償っているというか、そういう形で日々の生活を送っています」

一人目の受刑者同様、やはり写経によって心の平静を保っているようだった。

「野垂れ死にでもいいから社会に出たい」

男の両親はすでに他界しているが、育ての親である継母は健在だという。

――今、ご自身の人生を振り返ってどうですか？

「本当に生まれ変われるものなら、生まれ変わりたいし、もし時間をさかのぼれるものなら小学生の頃までさかのぼって母とうまくやっていけたらなと思います。そうしたら今の自分はなかったのではないかと思います」

あの時に戻ってやり直せたら……。私は中島みゆきの「五才《いつつ》の頃」という曲を思い出していた。無期懲役者たちの多くは自らの過ちを後悔し誰しもそう思うのだろう。男は六人兄弟の三男だが、面会には誰も来ないという。

「兄貴たちは一回目、二回目の出所後は結構面倒見てくれました。でも今回こんな大それた事件を犯してしまったのでもう頼れません。兄弟には申し訳ないと思っています」

――誰も面会に来ないのはさびしいのでは？

「もう面会がないというのは……本音では来てほしいなという気持ちはありますが、やっぱりこういう事件を起こしてそこまで望むのは無理だなって今はあきらめています」

服役をして内面的に変わったことはあるのだろうか。

「まあ、どういえばいいんですかね……。以前は人から何か言われたら反発する傾向があったのですが、今はもう素直にすいませんでした、と謝れるようになりました。あとはもう先がないというか、すべてあきらめるというか、たとえば、テレビとか新聞でこれから日本の将来はどうなるとかやるじゃないですか、そういうのにもあまり興味がなくなりました。もう自分には関係のない世界だと思って……」

厭世的と言うと言い過ぎだろうか、六年の服役生活でここまでの心境になったのか。一人目の受刑者は二六年服役していたが、服役年数によっても心境に変化が起こるのであろう。塀の中にいるとにかく考える時間が山ほどある。時期によって心情も浮き沈みはあるのだろう。

最後に私はこう聞いた。

——ここで天寿を全うすることも覚悟しているのですか？

「それは頭の中にあります」

彼は即答した。

——そう考えるようになったのは？

「今は兄弟、身内に頼る気持ちはなくて、引受先としてあるのは更生保護会ですが、これから二十数年経つと私も七五、六歳です。そうなると保護会も高齢者は引き受けづらいところもありますから、それを考えるともうここで終わるのかなという気持ちになります」

——刑務所で最期を迎えるというのは……。

私がそう言いかけると男は、

「やっぱり、もしできたらここで死を迎えるのではなくて外へ出てたとえ野垂れ死にでもいいという気持ちがあるのですが、それも叶わないかもわからないし……、さびしい、ただそれだけですよね」

野垂れ死にでもいいから社会に出たい——その言葉には悲愴感が溢れており、今でも鮮明に記憶している。十数年経った今でも私の耳に残っている重い言葉だ。

自業自得とはいえ、無期懲役者たちの多くはあまりにも孤独だ。被害者、遺族のことを思い続け、獄中死を覚悟しつつも、もしかしたら塀の外に出られるかもしれないという微かな望みにすがり一日一日をすごしている、そんな印象を受けた。

緊迫した塀の中の運動会

読者の方は塀の中でも運動会が開かれているのをご存じだろうか。実はこの運動会、各刑務所で年に一度の最大のイベントと言ってもいいのだ。岐阜刑務所を取材した二〇〇三（平成一五）年は一〇月に開催され、六二三人もの受刑者が参加（懲罰中の者、そのひとつ前段階の取り調べ中の者、元々工場に出られないなど集団生活できない者、病気療養中の者は不参加となる）。一七〇人程の全職員のうち一〇〇人以上が審判や警備などにあたった。まさに職員も〝総動員〟の状態だ。

この年は運動会開催に至るまで一筋縄ではいかなかった。それは前述したとおり定員オーバーの岐阜刑務所では建物の増設工事が始まっていたからだ。グラウンドをつぶして新しい建物を建てるため、会場が三分の二ほどに狭くなってしまったのだ。狭くなると保安・警備上も厳しい状況となる。徒競走が短い距離しかできないなど種目に限りのある運動会では意味がない、などと開催反対の意見も職員の間から出ていたのだ。

運動会を取り仕切っていたのは、この道三〇年、当時五〇歳のベテランの亀田幸一刑務官（仮名）だった。

「狭いところに大人数が集まってやるので、職員も神経をピリピリさせて準備しているのが正直な今の心境です。こんなにピリピリする運動会は初めてですね」

受刑者と毎日直接接する各工場の担当者に聞くと、必ずしも開催に意味がないかというとそうではないという。運動会は全一三工場の対抗になるので団結心を高め、工場のために頑張るという意識も高まるメリットもある。加えて過剰収容でただでさえ溜まっているストレスの解消にもなる、という意見が最終的には通り、開催にこぎ着けたのだ。亀田刑務官は、

「ストレスを発散する場所が少なくなったということで、やっぱり運動会はやらざるを得ないかなと、少しでも受刑者たちの発散の場を作ってやりたいという気持ちがあります」

亀田刑務官は大学に入学したものの中退、警察官と刑務官の試験を受け、両方とも合格、父親が海上保安官だったこともあり国家公務員である刑務官の道を選んだという。第一印象は制服を着ていなければ刑務官とは思えない柔和な面持ちだ。そしてこう切り出した。

「刑務官になってからも、やっぱり塀の中は怖いなという気持ちはあります」

——今でも塀の中は怖いですか？

「今でも怖いです」

これは他の刑務所の刑務官からもよく聞く言葉だ。勤続三〇年のベテラン刑務官でも塀

の中の恐怖心は払拭できていないのだ。

「今でも塀の中では緊張はしています。緊張しながらでも自分たちの使命っていうものがありますので、それを全うしていくのが刑務官だと心がけています」

――三〇年刑務官をやってこられて刑務官冥利につきることはどんなことですか？

「そうですね、こういう運動会ですとか受刑者が一生懸命やっている姿、それと運動会などが無事に終わったときにはああ、今回やってよかったなという気持ちになることはありますね」

運動会は刑務官たちにとっても〝特別な舞台〟なのだ。

担当刑務官を胴上げ

岐阜刑務所は前述の通り、再犯の刑期が長い受刑者、ＬＢ級が集まる施設なので暴力団関係者も多い。幹部クラスの暴力団員も少なくない。そのため対立する組のメンバーがグラウンドで隣りあわせなどにならないように応援席の配置にも細心の注意が払われる。ヤジがあったりすると喧嘩になるので、競技中はそうしたことにも神経をとがらす。グラウンドに作る簡易トイレも工場ごとに置かれるが、対立する暴力団員が接触しないよう動線にも配慮する徹底ぶりだ。

刑務官の警備も通常以上の態勢になる。万が一に備え、普段は下げない六〇センチほどの警棒も携帯する。また建物の角にある見張り台は普段は、人員削減のため使用していないが、運動会の日だけは職員を置き、〝俯瞰の目〟で異常がないかチェックする。

担当の亀田刑務官も、

「受刑者一人一人の動き、何を考えているのか一番気をつけますね。そういうことを職員同士の横の連絡、縦の連絡を普段以上に密にしてトラブルを事前に防ぎます」

運動会当日は幸い、天気もよく爽やかな秋晴れの空が広がっていた。午前中は亀田刑務官を中心に職員総動員でテントを張ったり、仮設トイレを設置したりと慌ただしく準備が進められていた。亀田刑務官も少々緊張の面持ちだ。

――まもなく運動会が始まりますが、不安はないですか？

「そうですね、最後まで不安はやっぱりありますね、一生懸命今まで準備してきたわけですが、今日一日うまく流れるかどうか、そこがちょっと不安はありますね」

その不安は的中してしまう。事前に暴力団抗争を運動会の場に持ち込もうとする動きを察知、職員のもとに〝密書〟も届き、さらに規律違反者への面接で不穏な動きがわかったという。このため関わっていそうな対立する組の幹部クラスの受刑者は参加を急遽取りやめたのだ。言わずもがなだが学校の運動会とは趣は全く違う。そこに集まってくるのは社会の道を外れ重い罪を犯してきた男たちなのだ。暴力団幹部や関係者、〝凶悪犯〟たちが一堂に会するのだ。刑務官たちの緊張もいやが上にも高まる。

午後一時、行進曲が鳴り響き受刑者たちが工場ごとにグラウンドに入場してくる。優勝旗やそれぞれの工場の旗を持って行進する。受刑者たちは心待ちにしていた瞬間だろうが、刑務官たちにとっては緊張の一瞬だ。選手宣誓、準備体操が行われ、いよいよ競技が始まる。

運動会は全一一種目、五〇メートル競走に始まり、縄跳びしながら走る「縄跳び競走」、鯛の模型を釣って走る「鯛釣り競走」、ボールを頭上で手送りし後ろから股下を通す「玉送り競技」、ラグビーボールを棒でころがす「ラグビーボール競走」、ピンポン玉をスプーンの上にのせて走る「ピンポン玉競走」、缶を足で積み上げ次に飴をくわえて走る「缶積み飴食い競走」、自転車のリムを棒で回す「輪回し競走」、六〇歳以上の者が参加した「玉入れ競技」、計量カップで一升瓶に水を入れていく「注水リレー」、両足を縛り飛び跳ねていく「カンガルー競走」などさまざまだ。

受刑者たちはどの競技も真剣に取り組み、声を張り上げ自分たちの工場を必死に、そして楽しそうに応援していた。中には足がもつれて転がってしまったり、思い通りの動きができないなど、思わず笑ってしまう光景も広がった。普段は見られない満面の笑顔、そして心の底からの笑い声が何度もグラウンド中に響き渡った。ひとたび運動会が始まるとみな童心に返ったかのようだ。

徒競走で一位になった受刑者は嬉しそうに万歳をしてテープを切る。中にはどこで準備したのか日の丸の扇子を持って大声を張り上げ熱い応援をする受刑者までいた。

全一三工場で競われる運動会、受刑者たちが普段、「オヤジ」「担当さん」あるいは「先生」と呼ぶ各工場の担当刑務官を言わば〝男にしよう〟とみな頑張るのだ。担当刑務官の名前を盛り込んだ応援歌まで作って歌っていた。プロ野球・阪神タイガースの応援歌「六甲おろし」の替え歌だ。

♪おう、おう、おう、五工オカダーズ、フレーフレーフレー
第五工場担当の岡田さん（仮名）という名前を盛り込んで歌い上げたのだが、さすがにそれを聞いて岡田刑務官も苦笑する。しかし、事前に聞いていた話の通り工場ごとの団結心も養われる気がした。今後の服役生活に活かされることになるだろう。

すべての競技が終わり優勝工場も決定、閉会式が行われたのは午後三時半。わずか二時間半ではあったが、受刑者たちにとってストレス発散の場になったのは間違いない。

罪を犯した受刑者になぜ、そんなストレス発散の場が必要なのか、疑問を持たれる方もおられよう。しかし彼らも人間なのである。〝ガス抜き〟は必要なのである。こうした場を設けることで〝社会のセーフティーネット〟という刑務所の役目を果たせているのではないかと彼らの姿を見て感じた。

そしてこの後、塀の中とは思えない光景を目の当たりにする。なんと自分たちの「オヤジ」、担当の刑務官を「ワッショイ、ワッショイ」と胴上げし、運動会で健闘したことを

ともに喜んでいたのだ。普段では到底考えられないシーンだ。

そして優勝旗を手に受刑者たちがグラウンドを後にする。運動会は無事、終わった。

担当の工場が優勝し胴上げされた岡田刑務官に聞く。

「人と人とのつきあいなので信用するところは信用します。しかし、私らは一〇〇％彼ら受刑者を信用するのは官服着ている以上できないと思うんです。やはりどこかで一％は何か疑うわけではないんですが、やはり一〇〇％信用してしまうのではなく、一％ぐらいはどこかでやはり気を引き締めるところを持って臨んでいます」

確かに競技中もひっきりなしにトランシーバーなどを使い職員同士、異常がないか不審な動きはないかと連絡を密にして厳しい監視の目を光らせていた。運動会であろうと、どんな現場でも刑務官たちには常に緊張感が必要なのだ。「塀の中は今でも怖い」というのはそういう意味なのであろうと腑に落ちた。

罪を償う人間と、彼らを監視、管理する人間、長期受刑者を収容するこの刑務所では立場の違う人間が長い年月顔をつき合わせ続けるのだ。〝馴れ合い〟は禁物なのだ。

運動会終了後、担当の亀田刑務官に話を聞くと、

「今朝まで心配で仕方なかったが、やっと終わって胸の中がすっとしました。事故もなくけが人もなかったので安心しました。こういう一番大きなイベントで受刑者たちの中にためていた鬱憤を発散できたのはよかったと思います」

と重責を全うし、ようやく笑顔を見せた。私が運動会を通じどんなことを受刑者に感じてほしいかと尋ねると、

「運動会を通じ工場の中での団結というか、一人ひとりが仲良く労《いたわ》りあえるような気持ちになってもらえたらいいなと思います」

その表情はこの日の秋晴れのように清々しく達成感にあふれていた。

旭川刑務所

全国初の全室個室化

LB級受刑者を収容する最北の施設は旭川刑務所だ。私は二〇一七（平成二九）年一月に取材し、「スーパーJチャンネル」で特集を放送した。

「こちらの道路ですが、厚い雪で覆われています。そしてこちらが旭川刑務所です。ご覧のように、あたり一面真っ白い雪で覆われています」

とリポートしたが、本当に体の芯まで底冷えするような寒さだ。同刑務所は旭川駅、旭川空港からも遠く、外界から隔絶されたかのように見える。

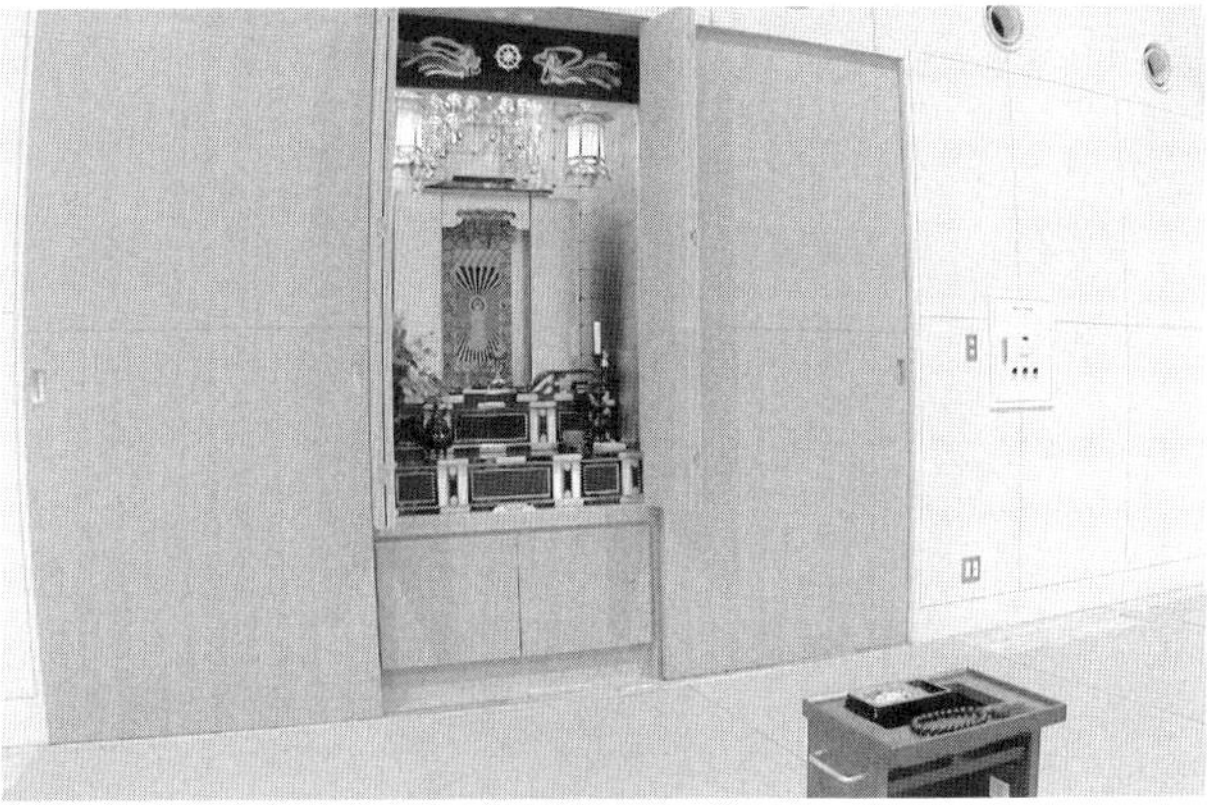

事件の被害者らを供養するための祭壇。旭川刑務所

取材した前年の九月、受刑者が生活する収容棟が新築された。国が運営する刑務所では初めて全室個室化された。

その背景には受刑者の高齢化問題があった。当時、旭川刑務所に収容されていたのは約二六〇人、このうち無期懲役の受刑者は五二人だった。その平均年齢は六〇・六歳、最高齢は八〇代後半だった。

凶悪事件を起こした受刑者が集まるＬＢ級の施設ならではだが、講堂の一角には祭壇が設けられていた。月に一回、「命日会」という集会が開かれ、事件の被害者や身内でなくなった人間がいる場合など、受刑者たちが手をあわせ焼香するという。定期的に行われる供養にも六〇人から七〇人の受刑者が祭壇の前で被害者らの冥福を祈る。

凶悪犯罪への厳罰化を求める声は年々強くな

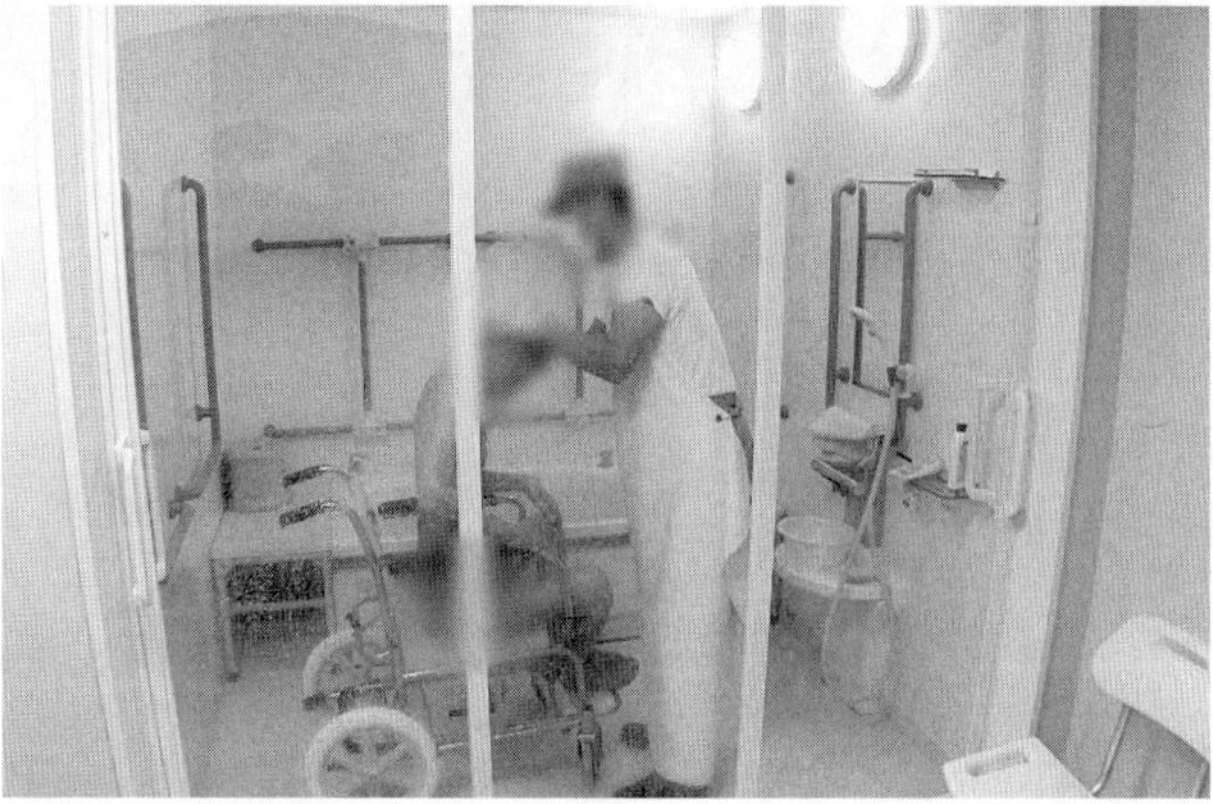
高齢の無期懲役者の入浴を介助する60代の無期懲役者

り、たとえ模範囚であっても仮釈放審査は最低でも三〇年服役しなくては行われなくなっている。法務省によると現在、無期懲役の受刑者が仮釈放される割合はわずか〇・五％、受刑者の高齢化が深刻になるのは当然の流れといえる。

取材中、塀の中の〝老老介護〟も目の当たりにした。最高齢八〇代後半の無期懲役者の入浴を六〇代の無期懲役者が介助するという場面を撮影することができた。介助を受ける受刑者はとても一人では入浴できる状態ではなかった。

六〇代の受刑者が八〇代の受刑者を抱えるようにして湯船に入れる。介助している受刑者が「大丈夫ですか」と尋ねると、「寒い……」とか細い声で答えていた。今や高齢となった無期懲役の受刑者に対する介護を同じく無期懲役の受刑者が担当することも珍しくないのだ。

新築だけに備品も進んでいる。洗面台の水道

豆腐づくりに従事する受刑者

はセンサー式になっていて節水の効果もある。布団を敷くのではなく、全室に木製のベッド、椅子が備え付けられている。担当の刑務官は、

「ベッドや椅子が備え付けられた個室にすることで日常生活上の支障を減らすこともでき、介助が必要になった場合も介助者になるべく負担をかけないようにすることができるのです」

と説明した。個室にすることで受刑者同士によるトラブルも減少しているという。

刑務所での生活の基本は〝自給自足〟だ。受刑者たちが普段着ているシャツや、下着などの衣服も全国の刑務所で作られているが、旭川刑務所もそのひとつだ。

炊場と呼ばれる厨房では、数人の受刑者たちが朝、昼、夕三食の食事をつくっている。旭川では食材費を節約するために材料の大豆から豆腐をつくっていた。豆腐づくりをしていたのは

強盗殺人罪で無期懲役となった三〇代の長身の受刑者。つぶした大豆を水で煮たものを濾《こ》し、そこににがりを加え型に流し込むと立派な木綿豆腐が完成する。なかなかの作業だ。話を聞いてみる。

――豆腐をつくってどのくらいになるのですか？

「四年か五年になります。どうおいしくつくるか、試行錯誤しながらつくっています。おいしいものを提供したいと思ってやりがいも感じています」

男は事件についてこう語った。

「金欲しさに被害者の自宅に侵入して気づかれ、パニックになって被害者を殺めてしまいました。その瞬間の手の感触、被害者の最期はやはり忘れられないです」

――被害者に対してはいま、どんなお気持ちですか？

「自分の身勝手な行為で申し訳なく思っています。自分の悪いところを反省しながらすごしています」

一人の尊い命を奪って得た金額は一〇万円。パチンコなどギャンブルに使う金欲しさだったというから、同情の余地はない。事件を起こす以前は職を転々とし、無期懲役となりこの旭川刑務所でようやく働く喜びに気づくことができたと話す。現在は約二六〇人分の食事をつくるため、毎日早朝から懸命に働いているという。

被害者遺族の声を聞く

日が暮れると、さらに寒さは厳しさを増す。最低気温は氷点下二〇度近くになる極寒の地であるため、旭川刑務所にはボイラー室があり、ここからすべての暖房、お湯が供給されている。施設の壁は二重になっていて、その間に通されたパイプに熱いお湯を流すことで室温を一九度に保っている。旭川ならではの装備だ。

長い冬の時期、グラウンドは雪で覆われており受刑者たちは外で運動もできない。このため刑務所側の配慮として二〇〇メートルの長い廊下を作り、窓を極力広くして外の景色が見られるようにしてある。

夕食後から午後九時の就寝まで自由時間となる。あの三〇代の受刑者は誰に言われるまでもなく部屋の掃除をして英語の勉強をしていた。担当刑務官が説明する。

「無期懲役の受刑者ですと、更生を目指しての呼びかけや行いをさせていくのが大変です。人との付き合い方、接し方、勉強もままならない者もいるので個人学習を勧めたりもしています」

さらに凶悪事件を起こした受刑者たちに自分が犯した罪に向き合わせるため、月に一度、教育担当者と刑務官が同席して、事件で殺害された被害者や遺族の心情を考える指導も行われていた。被害者遺族の生の声を聞いた受刑者は、

「被害者遺族が自分の想像できないくらい苦しんだり憎んだりされているとわかった」

「被害者、遺族から見れば自分を殺めても憎いという気持ちがあると思う」

などと、遅まきながら被害者感情を理解しつつある様子がうかがえた。しかし、その一方で、

「犯罪をした人間って他人を尊重することができないんですね。普段の生活でも全然責任感がなくて本当にその日暮らしなんです」

などと〝ホンネ〟を語り出す受刑者もいた。思わず話を聞いていた刑務官が口を挟む。

「こういうことをしたら、みんなが悲しい思いをするなとか、気づかないということ?」

「そうです、実感が湧かなかったり想像ができなかったりとか、その差に不安は感じますよね」

ある意味、正直な今の思いなのだろう。受刑者のその本音に更生の難しさを改めて感じた。

殺人罪ではなく大量の覚醒剤を外国から密輸した事件で無期懲役になった六〇代の男にも話を聞くことができた。覚せい剤取締法違反も密輸であると最高刑は無期懲役になるのだ。派手な生活を送り、暴力団関係者ではなかったが金に困ったあげく手を染めてしまったという。

——無期懲役という刑をどう受け止めていますか?

「これだけの事件を起こしたのだから仕方がないなと思っています。年齢が年齢なもんですから獄死だなと……。周りを見ていても一生懸命やっていても三〇年以上勤めている人がだいぶいますから、そこまで私は相当かかりますから」

もし仮釈放を受けることができても、その時は九〇歳近くになってしまう。獄中死を覚悟しているという。

――今、何が一番つらいですか？

「いっさい四季というものが見られない、感じられないことです。閉ざされたなかで過ごす、無期の人間はそれが一番つらいです。どんな些細なトラブルを起こしても仮釈放の対象から外されてしまうんです。何とか小さな光が見える所に向かって、一日一日をきちんと務めあげる。それしか今自分にできることはありません」

男は小さな光の存在を信じ、高齢受刑者の介護を担当している。無期懲役者たちの贖罪の日々はこれからも続く。

第三章　塀のない刑務所

松山刑務所「大井造船作業場」では、受刑者が一般工員とともに作業に従事する

松山刑務所「大井造船作業場」

実は、日本国内に〝塀のない刑務所〟がいくつかある。本章では私が取材した施設を三つ紹介したい。

まずは大井造船作業場。愛媛県今治市にある造船所「新来島《くるしま》どっく」。東京ドーム七個分の広大な敷地の中に、松山刑務所の構外泊まり込み作業場、大井造船作業場はある。

〝塀のない刑務所〟は法務省内では「開放的処遇施設」という。刑務所であるのになぜ塀がないのか。その狙いはどこにあるのか。

日本初の開放的処遇施設

松山刑務所のパンフレットには以下のように記されている。

「大井造船作業場は海と山に囲まれた自然豊かな環境の中、塀と鍵と監視から解放し作業員(当作業場では受刑者のことを「作業員」という)の人格を尊重し、自覚と信頼を処遇の基調とした、日本で初めて本格的な開放処遇を実施した構外泊り込み作業場であり、国内唯一の施設であります」

造船の作業場では刑務官の見回りはもちろんあるのだが、受刑者たちは民間の造船場の一般工員とも一緒に仕事をする。その狙いを刑務所はこう説明する。

「作業員には、一般社会人と共同作業することで社会性が育成され、また充実した職業訓練に伴う各種資格の取得によって、より十分な矯正効果が期待されます。当場では、作業員の自覚による社会生活に適応する能力を涵養《かんよう》するため、大幅な自治活動も認めています」（受刑者の自治会活動については後述したい）

また、ここでは六つの国家試験に向けた講習を実施しているのも特徴だ。玉掛技能講習、アーク溶接試験、ガス溶接試験、移動式クレーン試験、危険物取扱試験及びフォークリフト運転技能講習が行われ、高い合格率を維持している。中には六つの国家資格をすべて取得し出所する者もいるという。

取材時、作業場には二一歳から四四歳の三一人の受刑者が働いていた。塀や鉄格子もない作業場であるだけに、ここに来られるのはいわば〝超エリート〟なのだ。取材した二〇一一（平成二三）年当時、全国に男女合わせ七万人余りの受刑者がいたが、その中から選ばれた三一人なのだ。法務省はその選定基準として下記の七項目をあげている。

一、積極的な更生意欲が認められる者

二、塀、鉄格子等の物的設備がないため、逃走の危険のない者

三、自主的な共同生活、職業訓練及び生活指導に重点を置いて処遇するため対人関係に

問題のない者

四、知能指数が普通領域以上としているが、学力テスト、体力テストを加味し、共同生活が普通にできる者

五、暴力団等の反社会性集団に所属していない者

六、引受人が決定し、保護関係の調整がある者

七、概ね六か月以上、一年六か月以下の在場期間が確保できる者

この七項目を満たした上で、事前に五週間にわたる過酷な訓練も待ち構えているのだ。さらに最終的には刑務官、職員らの面接によるふるい落としもある。そして、選ばれて作業場にやってきても、その厳しさから脱落するものも少なくないのだ。

取材した当時、作業場が開設されてからちょうど五〇年を迎えていた。その間、約三五〇〇人が来所したが、出所したのは約二五〇〇人、つまり約一〇〇〇人は作業を全うできず、三・五人に一人がドロップアウトしてしまったのだ。

そうした過酷で厳しい条件でもなぜ、受刑者たちはここを志願するのか。それはここで無事に勤めあげれば刑期の六割程で仮釈放を受けられるチャンスがあるからなのだ。懲役三年なら一年九か月程で社会復帰できるということだ。

塀の外で待つ妻や子どもら家族がいる受刑者は、一日でも早く出所の日を迎えたいとい

地元に溶け込んでいる「友愛寮」

う思いから、ここ大井作業場を目指す。しかし、その道のりは決して平坦ではない。心身ともに強くなければその道のりは全うできないのだ。

驚くべき低い再犯率

まず、大井造船作業場の歴史を簡単に振り返りたい。

一九六一（昭和三六）年、矯正に理解の深い「株式会社来島どっく」の坪内寿夫社長が、愛媛県越智郡大西町（現・今治市）に工場を新設した際に、松山刑務所長・後藤信雄氏と話し合い、先駆的な開放処遇を目的とした構外作業場として木造平屋建ての「大井作業場」を開設したのが始まりだ。一九六三（昭和三八）年二月に「大井造船作業場」と改称、そして一九六八（昭和四三）年一〇月には鉄筋三階建て一二〇人収容の寮舎を新築し、受刑者によって「友愛寮」と命名された。

地元でも大井造船作業場という正式名称の認知度は低いようだが、「友愛寮」といえば誰もが知っているといい、地域社会に溶け込んでいる証左ともいえる。大井の受刑者たちは奉仕活動で空き缶集めなど町内の清掃にあたるが、市民らが好奇の目を向けることはなく、「おはようございます」と気軽に声をかけるという。受刑者たちも「おはようございます」と普通に挨拶を返す。彼らは今までポイ捨てをする側の人間だったが、この清掃作業をすることで表情も明るくなったという。地域社会のおかげで、ここで生活できるということをまさに身をもって教えられるのだ。

さらに一九八五（昭和六〇）年九月には鉄筋五階建て、部屋数二三（共同室）、九二人収容可能な寮舎が完成し、今に至る。この来島どっくの坪内社長と後藤所長との〝接点〟には興味深いエピソードがある。

坪内社長は戦後、シベリアで三年半の捕虜生活を強いられた。奴隷のように過酷な労働に服した経験があり、当時「自由な環境で仕事をさせれば能率が上がるのに」という思いを抱いていたという。

そして一九六〇（昭和三五）年、坪内社長は松山更生保護会の副会長を引き受け、四国四県の刑務所を訪問し受刑者と面談をする機会があったのだが、「こんな仕事（刑務作業）はしたくない。出所しても職に就けない」などと受刑者の多くが刑務作業に対して強い不満を抱いていることを耳にし、刑務所を罪の償いの場所から、仕事の面白さを教える場所へと変えるべきだとの信念を抱くに至る。

一方、当時の松山刑務所長の後藤氏は、戦時中の一九三九（昭和一四）年から一九四五（同二〇）年にかけて中隊長としてテニアン及び父島で受刑者を指揮し、飛行場などの建設に従事させていた。しかし、少ない職員で多くの受刑者を管理しなければならなかったことから、思い切って受刑者を自由に働かせたところ、非常に能率が上がったという経験があった。大井造船作業場という開放的施設が開設された背景には、二人の戦争をめぐるこの〝共通体験〟によるところが大きいものと思われる。

こうした二人の信念が息づいているからか、その成果は数字上でも目を見張るものがある。それは取材当時、一般の刑務所では出所者の再犯率は五割近いのに対し、ここ大井造船作業場では、最近五年間で一二％と非常に低くなっているのだ。この驚くべき数字を可能にする理由はどこにあるのか、まず、大井に行くまでに受けなければならない訓練から見てみよう。

大井を希望する受刑者は前述した七項目を基準に選抜される。過酷で危険もともない、かつ専門性も高い造船という作業を行うことにくわえ、塀の外での生活でも規律が守れるよう五週間にわたる実践的で厳しい訓練を受けなければならない。私が取材したときは六人が新入生として訓練を受けていた。刑期や犯した罪はさまざまだ。松山刑務所の担当刑務官はその狙いをこう言う。

「塀のない刑務所に行くわけですから、他の受刑者の模範とならなければなりません。人との関わりが社会に出てからも一番大事になりますし、まずそこを重点的に指導しなければいけません」

〝鬼〟刑務官による厳しい訓練

彼らが向かったのは工場の一角にある訓練場。大井を目指す六人の受刑者が、いきなり大声で叫びだした。

「心得行きます」

「大井七則」

「一つ、自ら考える」

「一つ、教えを聞く」

「一つ、責任を果たす」

「一つ、謙虚である」

「一つ、礼儀正しい」

「一つ、静座する」

「一つ、技術を学ぶ」

「以上です」

これは彼らが目指す塀のない刑務所、大井造船作業場の心得で、作業中に大きな声を出す訓練でもある。一五〇〇メートルのランニングを課すこともある。

そしてグラウンドで行われていたのは「行動訓練」だ。六人が一列に並んでいる。三〇代の担当刑務官の厳しい声が容赦なく受刑者たちに浴びせられる。

「全員、気をつけ！」

受刑者が号令を掛けるが担当刑務官は、

「遅いで！」

と大きな声を張り上げる。

「ダメや、ダメ、ちゃんと気合い入れてやれや！　最初からやり直し！」

と再びダメだし。「行動訓練」は塀の外に出て民間の一般作業員とも一緒に働くことになるため、トラブルが起きないようにとにかく厳しく注意を受ける。

「もっとしっかり声張って、やれって！」

担当刑務官が続ける。

「はい！」

「やり直し、やり直し！」

「集合！　二列縦隊！」

「声が小さい、やり直し！　何回やり直すんや！」

とにかくきびきびとした行動を、そして声を大きく張り上げるように何回もやり直しさせられる。受刑者たちの表情も次第に険しくなる。そして、担当刑務官はこう叱咤《しった》する。

「自分たちに甘い気持ちがあったら向こうでは通用せんのや！　妥協するところと違うで！　何のためにここで訓練やっとる？　自分らでやります、って言ってやっているのと違うのか、しっかりやれ！」

体育会系の一種の〝しごき〟にも見えるが、受刑者たちも自ら希望した大井造船作業場に行きたいという強い思いがある。そして、この担当刑務官も厳しいながらも、受刑者に生半可な気持ちで大井に行ってほしくないという、その熱い思いが滲み出ている。

姿勢や機敏さ、声の大きさ、一挙手一投足に至るまで細かく、そして厳しく指導を受ける。誰か一人でもできなければ、すべてやり直し。それは一緒に大井に行く六人は常に〝連帯責任〟を負わされるということを植えつける狙いも透けて見える。

他の刑務作業とは異なり、大井では体力そして機敏さも要求されるため四五歳以下の健康な受刑者しか、その資格はない。そのため行動訓練だけでも毎日一時間、みっちりと鍛えられるのだ。

「一、二、三……」

「やめ、やめ、お前らそれが全力か？　いやなら、やめろよ！」

「本当にどうもすいませんでした……」

「一……」

「一やない、イチ！や」

受刑者の声が小さかったので担当刑務官は「イチ！」と声を張り上げる。

「本当にどうもすみませんでした！」

「帽子とれ！」

「本当にどうもすいませんでした！」

「やり直しや！」

「はい！」

造船場の作業現場は本当に大きな音が鳴り響いているため、大きな声を出さないといけない場面が多々あるのだ。余りの厳しさにこの訓練で脱落し大井に行けなかった者も中にはいるという。一時間の訓練の最後、担当刑務官はその厳しさの意味をちゃんと説明する。

「全員、礼！　お願いします！」

「いいか、厳しい時に楽な方向に行ってしまうのは簡単、それでは何にも変わらない。まず、みんなには自分に対する甘い気持ちをなくしてもらいたい。この訓練を通して自分に厳しく、自分を律することを徹底してもらいたいと思います」

受刑者たちも納得の表情を見せる。しかし、この訓練を終了すればすぐに大井に行けるわけではない。その前に、「審査会」と呼ばれる最終面接試験があるのだ。その様子も取材することができた。

素養を見抜く幹部職員

二〇一一（平成二三）年一月初旬、松山刑務所の幹部職員らが集まり、審査会が行われていた。

「失礼します！」

入ってきたのは二〇代の受刑者だった。道路交通法違反を繰り返し、服役しているという。幹部職員から矢継ぎ早に厳しい質問が浴びせられる。

「大井造船作業場に出役したい理由は？」

「社会復帰をしたときに何か自分の身につけて帰りたいと思って資格を取りたいと思いまして」

「資格取得ね、大事なことだね、他には？」

「僕のことを待っていてくれている人たちもいますので、一日でも早く、社会復帰をしていくことです」

「開放的処遇で生活するが、そこでは、どのような生活をしていくつもりですか？」

「開放的施設になると生活環境が変わってしまうので気が緩む可能性があります。ちゃんと責任感を持ち、共同生活でも自分の立場をわきまえて頑張りたいと思います」

「職員が見ていなくても真面目に作業に取り組むことはできるのか？」

「はい、できます！　自分自身しっかりしていきたいと思います」

「休憩時間中などでは、一般の作業員の方がたばこを吸ったり、パンを食べたり、そのようなことが目につく。そんな誘惑に君は勝てるのか？」

「はい、失礼がないように断ります」

「もし誘惑に負けそうになったとき、どうするつもりだ？」

「負けそうになる前に誘惑されないように自分自身をしっかりとしていきたいと思います」

　大井には取材当時、中国からの留学生も二〇〇人ほど来ていた。こうした詳しい事情を知らない中国人らから、たばこや菓子、携帯電話を渡されそうになることも実際にあり、過去そういうことで失敗した人間もいたことを注意しているのだ。そして質問は五週間にわたった訓練についても及ぶ。

「大井造船作業場を目指して訓練してきたが、この訓練で君が得たものは？」

「訓練で得たものはいろいろと厳しい動作とかあるのですが、一番心に残っていることは仲間の大切さに気づかされたことです。今まであまり人に頼ることなくやってきたのですが、今回自分が困ったときにみんなから支えあうという行動をとってもらい、仲間の大切さがわかりました」

「自分自身として成長したことは？」

「自分自身は弱かった心が強くなりましたし、すぐ逃げだそうとした心も前向きに考えられるようになりましたし、ダラダラとしていた行動動作も機敏に動かせるようになりメリハリのある自分になりました」

「他人に対しては？」

「今まで以上に思いやる気配りができるようになりました。自分としてはかなり成長したと思います」

ソツのない受け答えだなと思って聞いていると、職員から核心を突く質問が出る。

「○○（受刑者の名前）よ、聞いていると模範解答ばかりで全く私は信用できないのだけど、お前の社会での生活は嫌になったら、家を飛び出して車で寝たり、友達の家で寝たり、その繰り返しだろう。そのあげくにこの事件だろ？　大井が気に入らなくなったら飛び出すのか？」

「いいえ」

「なんでそんなことが言えるんだよ？」

「はい、二度と同じことはしないです！　飛び出さないです！」

職員の厳しい追及にも男は毅然として答えた。しかし、職員はさらに男を厳しく質す。

「同じこと、同じこと、若い時からその繰り返しだろう、どんなことがあっても元の刑務所（松山刑務所）に戻らない、作業場の寮から逃げないという気持ちはできたのか？」

「はい、できました！」

「信用してええのか？」

「はい！」

続いて入ってきたのは三〇代の受刑者、覚せい剤取締法違反で懲役二年一〇か月、やはり塀の外で待つ妻と三人の幼い子どもを養うために一刻も早く出所したいという。刑務官が聞く。

「訓練で君自身が得たものは何かね？」

「忍耐力とチームワーク、仲間の大切さをすごく知りました」

「訓練をした以上に大井ではもっと厳しくなるぞ、そのときでもやれるか？」

「やります！」

「自覚ができていると見ていいのか？」

「はい！」

「以上で終わる。出役の可否については明日、告知する」

「起立、礼！」

「ありがとうございました！」

六人の受刑者に幹部職員たちは敢えて厳しい質問を浴びせ、本当に大井でやり切れるのか、その決意は本気なのか、その素養を見抜く。厳しい訓練を乗り切ってもこの審査会の面接で落とされることもあるという。

この審査会から六日後、〝合格者〟は松山刑務所から大井造船作業場に移送となる。塀の外にはマイクロバスが用意されている。果たして何人来るのか。私がマイクロバスの横で待っていると、塀の中から次々と受刑者たちが来る。一人、二人……なんと今回は六人全員、審査会をパスし大井行きが認められたのだ。

いよいよ〝塀の外〟へ

午前八時過ぎ、マイクロバスが動き出す。いよいよ六人は〝塀の中とお別れ〟という劇的な場面を迎える。

受刑者を移送する車に同乗し、車中の様子を取材することも特別に許可された。愛媛県東温市にある松山刑務所から今治市の大井造船作業場までは車で一時間あまり。車に乗り込んだ受刑者たちは緊張の面持ちだが車窓に広がる景色を眩しそうに眺めてもいた。連行する刑務官が車中、これからの心構えを入念に伝える。

「いいか、大井に行くのだから気を引き締めて、今までやってきたことにプラスして向こうに行って覚えなければならないことがいっぱいあるからな、大丈夫か？」

「はい、大丈夫です！」

六人の受刑者は真剣に刑務官の話に耳を傾ける。

「最初に言ったように向こうでは連帯責任になるからな、常に全体に迷惑がかかるということを頭に入れておかないといけないぞ、他のメンバーの足を引っ張るなよ！」

「はい！」

「基本は団体行動だ、単独プレーだといけないから、マイナスからのスタートだと思って……、おいお前、緊張しているのか？」

本当に緊張した様子の受刑者に刑務官が声を掛ける。

「大丈夫です」

「気を引き締めていけよ、わかったか？」

「はい！」

「のろのろしていたら叱られるから、すばやく行動して車を降りた瞬間からそういう気でいないといけないからな、大丈夫か？」

「はい！」

車中、受刑者に話を聞くことができた。

――いよいよ、大井に行くわけですが意気込みは？

「松山刑務所に来た時もそうでしたけど、月日が経つと気が緩みがちになるので、今から大井作業場に行って最後の出所の日まで初心を忘れないように生活したいと思います」

――目標は？

「資格をいっぱい取得できるところなので、できるだけ資格を取得して生活していきたいです」

――不安はないですか？

「生活環境の情報も一切ないので、どういったところなのか、どういった人間がいるのか、人間関係も不安です」

――作業も体力的にきつそうですね。

「きついとは思いますけど、自分のためになるので、しっかり頑張りたいと思います」

不安を口にしつつも、前向きな姿勢は好感が持てた。

そうこうしているうちに車は大井造船作業場に近づいてきた。制作中の大きな船の姿も見えてくる。刑務官が受刑者に諭すように言う。

「ちょっとカーテン開けて。いいか、あんなところで仕事をしないといけないんだぞ、規模もスケールも違うからな。上を見て歩かないと怒られるからな、働くところをしっかり見ておけ」

その姿はまるで遠足に向かう学校の先生と生徒のようにも見え、なんとも微笑ましい。受刑者たちは「ここ？」「ここなの？」などと言いながら車窓から見える造船場を興味深そうに眺めている。

そして午前九時過ぎ、新入生六人を乗せたバスが大井造船作業場に到着する。ついに厳しい訓練、そして最終面接もパスし、目指していた「塀のない刑務所」に辿り着いたのだ。しかし、彼らを待っていたのは想像をはるかに超えたさらに過酷で厳しい生活だった。

相互牽制で逃走防止

友愛寮に到着し、まずは刑務官が受刑者たちの荷物のチェックをする。そして、松山刑務所から付き添ってきた刑務官は新入りの六人の受刑者たちに、別れ際にこう言葉を掛けた。

「本所（松山刑務所）の訓練は塀の中だったが、ここは見たらわかるように塀がない。鉄格子もないだろ、そういう中での生活になる。自分の気持ちを正しくもっていって、正しく律することができる、そういう人間になってほしい。そうすれば自分を変えることができる。六人全員がそろって卒業できるように、挫《くじ》けそうになったらお互いに助けあって、声を掛けてあげるように、その気持ちをいつも心にもっているように。環境も変わったので自分も変わって、活躍というのはくれるものじゃないぞ、活躍というのは自分の努力でつかみとるものだ。それを忘れずに日々努力を続けてほしい、わかったか？」

「はい！　ありがとうございました！」

六人を出迎えたのはここ大井作業場の責任者、場長だ。六〇代半ばで、四〇年以上にわたり刑務官を勤めあげ定年を迎えたが、前年四月に再任用（定年退職後に再び職員として採用されること）で場長となり今に至っている。数多くの受刑者と接し、更生させてきたからか、懐が深そうで怒ることはあるのだろうか、と思うほどいかにも好好爺という風貌だ。場長に話を聞く。

――今回は六人全員合格なんですね？

「そうです。全員卒業させてやりたい、これが私の使命だと思っています。彼らは、これまでさまざまなハードルを越えてきて本日を迎えています。その努力だけは買ってやりたいと思います。それはすべて塀の中でのハードルでしたけれど、次は塀のない中でのハードルがあります。作業員共々一丸となって社会復帰させるために日々、私も努力したいと思います」

六人の向から先には場長が言う〝塀のない中でのハードル〟が待ち構えている。受刑者が生活する友愛寮を場長がまず案内してくれる。

「普通の刑務所であれば単独室が必ずありますが、友愛寮では単独室はありません。必ず複数部屋にしています。それはなぜかというと逃走の防止にもなりますし〝相互牽制〟をさせるという意味合いで相部屋にしています。相互牽制というのは、例えば誰かが規律違反行為をしようとしても、そんなことをやったら社会復帰につながらない、本所に帰らされるという注意指導を、われわれではなく彼ら自体でやってくれるということです」

鉄格子、鍵、テレビのない部屋で

受刑者たちの部屋は原則四人部屋だ。これは逃走事故を防ぐ狙いもある。そしてなんといっても通常、刑務所にある塀や鉄格子、そして鍵も全くないことが特徴だ。

「ここが友愛寮の一階です。この扉を開けると、構外です。あの程度の高さのフェンスがあるくらいです。休みの日は情緒的教育も必要なので鶏を飼ったりしています。今年の春から一〇羽余りが卵をかえして、命の大切さを教えることのひとつにしています」

受刑者たちは自由に部屋を出入りすることができる。窓際には資格を取るための勉強机が並び、家族の写真を飾っている者もいた。ホワイトボードも置いてあり、誰がどこにいるか一目でわかるようになっている。これも受刑者からの発案で始まったことだ。場長が説明する。

「場長の私以下一二名の者が勤務しています。週休など休みは必要ですので、平均すると平日は六、七名の職員で処遇しています。受刑者はいま、新入りの六人を加えて三一人で、一班、二班、経理班、そして新人訓練班の四班に分かれていて各班にそれぞれの責任者、班長の職員をつけています。ここは泊り込み作業所と言いまして、作業員の居住空間としてわれわれも寝泊りしています。夜間は職員一名が勤務しているだけですが、われわれが寝泊りをすることで逃走事故の防止にもなります。各フロアの両端に職員がいることになっています」

――その態勢でよく管理ができますね？

「そうですね、およそ他の刑務所ではまず考えられない態勢ですし、そこはそれこそ〝愛〟だと思っています。信頼関係で彼らは絶対に逃げないという信念で私は管理しています。それはここの職員全員が同じ感覚でいると思います」

――そうはおっしゃっても実際には職員の方は逃走がないか心配になりませんか？

「そうですね、枕を高くして寝られるまでは半年くらいかかりますね」

場長はそう答えると笑った。

「不安感は一か月やそこらじゃ拭いきれません。それが拭える頃には作業員の心情も把握できているということです。彼らの心を摑んだぞ、という状況になりますと安心して寝られるようになります。職員ですから常に見られているというプレッシャーもあります。精神的には重圧のかかる職場ではありますね。実際、現職ではない再任用の自分が務まるのか場長になって最初の頃は非常に不安で眠れない日々が続きました」

――場長が受刑者と接していて一番、気をつけていることは何ですか？

「彼らに教えてやりたいのは感謝の気持ちを持ってほしいということです。それはここ友愛寮でこのような生活ができるという感謝、一般人と一緒に仕事をさせてもらえるという来島どっくさんへの感謝、それと地域社会の人々が受け入れてくださっているという感謝、この三つの感謝を指導の根本において彼らを指導しております」

　また部屋にテレビはない。場長が説明する。

「彼らは国家試験が毎月のようにあります。普通の刑務所であればテレビが設置されていますが、友愛寮の部屋にはテレビはありません。国家試験の勉強でテレビを見る時間もないという状況にあるからです」

　図書室や談話室まで設けられていて、どうしても見たい番組は録画して談話室で視聴する。また面会室も普通の刑務所と異なりアクリル板の隔たりもなく、面会者が来るとビックリするという。年齢的に若い受刑者が多いためトレーニングルームまである。自由時間の際には自由に入って体力増強のためのトレーニングをすることができる。場長は、

「対象者が若いために運動不足にならないようにするということ、社会復帰し仕事をする際にはやはり体力も必要ですので、その配慮もあります」

　と説明する。そして場長の部屋も見せてもらった。

「ここが私の部屋です。奥に私が寝泊りしている部屋があります。私は原則として土日は休みです。月曜から金曜はここで勤務しています。彼らが就寝するまで私も彼らと一緒に行動して彼らの心を摑み、それと同時に彼らの努力するところを見ることでさまざまな指導が初めてできると思っています」

　一見すると一般企業の社員寮となんら変わらない雰囲気だ。この建物は造船所によって

建てられ、維持管理費も造船所が負担している。

先輩作業員からの〝洗礼〟

友愛寮に到着して早々、新入りの六人の受刑者は先輩受刑者から、ここでの「生活の規律」をみっちり叩きこまれる。いわば〝洗礼〟だ。まずリーダーと呼ばれる受刑者が挨拶する。

「自分がここのリーダーの青木（仮名）です」

「よろしくお願いします！」

「自分が新人の教育をするけど、ここはいろいろ決まりがあるから。大変だと思うけど早く覚えて頑張って」

「はい！」

玄関前に集められた六人はまず、「集合」の仕方を教えられる。皆、ヘルメットをかぶって並んでいる。

「いいか、ここで生活してわからないことがいっぱいあると思うけど、俺が本気でお前らに教えるからお前らも本気で聞けよ」

「はい！」

同じ受刑者という立場だが、先輩受刑者はいきなり新入りたちを〝お前〟呼ばわりだ。

しかし、ここでは一日でも長くいたほうが先輩、その上下関係は絶対的なのだ。

「六人いるからって皆が動いている奴にくっついていこうと思ったらよ、ダラダラして何もできないんだよ。一人一人が全部完璧に覚えろよ、俺も完璧に説明するからよ。まず朝の集合なんだけど、集合するときの並び方があるからしっかり覚えろよ」

この後、新入りの六人は集合と解散の練習を繰り返した。そのたびに先輩受刑者から厳しく注意される。

「全然、そろっていないだろ。足元見てみろ！」

「もっとテキパキ動けよ！『一同、礼』と言ったら『ありがとうございました』だろ、『一同、礼』」

「ありがとうございました！」

次の場所に移動中も別の先輩受刑者から言葉遣いのルールの説明がある。

「とりあえずリーダーの青木さんに次にどこに行くか聞く。さっき『ありがとうございました』って言っていたけど、ありがとうございましたは基本ないから、ほとんど注意をうけているんだろ、お前ら。だからすみませんでしたという謙虚な姿勢な！」

「すみませんでした！」

到着して早々、新入り六人は数々の〝洗礼〟を受ける。人の前を通る時には「前、失礼します！」と声を出す。

箸の上げ下ろしから注意

続いて食堂に六人がやって来る。食事の席でも事細かな〝規律〟がある。リーダーの青木が説明する。

「まず、青木さん、お願いしますって言うんだ」

するとと六人が、

「青木さん、お願いします！」

と唱和する。

「いいか、まず三つ守れよ、食事中は落とさないように、音を立てないように、で、俺が箸を置いたら、お前らも箸を置いて食うのを止める。わかった？」

「わかりました！」

「食事中やお茶飲む時とか、音を立ててしまった時は箸を置いて礼をすればいいから、首だけでいいから、一回やってみい？　くちゃくちゃ音立てると怒られるから、音を立てたら箸を置いて謝れ、口の中に何も入っていなかったら『すみませんでした』と言えよ、口の中に物が入っていたら口を止めて頭だけで」

「はい！」

「だから青木さん、ありがとうございますと言えよ！」

みな一生懸命やっているのだろうが、そのやりとりはボケと突っ込みの漫才を見ているようでもある。

「箸も序列が高い人から取るから。この席で一番高い人がまず取って、それで二番目の人が取るからな」

「青木さん、ありがとうございました、お疲れさまです！」

まさに箸の上げ下ろしから注意を受ける。先輩の言うことには必ず従うのが塀のない刑務所でのルール。他にも細部に至るまで決まりごとが多く、初日から新人が覚えなければいけないことは山ほどあるのだ。部屋の装備についても青木が説明する。

「着替え、帽子とか全部これ使っていいから、整理整頓しておけよ、鞄はこっちな」

「ありがとうございました！」

新入りの六人は何か説明を受けるたびに「ありがとうございました！」と叫ぶ。

「次、トイレな、ここは細かいルールがあって、こんなふうに行列ができるだろ、そうしたら『次お願いします』と声掛ける。手を洗ったら、『先にありがとうございました、後をお願いします』って言う。言ってみい」

「先にありがとうございました、後をお願いします！」

高飛車な物言いだが、ここでの生活のルール、決まりをこと細かく説明していく。

一人の新入り受刑者に話を聞くとさすがに、

「自分が想像していたのと違うので正直、ビックリしています」

と漏らしていた。

そうなのだ、ここでは普通の刑務所では考えられない方法がとられている。普通の刑務所では職員が規則を決めるが、ここ大井では自主性を育むために受刑者たちが組織する「自治会」によって寮生活が運営されているのだ。寮生活を送るうえでの必要なルール作り、そして地域住民を招いての文化祭など各種行事の立案、準備なども受刑者が行っているのだ。また、「安全会議」「全体会議」「役割責任者会議」「新来場者懇談会」など各種会議も受刑者たちが運営している。場長はその意味をこう語る。

「ここはご覧の通り、塀もなければ窓に鉄格子もありません。いろんな決まりを決める上で自治会を受刑者たちに運営させています。自治会を運営するうえで上下関係も私は必要だと思っています。上下関係を守れることが社会に出て生活する中でも非常に重要なポイントだからです」

自治会には会長はじめ、役員がいる。人望もあって行動力も備わっていなければとても務まらないと場長はいう。その中で役割を果たすことで自信にもつながるというのだ。

——見ているとかなり細かいルールもあるようですが?

「そうです。自治会の中で非常に細かい規則を自らが決めて自らが守っていく、この精神が大事だと思っています。そのために小さな取り決めが定められていることは職員としては大歓迎です」

——受刑者同士でトラブルにはなりませんか？

「はい、もちろん彼らが暴走する危険性も潜んでいます。その危険性を職員が傍観してしまえばただの火事場の群衆になってしまいます。それをひとつの目的をもった集団に方向付けしていく必要があります。それは塀にも勝ることだと思っています。そうした集団に変えるひとつの手助けとして職員が自治会の中に介入していくようにもしています」

——その匙《さじ》加減は難しいですよね？

「難しいです。自治会を認めることはある意味放任するということでもあります。しかしそれは無意味な放任ではありません。暴走する群衆にならないような方向付けは職員が絶えず行っています」

自治権を受刑者に与えつつも、常にその方向性を職員が目を光らせチェックしなければならないのだ。職員らの日々の緊張感は、ただならぬものであろうと感じさせられた。

受刑者間の厳然とした〝序列〟

そして、新入り六人を歓迎する会が食堂で開かれる。

「ただいまから歓迎会を始めます。新入生は前にお願いします。本日、来場されたのは六名です。自己紹介お願いします！」

「大阪府出身、二三歳です。わからないことだらけなので、みなさんご指導ご鞭撻《べんたつ》のほどよろしくお願いいいたします！」

六人が次々と大きな声で挨拶していく。そして先ほど、生活のルールを説明していたリーダーの青木が新入り受刑者たちにエールを送る。

「作業員を代表して私から一言述べさせてもらいます。あなた方は今日から大井の一員として当場で新生活を送るわけですが、当場で生活している者は皆立派な社会人となって再起する足場として日々収容生活に励んでいます。

当場は開放的施設につき個人の責任が重く、本所（松山刑務所）とは比べものにならないほど厳しいことがあります。つらいこと苦しいことは誰でも同じです。しかし、それに勝つか負けるかによって、あなた方の今後の人生が大きく変わると言っても過言ではありません。今は不安でいっぱいだと思いますが、当場から卒業する目標を忘れることなく私たちと一緒に頑張っていきましょう。それでは本日来場された新入生六人に温かい拍手をお願いします！」

受刑者全員で新入生六人に拍手が送られる。いくら先輩とはいえ、受刑者が受刑者に対して言う言葉とはとても思えなかったが、ここではこれがルールなのだ。六人は緊張の面持ちで食堂を後にした。

午後五時、彼らが向かったのは風呂場だ。通常、刑務所では週二回しか入浴できないが、肉体労働の毎日であることからここでは夕食までの四五分間、毎日入ることができる。風呂場でも「まず足の指の間とかよく洗う」といった声も聞こえる。石鹸箱の置き方から湯船の入り方まで先輩受刑者が事細かく説明していた。

そして、夕食の時間。この日の献立は麦ごはんに酢豚、きんぴらごぼう、ひじき炒め、かき卵汁に缶詰めの桃だ。彼らは重労働のため、食事の面でも他の刑務所より多い食材費が認められているのだ。先ほど、注意を受けた食事中の三つのルールを新入り受刑者たちは必死で守ろうと、周囲を気にしながら箸を進めていた。おそらく、怒られやしないかと緊張で味などもわからない状況だろう。

夕食が終われば、通常は自由時間だ。しかし、全員が部屋に集まりだし何かが始まった。

「始めてください」

ここでは、一日一〇分程度、先輩受刑者の指導のもと、受刑者全員が自主的に「静座」を行っているのだ。心を落ち着けて反省を促す狙いがあるという。しばしの間、静寂が部屋を包み込む。

そして午後一〇時半の就寝時間までまだまだ、先輩受刑者の指導は続く。

「いいか、〝序列〟は今日中に覚えてもらうから。作業員と整理番号、できるだけ記憶して、後でテストするからな」

受刑者たちには厳然とした〝序列〟があり、まずこれを頭に叩き込む。入寮して間もない受刑者は寮内を一人で歩き回ることも許されていない。

残念ながらこうした厳しい生活に耐えられず二〇一八（平成三〇）年四月、ここ大井造船作業場から二七歳の男が三週間にわたって逃走するという事件が起きてしまった。逃走事件としては開設から五〇年間でこれが一七件目、一五年ぶりのことだ。確率的にはきわめて低いと言えるのではないか。

受刑者が一階の窓から逃走したことを受け、すべての窓に幅一〇センチほどしか開かないようにするストッパーや防犯フィルムが取りつけられた。寮の壁には赤外線センサーやカメラが設置され、逃走を感知すると、刑務官全員が持つスマートフォンに警告メールが送られるシステムを新たに導入するなど逃走防止の対策も行っている。費用は約三三〇〇万円かかったという。

一日が終わり六人は、大井に来て先輩たちを見てどう思ったか、どう感じたか感想文も書かなければならない。そこで自分も先輩に追いつき卒業するという意思表示もするという。そして午後一〇時半に就寝。

造船所の一般工員と受刑者が分け隔てなく

新入り受刑者六人はさっそく翌日から本格的に作業を始める。

起床は午前六時半、朝点検を受刑者らで行い朝食。午前七時半には朝礼だ。朝礼は一班、

作業前に点呼を受ける受刑者たち

二班、経理班、新人訓練班の四班体制で行われる。前日、練習した集合、整列からだ。ここでの移動はすべて〝全力疾走〟。新人六人を加えた総勢三一人が五〇メートルほど走って整列する。

「点検！」

「一、二、三、四〜」

「報告します！　総員三一名、健康異常なし！

一同礼！」

「おはようございます！」

点呼を取るのも受刑者で、その報告を受けるのも受刑者。その代表者が刑務官に異常なしを報告し承認してもらう仕組みになっている。これも大井独特のものだ。

造船所の中に点在している作業場には隊列を組んで駆け足で進む。早朝から一糸乱れず整列し疾走する彼らの姿は見ていても清々しかった。受刑者同士で報告を行うと、

「おはようございます!」

と挨拶、そして松山刑務所で練習した「大井七則」を大きな声で唱和する。

午前八時、作業開始。作業場では受刑者たちは目印の青いヘルメットをかぶる。造船所の社員工員は「本工」と呼ばれ、赤か白のヘルメットをかぶってわかりやすいようにしてある。それ以外の色は関連会社の作業員で、受刑者は必ず本工の下につくことになっている。

作業は船体の一部となるブロックの溶接作業、グラインダー作業が主だ。グラインダーとは船の鉄板の淵を丸くするものだ。作業としてはなかなか船を造っているという実感が湧かないようだが、完成した船の清掃作業を行う際に船内を見学することもできる。清掃作業は奉仕活動として日曜日に半日かけて全作業員が行う。自分たちがグラインダーを掛けたり、溶接した一部が完成した巨大な船になっているのを見ると、多くの受刑者たちは達成感が得られたという感想を漏らすという。私も完成間近の船を見たが、その大きさは圧倒されるものがあった。

作業場は常に大きな音が鳴り響くため受刑者たちは耳栓を入れて作業をする。また中にはガスを使って鉄板を切断するなど、集中していないと事故につながりかねない作業もある。新入りの六人もまずは先輩受刑者、一般工員の作業の様子をじっくり見る。そして実際に、溶接やグラインダーの作業をしていく。

作業中は刑務官たちも巡回し、彼らの動きを常に注視している。受刑者たちは刑務官が見回りに来ると敬礼をする。最初は異様に思えたが、刑務官に話を聞くと、

「敬礼は異常なくその場にいて、作業をしていますという合図です。われわれの姿が視界に入った時点で作業員である受刑者が敬礼をするルールになっています」

説明を聴いて合点がいった。作業場は本当に広い。

――これまで困ったことはありますか？

「一般の方と作業をしますから、最初はトラブルがないか、それが心配でした。ここにもあそこにもうちの作業員（受刑者）がいます。あそこにも作業員が二人ほど作業していきます。彼らは真面目で言うこともちゃんと聞くので助かっています。定期的に人数の確認やどこで作業をしているかチェックしています」

受刑者たちの位置は、まさに〝点在〟している。

――どんなことを作業中には注意していますか？

「けがをさせないということを一番に考えています。グラインダーという回転する物を扱うので指を切ったりする危険もあるので、その扱い方を重点的に指導しています。狭いところに顔を突っ込んで作業をしたりもしますので、姿勢も不規則ですし腰痛、ぎっくり腰にも注意しています」

もちろん、刑務官だけでは広い敷地で目がいきわたらない。造船所の一般作業員も仕事

の指導も含めて協力している。受刑者たちは「新来島どっく」約九五〇人の作業員に加わって働いている。造船所の幹部社員に話を聞く。

——受刑者と仕事をして怖いことはないですか？

「それはないです。挨拶もちゃんとしますし、言うことも聞きます。親しくなったらどういう経緯でここに来たのか聞いたりもします。気楽に話しますし、それは大丈夫ですね。うちとしてはもちろん差別もありません」

——一般工員と受刑者、分け隔てなくやっていると？

「その通りです。うちの工員で受刑者と同じ作業をしている人がいるんです。受刑者がうちの工員に聞きに行ったり、指導を仰いだりしていますから、打ち解けてやっていると思います」

新来島どっくの一般工員は受刑者も同僚として見ている。さらには、受刑者たちの資格試験の前には社員が実技講習会などの講師となり受刑者を全面的にバックアップしているのだ。

想像以上の厳しさに

午後五時、作業は終了。目標にしていた大井造船作業場で実際、一日作業をして、友愛寮での生活も始まったばかりの新入りの六人。作業着が真っ黒になって友愛寮に帰ってきた。

新入生の受刑者たちはいったい、どのような思いを抱いているのだろう。覚せい剤取締法違反で懲役二年一〇か月、三〇代の受刑者に話を聞いた。

——大井に実際来られて生活してみて印象はどうですか？

「思っていた以上に先輩方がてきぱきしていて身が引き締まるというか、想像以上に厳しかったですね。長い期間過ごしていけるかどうか、とても不安になりました」

——朝は、だいぶ疲れた感じでしたが？

「緊張で寝られませんでした」

あまりの環境の変化に気が高ぶっていたのだろう。

——びっくりしたことはありますか？

「全部ですね。環境だったり先輩だったり、食事のマナーだったり、上下関係だったり。自分が想像していたのと違うのでびっくりしています。不安なことばかりです。あと自分の時間が持てないということですね、常に先輩がついていますので。でも自分のためになることなんで乗り越えたいです」

手元に置いてあるノートには、ここでの細かいルール、先輩受刑者に報告する際の口上などがぎっしりメモされていた。男には妻と三人の幼い子どもがいるという。薬物事件はこれが二回目だ。

――再犯を繰り返さない自信はありますか？

「出所してから手を出さないかと言われれば今の時点ではないと言い切れないです。もしかしたら手を出してしまうかもしれません。そこをどうコントロールするか、強い人間を作り上げられるのかがここでの生活だと思っています」

〝再犯しない自信はあります〟という答えより、これはある意味、正直な気持ちであり、逆に発言を信用できる気がした。

そして私が一番聞きたかったことを聞く。

――刑務所と違って塀や鉄格子がないのを実際、体験してどうですか？

「開放的な環境じゃないですか、来るまでも正直、ウキウキしてしまいました。先輩方を見ても先生方を見ても、すごく気が引き締まりますよね。開放的だからこそ自分を抑えていかないとだめですよね、過ちにつながりますから」

――松山刑務所とは違いますか？

「全く違いますね、独特の雰囲気がありますし、緊張の連続です」

人を見て接し方を変える〝リーダー〟

新入り受刑者を〝しごいていた〟先輩受刑者は今、どんな思いで大井での生活を送っているのだろう。青木（仮名）リーダーに話を聞くことができた。

――新人教育は何回目ですか？

「三回目です」

年齢は三〇代、共犯者と数千万円相当の金品を強奪した強盗事件で懲役五年の刑に服している。会社を辞めてふらふらし、金に困った上での犯行だった。

――家族は事件を起こしたことを知っていたのですか？

「いいえ、全く知りませんでした。妻は何もわからない状態で自分が逮捕されてしまい、しばらくは連絡もとれなくて困っていたようです。起訴されてから妻とやっと面会できたのですが、ずっと泣きっぱなしで、もう謝るしかありませんでした」

――家族に今言いたいことは？

「子どもにはここを出てからちゃんと話したいです。自分が逮捕されて三年になりますが、寂しい思いをさせたなと……。妻には頭が上がらないです。何があっても家族は守らないといけないです。一緒に償ってくれると言ってくれていますので妻に出会えたことに感謝しています」

――立場が同じ受刑者に指導するわけですが、どんなことに気をつけていますか？

「個人によって指導の仕方を考えています。覚えの悪い子には温かく何度も教えます。またきつく指導して伸びる人にはそうしています。社会ではなかなか人づきあいがよくなかったので、ここで勉強させてもらっています」

なるほど、彼も人を見て接し方を変えていたのか、と思う。

——最初にこちらに来たときはどうでしたか？

「すごいところにきたなと……」

そう言うと微笑んだ。みな、最初は同じ思いを抱くのだ。

「昔も厳しい環境だったのでやっていけるのかなって、先輩方のきびきびした行動を見てびっくりしました」

——今日も六人の新入生が来ましたが昔の自分を見るようでしたか？

「そうですね、六人は今も不安で仕方ないのだろうなと思いました。甘やかすだけではなく、厳しくもあり、そのへんの加減は正直わかりません。お世話になっている人たちに貢献できるように、責任を持って新入生を育てていくのが今の自分の役目ですね」

青木にも妻と高校生、中学生、小学生の子ども三人がいる。子どもたちからの手紙が一番の心の支えだという。

刑務官立ち合いで家族に電話も

過酷な作業の毎日の彼らにとって励みになることがある。ここでは家族への電話が認められているのだ。これは受刑者の心情の安定を図るとともに、更生意欲を高める狙いがある。

受刑者たちは造船所で働いて得た報酬（作業報奨金は月額平均で一万五〇〇〇円程度）の一部で電話のプリペイドカードを購入し、刑務官立ち合いのもと家族と会話できる。その場面を取材することができた。受刑者が家族に電話をするという光景はきわめて珍しく、なかなか見られるものではない。

まずは刑務官が受刑者の自宅に電話を掛ける。

「もしもし、〇〇さんのお宅でしょうか？　こちらは大井作業場です、お母さん、本人と変わりますね」

と言うと受刑者が受話器を受け取り母親と話し始める。

「もしもし、忙しかった？　うん、そうなんだ、そっちは雪が降っているの？　こっちは降っていないよ、この間の日曜日に資格試験がおわった、発表は三月だよ」

久々に母親の肉声を聴き、受刑者の表情も自然と緩み、声もやさしくなる。

「ありがとう、また掛けるね、バイバイ」

一方で、なかには本所、松山刑務所に戻りたいと弱音を吐く者も少なくない。この日も悩みを抱えた受刑者が刑務官と面談していた。

「失礼します」

部屋に入ってきたのは入寮一か月、恐喝と覚せい剤取締法違反で懲役二年八か月の二〇代の男だ。知り合いから一〇万円ほど脅しとったという。

刑務官が心配そうに声をかける。

「先週もしんどくてたまらないというような手紙を書いていたけど、ここに来て一か月たってどんな感じ?」

男は大井に来て以来、友人への手紙に「元の刑務所に戻りたい」と弱音を書き続けていたという(受刑者が発信する手紙はすべて刑務官が内容をチェックする)。脱落しそうになったのは造船所での重労働のためではない。刑務官に注意されるのなら仕方がないが、受刑者同士で厳しく言われるのがどうしても納得いかず、「これなら松山刑務所に戻って自分で勉強したほうがいい」と思ったという。男が現在の心境を吐露する。

「いろいろ考えまして、この生活にも慣れてきて先輩たちにもよくしてもらい、自分なりに頑張っていこうという気持ちは出てきました」

刑務官は受刑者のこの言葉でほっとしたような様子を見せ、こう言葉をかける。

「そういう気持ちが出てきたのはいいことだね。先週は気持ちが揺れていたり、面接のときも自信がないという言葉も出ていたけど、ここ最近になって気持ちが変わってきた?」

「新入生も入ってきたこともあって、自分も頑張っていこうという気持ちが出てきました」

ちょうど新入生が来たことが契機となり考え方が前向きに変わったようだ。

「自分たちも入ってきた時はああだったのか、初心じゃないですけど、ここに来た時のことを思い出しました」

「それはいいことだね、一か月でも自分が先輩になって勉強したことがあると思う。それを自分が引っ張っていく気持ちで新入生に接してもらいたい。奥さんや子どもが待っているから一日も早く頑張って早い出所ができるように取り組むことだな」

　刑務官も前向きに心境が変わってきていることを確認でき、我が意を得たりといった表情を見せる。

「その謙虚な気持ちが大切だぞ。大井に来て謙虚とか奉仕とか、いろんな先輩作業員がやっていると思うけど、そういう言葉が出てきたのは自分の成長になっていると思うぞ。先週は『もうだめだ、ハンパない』とかそんなことしか書いていなかったので、どうなるかと心配したけど、今日は非常に先週と違う顔つきで話ができた。いま気持ちは強くなってきているが、もし気持ちがまた下がったりしたら、いつでも相談にのるので遠慮なく話をしに来てください」

「わかりました」

「以上」

「ありがとうございました！」

　親身になって話を聞く刑務官の姿は、本当に一人一人の受刑者と向き合い大井を卒業させようという強い思いが伝わってくる。

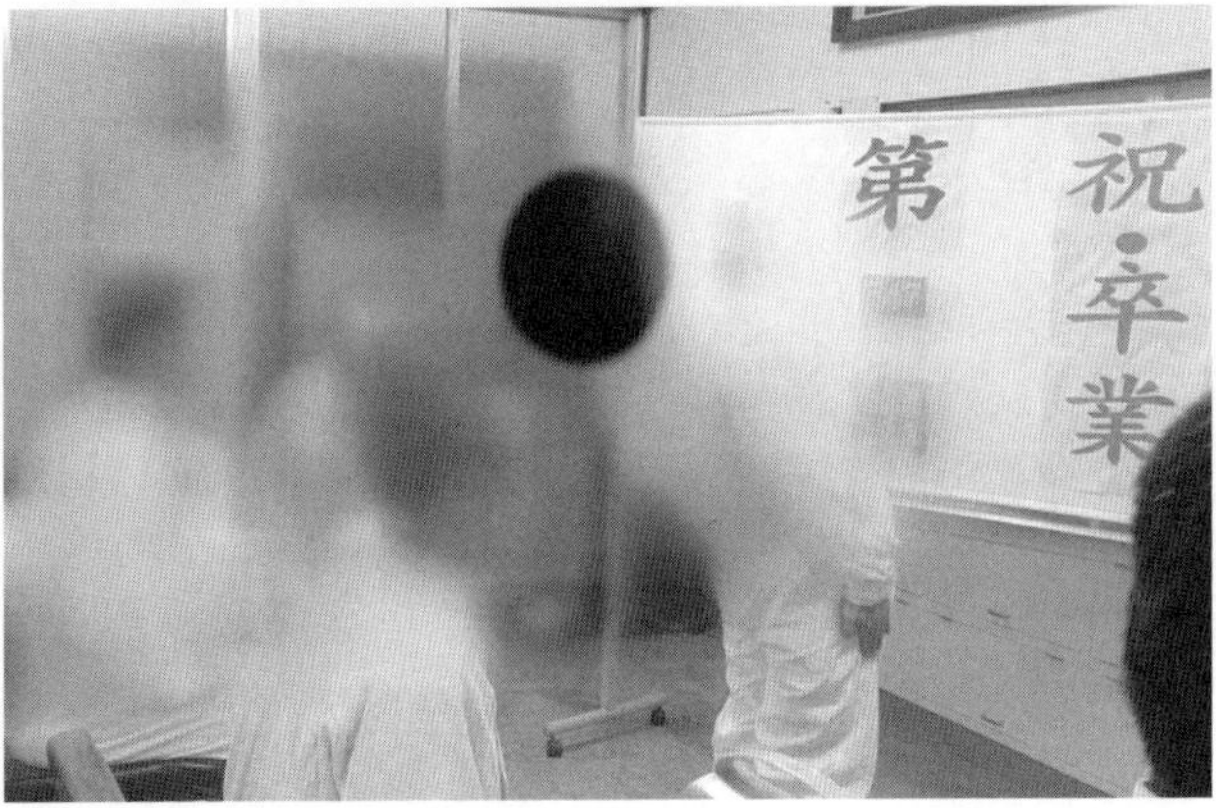

大井造船作業場「卒業式」の光景

晴れて大井を〝卒業〟

そして、取材中、受刑者の一人が大井を〝卒業〟する場面に立ち合うこともできた。仮釈放が決まったのだ。卒業式が始まった。

「これから卒業式を始めます。一同、礼！　それでは○○さんお願いします」

仮釈放となる受刑者が全員の前であいさつする。

「本日、卒業することになりました。この日を迎えられるのも来島どっくのみなさん、刑務所の職員の方々、そして一緒に過ごしたみなさん、待っている家族のおかげです。本当に心から感謝しています。一足先に社会に出ることになりますが、この友愛寮で学んだことを絶対に忘れることなく、確実に、かつまっすぐな人生を歩んでいきます。皆さんも必ず卒業できるよう、一日を大切にして頑張ってください。短い間でしたがありがとうございました！」

幾多の困難を乗り越えこの日を迎えた男の表情は本当に晴れやかで受刑者とは思えない。

そして、受刑者の〝送辞〟だ。

「作業員を代表して私が述べさせてもらいます。ご卒業本当におめでとうございます。当場での生活を振り返ってみていかがですか？　つらいこと、苦しいことがたくさんあったかと思います。しかしつらいこと苦しいことに打ち勝ち、この場に立っていると思います。私たちは社会に出れば大きなハンデを背負っていくことになりますが、ここで学んだ忍耐力で自分の道を切り開いてください。みなも応援しています。この度は本当にご卒業おめでとうございます！　それでは本日卒業されます◯◯さんに温かい拍手をお願いいたします」

リーダーの青木は「ボロクソに俺に言われたことをバネに、一足先に社会で頑張ってくれ」と言葉をかける。そして抱き合う二人……。

場内からは割れんばかりの拍手が沸き起こる。そして、場長と固い握手を交わす。

「本当にありがとうございました。必ずちゃんとした社会人になって更生します！」

と力強く宣言した。

仮釈放されたのは三〇代の男。大井には四か月ほどいた。窃盗罪などで刑期は二年六か月だったが一年三か月で仮釈放となった。

――待っているご家族は？

「妻と両親が待っています」

――ここでの生活は何が一番厳しかったですか？

「自分に甘い部分が強く、自分に甘えずにやり通すのがきつかったですね。どうしても逃げようとしてしまうので、それに自分を立ち向かわせるのがつらかったです」

そして、場長についてこう語った。

「場長さんにはいろんな面でお世話になりました。熱い場長さんなので、すごく影響を受けて、それで引っ張られて、すごく厳しい面もありますが、いいところはいいと言ってくれますので自分たちもそれを聞くと嬉しいですし、またその声を聞くと頑張れる、すごくいい循環ができていたと思います」

――社会に出る不安はありますか？

「正直、不安はあります。でもここでの生活をやり抜いた自信は自分の人生の宝として持って行けます。何があっても負けずに頑張っていける自信はあります」

彼の言葉を聞いて、なぜ大井卒業の受刑者の再犯率が低いのか、腑に落ちた。

場長に話を聞く。

――この仕事をしてよかったと思ったことは何ですか？

「今日もさきほど一名、仮釈放されました。あの子は大井の訓練のときに体が悪くなって、いったん除外されたのです。その時、私が面接すると大井で頑張りたいと言うので、続ける手続きをお願いして、最終的に今日の日を彼は迎えたのです。彼はありがとうございます、と言ってここを後にしました。自分の子どもが去っていくようで寂しい気持ちにもなります。僕は涙もろいですから涙ぐんでしまう……。ただただ嬉しいです」

　場長の目頭は熱くなっていた。場長は「受刑者」とは言わず「あの子」という言い方をする。それはこういう考えに基づくからだ。

「私は彼らを受刑者として見ていません。自分の子どもの年齢的なものもかぶってきますので、受刑者と言うより自分の子どもなのです。もし自分の子どもだったらどうしようか、どう指導するか、それがまず頭に浮かんできます。彼らは何かのきっかけを与えれば、ものすごく立派になる子ばかりが選ばれていますので、そのきっかけさえ見つけてやれば、立派になり大きく生まれ変わってくれますので、非常にやりがいがあります」

——仮釈放者は場長の人柄に惹かれたとも話していました。

「僕の人柄かはわかりませんが、僕は自分の言葉で指導しています。立派な子どもよりか、ちゃんとしてよ、という子どものほうがかわいいんですよね。実際、そうした子たちを社会復帰に向けリードしていける、これは刑務官冥利につきますね。彼らは打てば響いてくれる、それが嬉しいですね」

——ここを卒業するのは嬉しいのと寂しいのと半々ですか？

「そうですね、今日を迎えたことは非常に嬉しいけど今後のことを思うと寂しい気持ちもあります。でも、これで悲しいことにそこの玄関を出てしまうと、何らわれわれの力は及びません。その点が心残りで涙ぐむような状況になってしまうわけです」

そして仮釈放される男が友愛寮のその玄関に現れる。いよいよ社会に戻る、別れの時間だ。

「○○くんの新しい門出を祝って、バンザーイ！　バンザーイ！　バンザーイ！」

職員、そして受刑者から万歳が三唱される。場長から「体に気をつけて」と言われると、男は目頭が熱くなっていた。場長も必死に涙をこらえる。

「本当にありがとうございました！」

そう言って男は大井造船作業場を後にした。受刑者らは「いつかは自分も」という羨望のまなざしで男が乗った車が見えなくなるまで見送っていた。

網走刑務所「二見ヶ岡農場」

ほとんどが刑務所の〝常連〟

「網走」は刑務所の代名詞と言ってもよいだろう。その歴史は古く一二〇年以上前の一八九〇（明治二三）年に「釧路監獄署網走囚徒外役所」として開設、一九〇三（明治三六）年に「網走監獄」、一九二二（大正一一）年に網走刑務所と改称され今に至る。

明治の初め、日本はロシアの南下政策に脅威を感じていた。このため政府は北海道開拓を急ぐ必要があり、政府の施策としてまず道路の建設、そして農地の開墾を進めた。北海道開拓の歴史を紐解くと、樺戸《かばと》集治監、空知《そらち》集治監、釧路《くしろ》集治監に収容されていた反乱士族や思想犯らを労働力として活用して道路建設が行われた。当時の囚徒が造った道路は計七二四キロにわたり、開墾した土地面積は一七〇〇万平方メートルにも上る。

一八九〇（明治二三）年、人口わずか六三一人だった漁村の網走に赤い服を着た囚徒五〇人が釧路集治監から移送される。翌年には囚徒一二〇〇人が北見と網走を結ぶ一六三キロの中央道路開削のために収容され、わずか八か月の突貫工事で完成させる。しかし、未開の極寒の地での過酷な労働は二一一人もの命を奪った。網走監獄の歴史は北海道開拓の始まりでもあったのだ。

また、近代国家の樹立を目指していた日本は、先進諸国の監獄建築を視察し、当時の司法省の威信をかけて行刑建築物の整備も急いでいた。

当時の趣をそのままに残す二五棟の網走監獄の歴史的建造物が移築復原、あるいは再現されている。このうち八棟が国の重要文化財に、六棟が登録有形文化財として登録されて

120年以上の歴史をもつ網走刑務所

いる。

特に一九一二（明治四五）年に建設された舎房はベルギーのルーヴァン監獄を模して造られたものだ。私も見学したが、これは一見に値する建築物だ（これらの建築物は網走刑務所近くの「博物館網走監獄」で見ることができる）。

舎房は五本の指を広げたように五つの棟が放射状に広がり、その中央には一か所から全体を見渡せるように六角形の見張所がある。天窓のある廊下を挟んで独居房や雑居房あわせて二二六房が並び、最大七〇〇人を収容できる。高さ七メートルの天井から差し込む光は舎房の陰影を際立たせている。最果ての地で一〇〇年以上の風雪に耐えて、一九八四（昭和五九）年まで実に七二年にわたって使われた。機能的な舎房は極寒の地で囚人たちの命を守るシェルターでもあり、まさに〝堅牢〟と言えよう。

そうした歴史ある網走刑務所が日本で最も有名な刑務所となった理由は、何と言っても高倉健主演の映画「網走番外地」だろう。一九六五（昭和四〇）年に劇場公開され大ヒットし、シリーズ化された。映画で撮影が行われた当時の刑務所正門は今も残されていて、観光スポットにもなっており、記念写真を撮る観光客の姿も見られる。

正門から続く塀も大正時代に受刑者たちによって造られたものだ。かつては無期懲役など長期の受刑者が収容されていたが、現在は懲役一〇年未満の主に再犯の受刑者が服役している（北海道の長期受刑者の収容先は旭川刑務所に変わった）。

網走に収容されている受刑者は、多くが関東から移送されてきた八〇〇人余り。平均刑期は約三年二か月、罪名は覚醒剤、窃盗、詐欺と続く（二〇一三年二月現在）。平均服役回数は四・三回というから、ほとんどが「刑務所の常連」ともいえる再犯者たちだ。

東京ドーム七六個分の巨大農場

網走刑務所の敷地は東京の新宿区と同じくらいの広さがあるが、その中でもあまり知られていないエリアがある。それは「二見ヶ岡農場」だ。刑務所のパンフレットには「農作業等に従事させ、社会復帰の心構えと健康な体力を養うとともに、一般社会に近い環境を体験させることにより、社会適応性を身に付けさせています」とある。「一般社会に近い環境」とはすなわち「塀がない」ということだ。それだけに、ここに来る受刑者は選ばれ

広大な敷地をもつ網走刑務所「二見ヶ岡農場」

し言わば〝エリート受刑者〟だ。幹部職員によるとさまざまな調査をして大丈夫であろうという者、将来、仮釈放がほぼ見込まれている者が選ばれるという。

網走刑務所から二見ヶ岡農場までは車で一〇分ほど。国道を走ると左手には網走湖、右手には木々が鬱蒼と茂った山が見えてくるが、この山も網走刑務所の敷地だ。

国道を曲がると「二見ヶ岡農場」と書かれた小さな木の看板が見えてくる。じゃがいもや小豆、ニンジンなどの畑に牧草地が広がっている。その広さは東京ドーム七六個分の面積というから、その広大さがわかるだろう。

農場に到着すると、まずその光景に目を疑う。受刑者たちが手押し車で収穫物を運んでいたり、トラクターを運転しているのだ。もちろん、塀はない。彼らはいったいどのような生活を送っているのだろうか。

　取材した当時は二七人の受刑者が農場内の寮で共同生活を送っていた。受刑者たちが生活するのは九〇畳ほどの大部屋。部屋に鍵はなく、自由に行き来することもできる。人数分の二七のシングルベッドが並んでいる。一人あたりのスペースは、そのベッドのサイズくらいである。ベッドの下には引き出しがあり、衣類や本など私物が入れられるようになっている。中にはCDプレーヤーを購入して枕元に置いている受刑者もいた。音楽も時間帯によっては聴くことができるのだ。これは他の施設と比べても特別な待遇だ。

　午前七時前、チャイムがなり起床時間となる。受刑者たちは一斉に布団から起き上がり、身支度を始める。布団、かけ布団、シーツ、枕を決められた通りにきれいに畳みあげていく。そして、各々が箒を手に取り掃除を始める。そしてトイレ掃除をする者、テレビの裏まで掃除する者、その一連の作業は、ルーティンワークとはいえ、実に手際がよい。

　そして、歯磨き、洗顔、だが二七人もいるので洗面台に〝順番待ち〟の行列ができる。

　起床からわずか一五分後、すべての受刑者が身支度を終えると、朝点検が始まる。朝食の配食当番二人を除く二五人がきれいに三列に整列している。当番の受刑者が、

「気をつけ！　右へならえ！　直れ、お願いします！　番号」

　と号令をかけると、受刑者たちが、

「一、二、三、四、五……」

と番号を叫ぶ。通常、点検は刑務官が行うがここでは、受刑者が自主的に生活することを重視していて、点呼を行うのも受刑者なのだ。

「寮生二五名です！」

と報告すると刑務官が、

「二五名！　おはよう！」

と挨拶する。点検後、作業着に着替えた受刑者たちは食堂に向かう。ここで朝昼晩三食、全員そろって食事をするのが二見ヶ岡の決まりなのだ。この日の朝食は麦ごはんに紫蘇《しそ》の実漬け、のりの佃煮と納豆、そしてふきの味噌汁。おかずは網走刑務所と同じだが、これから行われる力仕事を考慮して麦ごはんは多めになっている。

「いただきます！」

これからの農作業を控え、黙々と手早く食べる受刑者たち。わずか一〇分で食べ終えると刑務作業に出発する時間となる。

午前七時半、牧畜、農耕、トラクターの三班に分かれて、受刑者はそれぞれの作業現場へと向かう。

トラクター班は六人。六台のトラクターが次々に出発していく。ハンドルを握っているのはもちろん、受刑者だ。その後を刑務官がバイクに乗って監視するという構図だ。

そして、牧畜班では、一人の受刑者が農場にある鐘を鳴らし始める。すると、鐘の音を

牛に餌を与える牧畜班の受刑者

聞いて牛たちがこちらに次々と集まってくる。なかには子牛もいて、なんとも微笑ましい光景だ。

この牛は「網走監獄和牛」と名付けられた肉牛。ブランド牛として知られ各地の物産展などで人気だ。その最高級A5ランクの肉牛の飼育も二見ヶ岡農場の重要な刑務作業のひとつなのだ（私も購入して食べてみたが、上質な脂で柔らかく実に美味だ）。集まってきた牛に餌を与えるなど甲斐甲斐しく世話をする姿は一見すると、とても受刑者には見えない。

受刑者が国道脇でトラクターを運転

牛舎で牧畜班の受刑者に話を聞くことができた。牧草や牛糞などが混ざった牧場独特の臭いが広がる。

東京から移送されてきた五〇代の男、罪名は詐欺と詐欺未遂だ。

――どんな事件で今回は服役することに？

「振り込め詐欺の受け子の運転手をしていました」

刑務所は八回目、これまでに犯した罪名も窃盗、傷害、詐欺、覚せい剤取締法違反とさまざま、いわば〝刑務所の常連〟だ。

――再犯を繰り返してしまう理由はなんだと思いますか？

「当時は暴力団員だったので、そうしないと食っていけない状況にありました。やっぱり再犯を繰り返してしまいましたね」

男は決して強面《こわもて》ではなく、むしろ柔和な雰囲気を醸し出している。動物と接することで表情も変わったのだろうかと思う。

「ここで心身ともに鍛え上げて、出所後に役立つような生活を学びたいと思います」

なかなか殊勝なことを言う。東京からはるか遠い北の大地で牛の世話をしながら更生を目指す姿は元暴力団員とはとても思えない。

この日、男が向かったのは生まれたばかりの子牛がいる牛舎だった。母牛の乳の出があまりよくなく、その状況を確認するのだという。子牛は「ナッコ」と名付けられた。本来、牛は番号で呼ばれるのだが、受刑者たちはそれぞれの牛に名前を付け、慈しみ育てているのだ。

受刑者たちはナツコの成長の状態から母牛から十分な授乳がされていない可能性を心配していた。話を聞いた受刑者がロープを持ってきて、三人がかりで母牛を押さえつける。そして、乳が出るかどうかを搾って確認するのだという。刑務官が、

「乳の搾り方、わかるかな？」

「はい」

別の受刑者が乳を搾って確認する。

「ちょっとだけど、出が悪いですね」

と言うと状況を見ていた刑務官は、

「乳が張っているから大丈夫だよ」

と言葉を掛ける。結局、取り越し苦労に終わって受刑者たちも一安心していた。その表情は牛の成長を一心に願う酪農家そのものだ。

そしてトラクター班は国道がすぐ脇を走る牧草地で大規模な作業をしていた。周囲には塀など隔てる物もない。当然のことだが、作業をする受刑者のすぐ横を何台もの車が通り過ぎる。なんとも〝シュールな光景〟だと思ってしまう。

トラクターの後ろには草刈り機がついている。受刑者はハンドルを巧みに操作しながら牛たちの餌となる牧草を刈り取る作業をしていた。ある程度、牧草を刈り取ると専用の車を運転してそれらを集めひとまとめにする。牧草はロール状になってゴロンと出てくる。

トラクターで牧草の刈り取りを行う受刑者

ロール一つで四〇〇キロから五〇〇キログラムもある。慣れないとうまくできそうにない作業だ。作業をしていた受刑者に話を聴けた。

男は三〇代、二見ヶ岡には希望してやってきた。網走に来て半年あまり、特殊免許も取得して三か月になる。罪名は窃盗と窃盗未遂、車を四台盗み刑期は五年、刑務所は二回目だ。

——実際、ここ二見ヶ岡で作業されてどうですか？

「開放的な処遇なので社会に一歩近づいて生活を送れていますので、どうするべきか細かい部分まで考えて生活できるようになってきました」

その表情は生き生きとしている。私は塀の外で作業をしている受刑者にどうしても聞きたいことがあった。

——初めて塀の外で作業をしたときは違和感などありませんでしたか？

「正直、最初は違和感がありましたね、本当にこの生活でいいのかっていうのは感じました。作業が毎日違うので、その辺は充実して運転技術の向上にもなるので自分的には面白くやらせてもらっています」

取材中に刑務官からも「ちょっと前ですが、『まさか刑務所に入って塀の外で手錠なしで仕事をできるとは思ってもみませんでした』とすごく感激していた収容者がいました」と聞いた。海千山千の受刑者にとっても屋外での作業は度肝を抜くものなのかもしれない。

――前回の服役と今回の服役で違うことはありますか？

「前回は資格など何も取らずに出所してしまいました。今回は資格を取らせてもらったので、それを活用して二度と同じことを繰り返さないよう運転技術を高め無理のない生活を送って行こうと思います」

――ここへ来てよかったですか？

「そうですね。いろいろ経験させてもらっていますので、その点は非常に感謝しています」

出所後は親族が経営する会社で働く予定だという。

「自分が出所後に働く予定の会社でも車両は使うので今やっていることも大変、役立つと思います。出所後のことは出所しなければわからないことだらけなのですが、今自分で考えていることをしっかりやっていければ大丈夫だと、その意思を崩さないようにしようと強く思っています」

男は実に前向きだ。出所できる日を心待ちにしている様子だった。

受刑者を信用しつつも

農場担当の刑務官は受刑者とどのように接しているのだろうか。話を聞いた刑務官は前年の九月からトラクター担当を務めていた。重機のユンボ、ローダー、フォークリフトの操作方法やトラクターに農機具を連結して使用する方法などを指導している。この広大な農地を使っての刑務作業、塀のない場所だけに当然、受刑者が逃走するリスクもある。

——受刑者が逃走してしまう可能性もあると思うのですが、担当としてどう考えていらっしゃいますか？

「逃走については万全の態勢で常に目を離さず受刑者の動きを見ております。全員が出所の見えている受刑者たちですので大きなリスクを背負ってまで、そういう気持ちは起こらないと考えています。でも、最悪の場合は常に考えております」

受刑者を信用しつつも警戒は怠らない、刑務官は常に緊張の連続であろう。

——作業上一番大変に思う点とか、苦心されている点はどんなことですか？

「今年の三月に職業訓練を終了しまして、私の受け持つ受刑者全員が大型特殊免許、そして、車両系の建設機械、あと、フォークリフト、これらの資格を取得しました。それを実際、操作しまして、畑を耕したり堆肥を運搬したり、肥料を撒《ま》いたり、牧草を収穫するという作業をさせているんですけれども、その一連の作業をうまく伝えるのが一番大変ですね」

――なかなか伝わりきらないことも多いのですか？

「そうですね、作業内容は難しく多岐にわたりますので、簡単に一度では指導できないところはあります。今いる受刑者は全員が農業は初めての経験です。広大な畑の中でトラクターを動かすんですけれど、機械でけがをしないか、これが一番危険を感じております。ここまでけがはしていませんけれども、見ての通り傾斜地もありますので、凹凸があり油断すると横転とか危険な事態になってしまいます。一瞬たりとも気を抜けないですね」

作業に立ち合っている刑務官たちは事故、トラブルなど起こさないよう、常に受刑者の動きを注視しなければならないのだ。日々、緊張の連続だろう。

生き生きとした表情の受刑者たち

午前一一時半過ぎ、午前中の作業を終え受刑者たちは寮へと戻ってくる。昼食の献立は具なしソース焼きそば、野菜炒め、紅ショウガ、そしてコッペパンにリンゴジャム、乳酸菌飲料。屋外で身体を動かしただけに皆、食も進む。

昼食後は一日三〇分の運動時間。取材当時、工場対抗の縄跳び大会が迫っていたため受刑者たちが他工場に負けないように熱心に練習をしていた。大きな縄跳びが弧を描き、受刑者たちが「一、二、三」と掛け声を張り上げジャンプを繰り返す。失敗すると、

「だーれ？」

「すいません、オレです」

失敗した受刑者が手を挙げ爆笑が沸き起こる。私はこの光景に注目し放送された特集で、

「他の刑務所では見られない受刑者の生き生きとした表情が見られます。非常にチームワークというか協力しあっているのが印象的です」

とリポートした。放送では受刑者の顔はモザイクという画像処理をしなければならないので、どうにかして彼らの表情のよさを視聴者に伝えたかった。

午後の刑務作業を終えると夕食、この日はイカ大根煮、鶏のカレー煮、スタミナもやしという献立。夕食後の自由時間では受刑者の自主性を尊重する光景が見られた。受刑者二人が受刑者全員の前に座り、

「テレビアンケートを取ります」

と声を掛ける。声を掛けたのはテレビ係と呼ばれる受刑者だ。テレビ鑑賞は受刑者全員にとって最大の娯楽だが、多数決を取りテレビの番組を決めるのがテレビ係の仕事だ。寮内では受刑者による自治が行われているのだ。こうした点も刑務所のいう「一般社会に近い環境」なのだろう。

就寝の夜九時までの自由時間、写経をする者もいれば、将棋を指す者、音楽を聴く者、思い思いの時間を過ごしていた。

そして取材中のある日、牛舎でトラブルが発生する。前述した元暴力団員の五〇代の受刑者が慌てている。

どうしたのかと聞くと、三か月前に生まれ、受刑者たちが「やよいざくら」と名付けた子牛の後ろ足の調子が悪く歩くことができないのだという。実際に見てみると確かに三本の足でやっと立っているという感じだ。

獣医が到着し子牛を診察するが原因はわからず、このままでは立てなくなってしまう可能性もあるという。薬を塗り、しばらく経過観察することになった。受刑者の男も心配そうな表情で獣医の診察を見守っていた。

――今、どういうお気持ちですか？

「世話をしてあげないと死んでしまいますから……。命の大切さを実感して今を生きていきたいですね」

北の大地で知った命の尊さ……二見ヶ岡の受刑者たちを農場長はどう見守っているのか、話を聞いた。

「施設が手助けをして少しでも出所後の仕事を見つけてやること、また本人が仕事を見つける気持ちになるように、こちらも手助けするのが必要だと思っています」

その意味では少なくとも私が話を聞いた受刑者たちは農場長の思いがしっかりと届いているように見えた。ただし、残念ながら出所してから農業や酪農の仕事をする受刑者はほとんどいないという。それでもある幹部職員はこう訴える。

「社会では酪農っていうのは人手がほしいとは言われていますので、うちの収容者がそこでうまくマッチしてくれればいいな、というところはあります。しかしうちの収容者たちは、半分以上が関東圏から来ているものですから、地元へ帰って酪農に就職するのはなかなか難しいんですよね。けれども楽ではないこの作業を通して少しでも社会で忍耐強くなってほしいのと、仕事をする習慣というものを身につけてくれればいいかなとは思います」

農場担当の刑務官も受刑者にこうエールを送る。

「二見ヶ岡農場では、農作業のほかに、ユンボ、ローダー、あとフォークリフトのほか建設用機械でも日々作業をしています。たとえば二〇二〇年の東京オリンピックの建設現場とか、東北の被災地での復興現場でも働くなど、資格があるのですぐに現場に入れるのかなって考えております。ここでの経験を活かしてほしいですね」

私は特集の最後のリポートでこう締めくくった。

「取材してその表情を見ても皆生き生きとしていまして、お見せできないのが残念に思ったくらいです。実際に出所して農業や酪農の仕事に従事する受刑者はなかなかいないそうなのですが、ここ二見ヶ岡での貴重な経験を出所してから更生に役立ててほしいと思いました」

函館少年刑務所「船舶職員科」

海の上の刑務所

古くから海上交通の要衝《ようしょう》として栄えてきた函館。その函館港から程近い住宅街の一角に函館少年刑務所はある。そのすぐ近くには地方競馬の函館競馬場が見える。

明治の頃は函館徒刑場、函館監獄、大正になって函館刑務所、そして一九四三（昭和一八）年に現在の「函館少年刑務所」と改称された。取材当時（二〇一六年）、収容されていたのは約六〇〇人、主に犯罪傾向が進んでいない二〇代から八〇代までの受刑者で平均年齢は三六・一歳、未成年も収容できる施設のため「少年刑務所」という名称だが、実は少年の受刑者は全くいない。

函館少年刑務所の刑務作業、職業訓練も実に特色があるので紹介したい。

まずあげられるのは、いわゆる〝マル獄〟印のオリジナル商品作りだ。第七工場で約五〇人の受刑者が作っているのだが、刑務作業品としては異例の人気を誇っているのだ。函館空港などでも売られていてバッグやポーチ、前掛け、作務衣など約八〇種類もある商品の年間売り上げは実に六〇〇〇万円にも上るのだ（ちなみに私も手提げ袋をお土産に買った）。売上金の一部は犯罪被害者支援団体の活動資金に充てられている。

さらに函館少年刑務所は国から「総合職業訓練施設」に指定され、受刑者の資格取得に力を入れている。なかでも「船舶職員科」は全国でも唯一の独特の職業訓練プログラムだ。受刑者は航海科と機関科に分かれ、五級海技士（航海）、内燃機関五級海技士（機関）という国家資格取得を目指す。取材時には八人の受刑者が国家資格を目指していた。全国の施設に募集をかけ、面接などの試験にパスした模範的な受刑者たちだ。

船舶職員科の期間は最大で二年。その歴史は古く一九四四（昭和一九）年からだ。戦時中だった当時、船員不足だったことから船員を確保するために、海上交通の要衝である函館で養成所として始まったという歴史がある。

受刑者たちの訓練の様子は、辻仁成氏の芥川賞受賞作「海峡の光」でも描かれている。その小説の舞台になったのが職業訓練用練習船「少年北海丸」だ。函館港のとある場所に停泊している。全長は三二・五四メートル、重さが九九トン、速さは一一ノット。船としては一〇〇トン以下の漁船だが基本的な機能については装備されており、受刑者たちが基本実習をする上では十分だという。受刑者たちが乗り込んでくる前に船上で、技官である

「少年北海丸」を前にリポートする著者

船長から説明を受ける。まず操舵室に案内してもらう。さまざまな機器類が並び、中央には舵がある。

「ここでは航海、機関に分かれまして、航海科は指揮者の元で決められた進路を維持する練習をしております。機関科は、操船指揮する私の指示に従って機関の出力を行っています。左右に見張りを立てて見張りの練習もしております」

受刑者たちは〝塀の外〟に出て、この少年北海丸に乗り込んで実習訓練を受けるのだ。言うなれば〝海の上の刑務所〟だ。どのような実習なのだろうか。

――船の上での実習はどのように行われているのでしょうか？

「朝バスで刑務所からこちらの港に来て出航して沖合で昼食をとります。何時間か航海して戻ってバスでまた刑務所に戻ってくる形をとっています。年に二回、青森沖と東南方向の福島沖で一泊の航海実習、その他に夜間実習を九月から一一月の間に実施しています」

——実際に船の舵を受刑者が握るのですか？

「そうです。最初は緊張しているので間違いもありますが、現在はそれなりに間違いも少なくやっております。今回行っている夜間実習は初めての経験です。受刑者にとっては夜の航海ということでかなり不安もあったようです。というのは街の景色とか灯台の光が見えなかったので不安というか驚きもあったかと思います」

更生を誓っている選ばれし模範的な受刑者とはいえ、塀の外に出て受刑者が船の舵を握るということはかなりのリスクも感じる。

——受刑者を塀の外で訓練をさせることにはリスクもあるかと思いますが、船長ご自身は、その点に関してはどうお考えですか？

「やはり海の上であっても刑務所です。なんと言っても逃走が僕らにとっては最悪の事態です。ですから、受刑者たちがそういう気持ちにならないように常に注意、警戒していきます。心情を把握している担当先生の指導とも連携してミーティングを開いたり、とにかく不安がないように把握するように努めてやっています」

——実習中、不安なことはありますか？　受刑者にはどう接しているのでしょうか？

「まず、一般の船も走っていますので安全第一、法令重視でやっています。見張りの受刑者も二人立てているので、見張り役にも港での交通ルールを教えてそれを守るように指導しています。そしてある意味、われわれの命も彼らに預けているわけです。彼らの操船で同じ船に乗っているわけですから、常に緊張感を持ってやらないと逃走や水難事故にもつながる危険性があると思い職務にあたっています」

船長が言うのは至極もっともなことだ。受刑者たちは塀の外に出られる、というある種の解放感を抱いてしまうのは想像に難くない。ちょっとした気の緩みが大事故につながりかねないのだ。私もいつも以上に緊張感をもって取材にあたることにした。

本気で漁業を目指す受刑者たち

船舶職員科の受刑者たち八人が刑務所内で過ごすのは一般受刑者とは違う特別なエリアだ。「準開放寮」と言われ、部屋の扉に鍵はなく自由に出入りできる個室が並んでいる。トイレは共同、食事は各々が自室に持ち込み一人で食べることができる。

これは、刑務所が模範的な彼らに与える特別な措置だ。厳しい訓練が課せられる船舶職員課の受刑者は仮釈放が決まった受刑者に次ぐ扱いなのだ。消灯時間も通常は夜九時だが、船舶職員科は一時間遅い一〇時。余暇時間はテレビを視聴することも許されているが国家資格取得を目指す彼らはみな、テキストやノートを広げ就寝時間になるまで熱心に机に向かっていた。

海技士の資格を目指す受刑者たちは、どんな思いで訓練を受けているのだろうか。二人の受刑者から話を聞くことができた。

インタビュー場所は少年北海丸の船底にある訓練生室。窓はなく一〇畳ほどの広さだ。実習訓練の際には夜半過ぎまで漁を続け、訓練が終わると、この閉ざされた狭い部屋で朝まで仮眠をとる。

一人目は覚せい剤取締法違反などの罪で懲役一〇年の三〇代の受刑者だ。すでに八年弱服役し、残り刑期も見えてきている。海外から大量の覚醒剤を密輸しようとしたところを成田空港で発見され逮捕されたという。

――自分が犯した罪については今どう思っていますか？

「自分が犯したことによって、家族をはじめ多くの人に影響を与えてしまったことに関しては本当に申し訳ないことをしたと思っています」

――覚醒剤を密輸しようとした、その動機はなんですか？

「ギャンブルでつくった借金を返済するためです。その報酬で返済しようと考えたのです。もとはと言えば競馬とかカジノでつくった借金です。あわせて三〇〇〇万円くらいですね、本当に遊ぶ金欲しさに何でも手を出してしまったのが悪かったと今では思っています」

男によると、交流のあった先輩に声を掛けられたのがきっかけで、四年近く見つからず密輸を続け、一回の報酬は五〇〇万円だったという。では今、どんな思いでこの職業訓練を受けているのだろうか。

――この訓練を志望した理由はなんですか？

「出所後の帰住予定地が漁業の盛んな街なので、そちらで生計を立てたいなと思ったからです」

――漁業関係の経験は？

「ありません。特にこれまでは漁業には興味もなかったんですけど、今ここに来てみて興味を持ちました。毎日ここで訓練させてもらって、海で働くのもいいかなって単純に思えてきました」

すでに船舶課に来て一年半が経っているという。何事も経験なのかもしれない。

「刑務所での職業訓練なので大変なことのほうが多いですけど、一般社会に近い環境で毎日作業させてもらっていることに感謝しています」

――大変なことってなんですか？

「作業するにしても毎日違うことが多いので、昨日教わったことと今日は違うことが多いですし、覚えることが多くて大変です」

――航海士と機関士、どちらを志望していますか？

「機関士です。どうしても機関士になりたいとかはなかったのですが、どちらかに決めなきゃいけないというので、なんとなく機関士にしました」

現在、資格取得にむけ休みの日は一日六時間以上、勉強しているという。そうしたことは人生でも初めてだというから〝本気度〟が伝わってくる。

——出所後の目標は？

「三月、機関士の試験があるのでまずそこに合格して、資格を取って漁業の道で生計を立てることとです」

——具体的に漁業と言うと？

「遠洋漁業のマグロ漁に興味があるので、そういう船に乗れたらと思っています」

——重労働だと思いますけど不安は？

「全く未知の世界なので一年間船の上で生活するっていうのは不安しかないです。ただ不安はありますけど、一度は乗ってみたいなと。不安はあるけど、チャレンジしたいです」

——環境も変えて出直したいということ？

「はい」

——出所して再犯しない自信は？

「あります！」

力強く男は答えた。犯罪につながる過去の悪い人間関係を断ち切るためにも環境を変えたいと言う。残刑が見えているのと明確な目標が立っているからか表情には自信も見える。自分が犯した罪については本当に後悔している様子だった。

「マグロの遠洋漁船に乗ってみたい」

そしてもう一人の受刑者はこの船舶職員科で最年長の四〇代の男、窃盗で懲役二年八か月の受刑者だ。社会にいる時はサービス業をしていて生活費にも困っていなかったのに高価な古物を盗んだという。

「当時も仕事はして生計は立てていたんですけど、それ以上に自分でも抑えられないという感じで欲が芽生えてしまいまして犯行に至ったんだと思います。罪悪感はあるんですが、盗むことにスリルがあったような気がします」

窃盗犯の多くが〝スリル〟という言葉を使う。薬物と同じように一度覚えてしまった味は忘れられなくなってしまうのだろう。男が逮捕されたのは今回二回目だったが塀の中は初めてだ。

――服役生活はいかがですか？

「捕まる前はきちんとした生活とは言えなかったのですが、服役してから正しい生活をしているので体自体も健康になりました。物の考え方も前向きにというか建設的にとらえられているようには思います」

――考え方も前向きになっていると？

「そうですね、これまでは考え方もマイナス思考というのが多かったので、そういうのも少しは改善できているかなと自分自身思っていますし、前向き思考というのは自分の目標にもしています」

——この職業訓練を志望された理由は？

「もともと船舶職員科の募集を見たときに国家資格が取れて即戦力になれるって話も聞きました。国家資格っていうのが一番の理由ですかね。資格取得は大変だとも聞いてはいたんですけど、自分が出所してから生計を立てるのに役立つ気がしましたので応募しました」

——航海士と機関士どちらを希望しているのですか？

「機関士です。元々機械とか嫌いではなかったので選びました」

訓練を始めて半年経ったという。

「思った以上に難しいというか覚えることが多くありまして、その半面一日一日やらなければならない課題が多いのでその課題を必死にやっております」

——想像していたよりやることが多いですか？

「ものすごく大変です。覚えること、やらなければならないことが多くありますので忙しい毎日を送っています」

——そんな中でも充実感を感じている？

「そうですね。やることが明確にありますので、それを乗り越えてまた壁に当たるという繰り返しのような生活を送っています」

――これまでで一番苦労されたのは？

「自然の中、海の中を船に乗って訓練していますので、船に揺られながら作業したりとか今まで丘の上で作業していた時に比べると、いろんなことに気を使わないと事故が潜んでいたりとかそういうことがあることに大変な思いをしています」

明確な目標が立ったからか表情は生き生きとしている。

――社会復帰するにあたって不安なことは？

「また出所した時に、壁とか困難が出てくると思うのですが、それに立ち向かわないで逃げるような自分というか、今はないんですけど、実際そういう壁にぶち当たった時にどうしたらいいのか不安は感じます」

そしてこの男も一日五時間近く、資格取得にむけ猛勉強をしているという。

――具体的に漁業関係のどんな仕事をしたいのですか？

「マグロの遠洋漁船に乗ってみたいです」

――どういった理由で？

「一番は船の中に滞在して長い間移動していますので、変な誘いに乗ることなく仕事に没頭できると思ったので。単純なんですけど……」

悪い人間関係、悪い誘いを断ち切りたい、この男も同じ思いのようだ。社会復帰後は漁業関係の仕事に就きたいと考えている受刑者は多いようだ。

——漁業は重労働で大変だと思うんですけど、年齢的に不安はありませんか？

「それより一番の不安は仮釈放で社会に出られたとして採用の面接をしに行く、ここがみなさん不安がっています。自分もそうなんですけど、実際本当に自分にできる仕事があるのかという気がします。不安も多いですけどそれ以上に自分を変えたいとか強く思っていますのでチャレンジできるような思いはあります」

一日も早い社会復帰を目指し、更生を固く誓う受刑者たち。しかし理想と現実は違う。海の上の実習で果たして通用するのだろうか。

夜間操業の実習訓練に同乗取材

一〇月、夜間操業の実習訓練の同行取材ができることになった。

今回は津軽海峡の沖合まで航行し受刑者たちがスルメイカ漁を行う。私も少年北海丸に乗り込み、受刑者たちと一夜をともにすることになる。心配性だからか「逃げ場のない船内で八人の受刑者たちが徒党を組み暴動を起こしたら、どうなるのか？」などと一瞬真剣に考えてしまった。もちろん、技官、刑務官らも乗り込むので、実際には、そのようなことはなかったのだが、可能性としてはゼロではないわけで、それくらいの緊張感を強いられた取材であった。

刑務所を出発した昼過ぎは秋晴れの心地よい天候だった。塀のすぐ脇に横付けされたバスに八人の受刑者たちが乗り込む。刑務官が出発前、点呼をとる。

「番号！」

と刑務官が号令をかけると受刑者たちが番号を叫ぶ。

「一、二、三、四、五、六、七、八」

「八名！」

刑務所を出て二〇分ほどの午後一時過ぎ、受刑者たちを乗せたバスが函館港に到着する。そして受刑者がバスを降りてくる。岸壁で受刑者たちが食事やイカ釣漁で必要な機材などを船に載せ、出港の準備を始める。

作業するにあたって、逃走トラブルなどが起きないように白いヘルメットをかぶった数人の刑務官たちが周囲を固め、受刑者たちの一挙手一投足を鋭い眼光で注視している。刑務官たちにとっては緊張の連続だ。担当刑務官は、

「受刑者が外に出るわけですから、当然逃走しようと思う機会にはなるわけです。われわれが周囲を固めて逃走しようとする気を起こさせないことが第一なんです」

と語っていた。

午後四時、準備が整い、いよいよ出港だ。

「錨をまけ！」

船長の指示が出て、錨がはずされる。少年北海丸がゆっくりと動き出す。操舵室に行くと、舵を握っている受刑者の姿が目に飛び込んできた。われわれの生命も彼に預けていることになる。目指すは函館沖、津軽海峡のイカ釣りの格好の漁場だ。八人の受刑者がそれぞれの持ち場につく。すでに何回か実習はしているので、その動きは正確で実に手際がよい。

そして、夜間実習のポイントに船が到着し、静かに停まる。〝腹が減っては戦はできぬ〟まだ夕方五時半だったが、受刑者たちはまず、夕食を手早く船内でとる。

今回の実習前のインタビューで覚せい剤取締法違反の三〇代の男は、

「去年から三回、夜間実習をしましたが、なかなか思うようにいかずイカ一杯獲るのにこんなに大変なのかと思いました。これまでに二〇杯弱釣りましたが、最初に釣れた時はやっぱり嬉しかったですね、刑務所での訓練なので大きくは喜べませんでしたが内心はすごく嬉しかったです」

と話していた。また窃盗の最年長、四〇代の男もこう言う。

「初めての実習の時は正直、何をどうすればいいのか、先生の指示に従うのが精一杯で戸惑うことが多かったです。最初は二杯しか釣れず海のつらさを身に染みて感じました。二杯という少ない捕獲量で実際、それで商売としてやっていけるのかすごく不安も感じました。でも初めて釣れた時は感動もありましたし、出所後は漁業に携わりたいとも思いましたね」

午後六時前、スポットライトも灯り、いよいよイカ釣りの実習訓練が始まる。波は幸い穏やかだったが、先ほどまでいい天気だったのが生憎雨が降り始めてきた。それでも受刑者たちは、釣り糸を垂らしイカ釣りを始める。低気圧が近づいて来ていて雨は次第に本降りになり風も吹いてきた。カメラを構え取材しているわれわれも難儀な状態だ。

果たしてイカは釣れるのかと心配をしていた矢先、トラブルが起きてしまう。船の底で、隣り合っていた受刑者同士の釣り糸が絡んでしまい釣りができない状態になってしまっていたのだ。その一人は私がインタビューした今回最年長の四〇代の受刑者であった。

「あれ、おかしいなぁ……」

受刑者同士で絡みをほどこうとするがなかなかうまくいかない。刑務官が駆け寄り、釣竿を上下左右に動かすなどして釣り糸の絡みを解消し、なんとかイカ釣りを再開する。

漁を始めて三〇分ほどは経っただろうか、ようやく一人の受刑者に引きがあり、スルメイカを釣り上げた。私も嬉しくなり思わず、

「あっ、釣れました！　釣れました！　小ぶりですがこちらの受刑者が一杯目を釣り上げました！」

と実況リポートをする。すると船の反対側で一緒に取材をしている連形ディレクターも、

「来た！　来た！　来た！」

箱詰めされるスルメイカ

と叫んでいる。一人の受刑者が釣り始めると連鎖反応したかのように他の受刑者たちにも面白いようにイカが掛かり始めたのだ。そして釣り糸が絡んでしまったあの最年長、四〇代の受刑者にも引きがあった。私が、

「あっ来ましたね、結構大きいですね、これ、大きめのイカが釣り上がりました！　今日はどうですか、一杯目が釣れましたけど」

と話しかけると、

「どうなるかと思いましたが、一杯目が釣れたんでとりあえずほっと一安心です」

と笑顔を見せた。

しかし、船上には容赦なく雨が降り続ける。受刑者たちもウィンドブレーカーは着ているもののずぶ濡れである。降りしきる雨の中、三時間ほど彼らは懸命にイカ釣りを続けた。

この日、八人で釣り上げたイカは八九杯だっ

た。イカは、すぐさま箱詰めされ翌朝、地元の魚市場に出荷される。

夜間実習の前に話を聞いた三〇代の受刑者はわずか二杯しか釣れなかった。

――結果は二杯でしたが、手ごたえはどうですか？

「ずっと雨が降っていてコンディションも悪くて思うようには釣れませんでしたね……。でも自分なりに考えていたやり方を試すこともできたので、その点はよかったです」

それぞれの思いが込められた夜間実習は終了した。受刑者たちは船内の訓練生室に戻り朝まで五時間ほど仮眠をとる。われわれも同じ船内の別の小部屋を用意してもらい、連形ディレクター、カメラマンとともに仮眠をとった。同じ船内で受刑者たちと海上泊するなど、なかなかできる経験ではない。そう考えると、疲れているはずなのだがなぜか目が冴えてなかなか眠ることができなかった。

明け方には雨も上がり、水平線からゆっくりと太陽が顔を覗かせる。海がオレンジ色に染まっていく。船内からは心が洗われるようなきれいな朝焼けを見ることができた。少年北海丸は再び動き出し、朝六時すぎ函館港に無事到着。受刑者たちはバスに乗り込み、刑務所へと戻ったのは午前七時、受刑者たちの長い一日は終わった。担当刑務官もようやく緊張感から解放される。

「何事もなく函館港に無事に戻ってこられたということでほっとしています。こうした訓練を繰り返し社会復帰につなげていくんだということを彼らに教えていかなければなりません。受刑者としての立場と訓練の奥深さをこれからも、指導していきます」

私も無事に函館港に戻ってこられた時は正直ほっとした。今回の雨中の夜間実習は、彼らにとって更生に向け大きく前進する契機となったであろう。

塀の中で漁業関係者がセミナー

海技士の国家資格を取得しても、それを実際に活かせることはできるのか。函館少年刑務所では、地元漁協や水産庁の関係者を招き、受刑者たちに漁業、漁師とはどのような職業なのか説明するセミナーを開き就労に結びつけようという動きもある。今回の八人もこの年（二〇一六年）の六月に受けている。

水産庁の関係者がまず「漁業者がいま高齢化していて、特に海技士の不足で困っている漁業会社が全国にある」などと説明。参加した受刑者八人に「漁業に興味があり漁師になりたいと思っている人はいるか？」と尋ねたところ五人が手を挙げた。このうち一人は漁業の経験があったという。

漁協の関係者が遠洋マグロはえ縄漁業や遠洋カツオ一本釣り漁業の実態の説明をするとやはり関心があるのか受刑者たちは真剣な表情で聞き入っていた。

その後、質疑応答の時間になる。受刑者からは次々と質問がぶつけられた。

「遠洋マグロ漁船に乗った場合、犯罪歴があると入港できないことはありますか？」

という質問がまず飛び出す。

「刑期を終えていればないはずです」

「遠洋マグロ船では家族との連絡は取れますか？」

「今現在、インターネット環境のある船はほとんどないのでスマホなどで簡単に連絡することはできません。衛星通信などはありますが高額になるので簡単には使えません」

「犯罪歴がある者への差別はないか？」

「漁船にはいろんな人が乗っていて犯罪者でも受け入れると言っている漁業者がいるので、そういうところに行けばいいと思います」

とアドバイスしていた。

漁業の業界団体の関係者も、

「出所後、興味があれば是非、漁業就業支援フェアに参加してください。漁師について何か質問があればいつでも就業者センターに連絡してください。その際、自分は海技士の資格を持っていることをアピールしてください」

ときめ細かいアドバイスをしていた。

最後に漁業関係者からは、

「どんな職業に就くか選ぶのはあなたたち自身です。海技士の免許は商船や内航船といった漁業以外の船でも使えるものなので自分にあった職場を選択するべきです」

「漁師と一言で言っても漁業の種類によって働き方はさまざまです。ここで訓練したことは皆さんにとって大変、貴重な財産となり、今後それを十分に活かすことができるのでどうか頑張ってください。漁業は大変厳しく途中で辞めてしまう人もたくさんいます。それでも頑張って漁師になりたいという人を受け入れる態勢は整えているので是非、挑戦してください！」

と受刑者たちにエールを送っていた。

受刑者は長時間にもかかわらず背筋を伸ばし、足をそろえしっかり前を見てメモをとりながら受講していた。その中には遠洋マグロ漁船に乗りたいと思っていると発言した者もいた。「出所後の就職先として真剣に考えていることがうかがえ、非常に有意義なセミナーだった」と刑務所の職員も手ごたえを感じていた。

その後、漁業会社の採用担当者に話を聞くと、

「ちょっとした過ちというのは誰にでもあるものです。本当に後悔して更生しようという気持ちがあれば、それは自然と周りの人にも伝わると思うのです。資格を取って漁師になろうという前向きな気持ちがある方ならわれわれは大歓迎です」

と受刑者たちに熱い視線を送っていた。

最年長の四〇代の受刑者もこう語った。

「出所後の一番の目標は仕事を見つけてその仕事を一生懸命行うってことです。今までそ

れ以上のことを望んでいたというか、そこに集中しないで……それを何かのせいにしてしまうとか、欲張った行動が多かったと思います。だから今回出所できましたら、仕事だけを考えて、社会に貢献できることだけを考えて生活したいです」

再犯を繰り返してしまう原因の多くは、出所しても就職できず居場所が見つからないことである。船舶職員科の職業訓練で多くの受刑者が国家資格を取り就労に結びつけば効果的な再犯防止対策になるのは間違いない。

第四章

神輿づくりで受刑者を更生

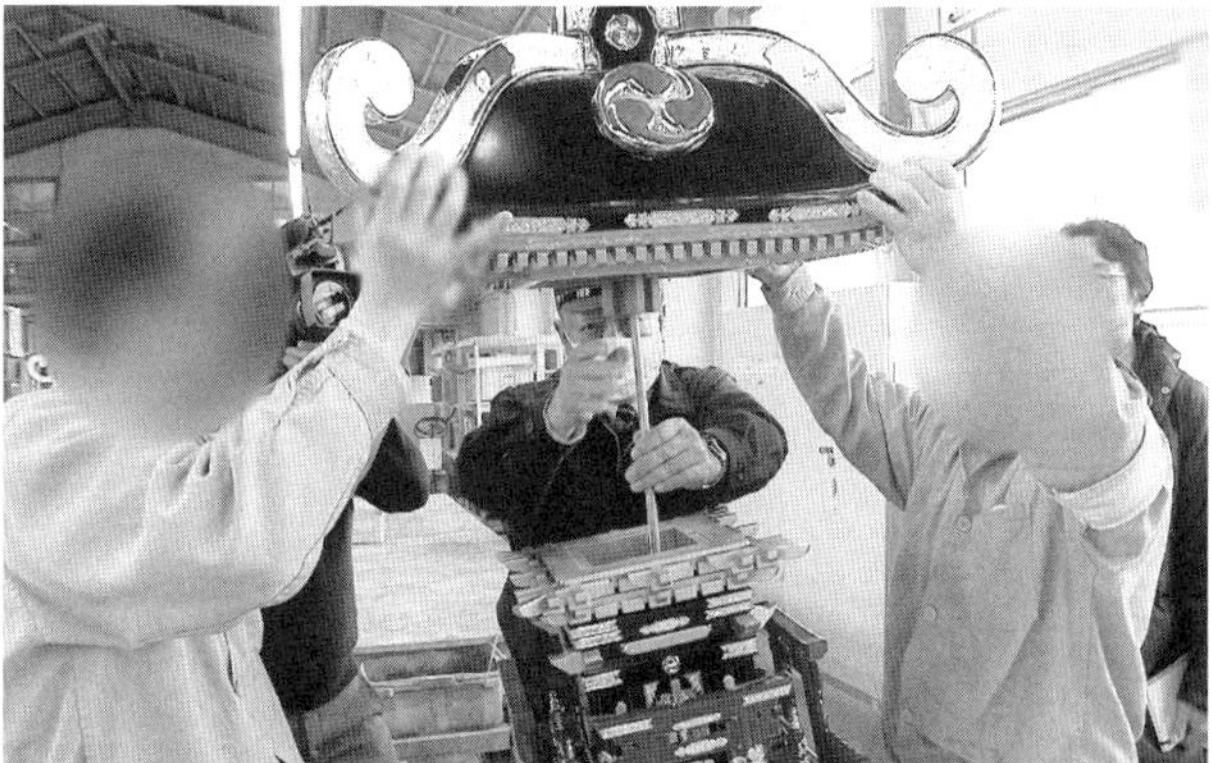

富山刑務所では刑務作業の一環として、神輿づくりがおこなわれる

富山刑務所

地元からの依頼がきっかけで始まった神輿づくり

刑務所で神輿《みこし》がつくられているというと、読者はどう思われるだろうか。しかもつくっているのは、もともとはズブの素人ばかりの受刑者たちなのだ。

更生を目指す受刑者たちの刑務作業の一環として、年間を通じて神輿づくりをしているのは全国で富山刑務所だけだ。

富山きときと空港から車で五分ほど。富山平野の真ん中を南北に流れる神通川にも程近い地に位置する富山刑務所には、主に名古屋矯正管区内で確定した受刑者で犯罪傾向の進んだ者が服役している。平均刑期は二年半、刑期の短い受刑者が収容される。

施設はかなり老朽化していて、受刑者の居室の一部は、今では珍しい引き戸になっていた。昭和五〇年代から使っているというから築四〇年以上ということになる。金属製の引き戸を開けるとガラガラと音が鳴り、かなり〝昭和レトロ〟感に溢れる刑務所である。

神輿づくりの歴史は古く一九七六（昭和五一）年に地元住民からの依頼がきっかけで始まった。現在は収容する受刑者約三三〇人のうち選ばれた一〇人程が担当している。驚くべきことに木材の切り出しに始まり、塗装、組み立て、金具の取りつけから仕上げまで、すべての工程を受刑者たちが分担しているという。

一基完成させるまでには約四か月もかかる。神輿はサイズや材料によって七種類あり、一基六〇万円（子ども用の神輿）から六一五万円ほどで受注している。町内会や子ども会など全国さまざまな団体から発注を受け神輿づくりは始まる。また古くなった神輿を修理する作業もしている。神輿はさまざまな刑務作業品の中でも、もっとも価格が高いものだ。実物を展示室で見ると、本当に受刑者だけで作ったのか、と思うほどしっかりと仕上げた立派な物だ。

後に詳述するがその作業は手先の器用さ、集中力、そして想像力も求められる。〝ものづくり〟の楽しさ、大切さが実感でき、受刑者にとっても非常に意味のある創造的な刑務作業だと取材をしていて強く思った。

高倉健主演映画のモデルになった職員

富山刑務所には受刑者たちに神輿づくりを〝熱血指導〟する名物職員がいた。

成瀬大一、六一歳。二〇一九（平成三一）年三月三一日付けで定年退職したが、実に二〇年にもわたって作業専門官として受刑者の神輿づくりの現場に立ち続けた。富山刑務所の神輿づくりは成瀬氏なくしては語れない。

技術指導をする成瀬大一刑務官

実はこの成瀬氏、映画のモデルにもなっている。今は亡き高倉健の最後の主演となった「あなたへ」（東宝）、この中で健さん演じる神輿づくりを指導する刑務所職員の主人公こそ、成瀬氏がモデルなのだ。

「あなたへ」の撮影は富山刑務所でも行われた。受刑者たちの刑務作業がなく移動がない土日に撮影されたという。成瀬氏も健さんが撮影中に何か質問があった場合に備え、すぐ近くでずっと待機していたという。

「実際の現場だと、どんな感情でこのセリフを言うか聞かれる可能性があるので、横にいなさいと上司からの指示がありまして、ずっと健さんの一メートル横にはいたんですけど一切何も聞かれませんでしたけどね」

実は私が成瀬氏と会ったのは、これが初めてではなかった。二〇〇二（平成一四）年七月、私は夕方のニュース番組「スーパーJチャンネル」の特集で取材をしていた。その際のタイトルは「不況の刑務所を救うか?――受刑者の神輿」というものだった。世は日本が平成不況に陥っていた時代だ。

そもそも受刑者たちの刑務作業は民間の協力企業からの仕事の発注を受け初めてできるものだ。よって景気に左右されやすい側面も持つ。当時は長引く不況のあおりで製造業を中心に海外、主に中国に拠点を移していた時期だった。これまで大量に刑務所に仕事を発注をしていた業者が海外にシフトしてしまい、まったく受注がなくなってしまうケースも多かったという。当時、刑務作業担当の刑務官は、

「バブル崩壊前と後とでは比べものにならないですね、バブル前もこうした不況はありましたが一年か二年で回復していました。しかし今はずっと不況のまま毎日ずるずると続くという感じです」

と頭を抱えていた。この頃は刑務官ら職員が地元周辺の企業をいわば〝営業〟して刑務作業になる仕事を必死に確保していたのだ。また不況が長引くと刑務所にはさらなる追い討ちがあるという。

「実は不況になればなるほど犯罪も増える傾向にあるんです。この刑務所も今、収容率は一〇五%くらいに達していて定員オーバーです。正直、毎日仕事の手配をすることだけに追われている状況ですし、過剰収容で受刑者たちのストレスもたまりますので、トラブル

がないか普段より目を光らせなければならないんです」

　失業率が悪化すると二年ほどのタイムラグがあって収容者が増えると言われている。景気の動向によって刑務官たちの仕事内容にも大きく影響が出るのだ。

　取材した二〇〇二（平成一四）年七月のある新聞記事にも「刑務所・拘置所の収容人数八万人超？」と見出しが躍っていた。

　当時の法務省の推計によると、全国の刑務所や拘置所に収容されている人数がこのまま増え続けると二〇〇五年度には五〇年ぶりに八万人を超す見通しだ、と指摘されていた。法務省も「このままではパンクする」と判断し、この頃から建物の増設や新たな施設の設置の検討を開始、実際にこの後、全国各地で施設の増設も始まった。その結果、こうした過剰収容は現在、解消されている。

　また、やはりこの頃から女性受刑者、そして高齢受刑者の増加傾向も始まっていた。それまでの一〇年間と較べると、女子は一・八倍に、高齢者も二・四倍に膨れ上がっていた。

　こうした不況の影響で、収容者が増える一方、刑務作業となる仕事の依頼は減っていた。神輿づくりも同様で、受注がなければ生産できない。取材時のこの年は秋以降、全く注文が入っていない状況で、成瀬氏も当時のインタビューで、

「冬場に全く注文がないのは、この二五年で初めてのことでちょっと先行きを心配しています」

と危機感を抱いていた。神輿づくりも不況の余波をもろに受けていたのだ。

しかし、そんな不況の最中にあって、取材時には大分県の神社から四尺という大神輿の注文を受けていた。通常は大きくても三尺なので一回り大きいサイズだ。発注した大分県の神社は平安時代に決壊が続く川を鎮めるために人柱になったという母子を祀っていた。その言い伝えの場面を大きな神輿の側面いっぱいに彫り込むことになっていた。当時、制作にあたっていた受刑者も私のインタビューで、

「神社の言い伝えを表現した彫刻は初めてでした。今までの規格の神輿とは全然違う大きいものなのでつくり甲斐があります」

と意欲を示していた。四尺という初めての大神輿、いったいどうやって完成したのだろうか。

自動車工場の製造ラインのように

この時、成瀬氏は神輿づくりを始めてまだ三年目だった。神輿担当をする前には、神輿づくりをするこの木工工場の担当刑務官だった。前任者の専門官が定年退職になるのにともない、実際に刑務官として工場を担当し、神輿づくりの作業も見ていた成瀬氏に後任者として白羽の矢が立ったのだ。成瀬氏曰く「必然的に神輿の構造上のことを知った」という。

受刑者はというと、神輿づくりはゼロからのスタートとなる。いったいどのように作業を習得させていくのか。成瀬氏が説明する。

「私が毎日指導しますが、各セクションに分かれていて屋根なら屋根、鳥居なら鳥居で、それを専門的にやらせます。それを専門にやらせるために、そこに先輩というかベテラン受刑者を一人つかせまして、その後に新しい者をつかせて、それで技術をつないでいくという方法をとっています」

神輿づくりは屋根、胴体、鳥居、柵、金具付けなど大きく五つのパーツに分けられる。受刑者はそれぞれの担当のパーツだけをつくることになる。さながら自動車工場の製造ラインのように完全分業し、その作業のスペシャリストを養成するというわけだ。成瀬氏によると受刑者たちは割り振られた作業を繰り返すことで自然と技術を習得していくと言う。

「大変だ、つらい、難しいという積み重ねで段々仕事の面白さも感じ、技術も身について、しっかり何でもつくれるようになるんですよ」

そして、こうしたパーツごとの作業こそが刑務作業の本来の目的にも適っていると言う。

「共同作業で最終的に一基を仕上げるということで集団としてのまとまりというか、一般社会でいう集団生活、そういうものにもつながっていくと思っています」

受刑者の多くは一般社会での集団生活になじめず、ドロップアウトしてしまったケースが多い。その集団生活の大切さは神輿づくりを通じ受刑者たちにも十分伝わっていた。当

時、最終仕上げを担当していた受刑者は私のインタビューで、

「各部門の人が見栄えよくちゃんとした製品にして出すようにつくっていますから、それを無駄にしないように気をつけて最後、組み立てています」

と一緒に神輿づくりをしている他の受刑者を気遣う姿も見られた。また当時四〇代で暴力団にもいたことがあり、強盗致傷罪で懲役七年の刑に服していた受刑者もこう語る。

「ここへ来て初めて仕事に打ち込むという経験ができました。これまでは自分の好きな思いだけで行動していたものですから……。性格的にも短気だったのですが、神輿づくりをしてから気が長く持てるようになりましたね」

この受刑者は今回で刑務所は三回目だというが、神輿づくりによって自身の内面の変化を感じ取っていた。また別の受刑者も、

「刑務所に来ると、他の人との共同生活になりますし、それぞれ融通し合うところは融通し合ってという仕事、生活になりますから、やっぱり他の人との協調性が磨かれたと思います」

複数の受刑者たちがこうした心境になっただけでも神輿づくりに携わった意味は大いにあるといえるだろう。

それは成瀬氏の「妥協は一切許さない」という厳しい基本姿勢に起因しているように私には見えた。

毎朝、成瀬氏は受刑者が工場に来る前に先に工場に来て、前日に塗装したパーツがうまく仕上がっているかチェックする。例えば金具に隠れるような部分でも塗装がうまくできていなかったら塗り直しを容赦なく指示、その理由もきちんと説明し受刑者に納得させた上で作業に当たらせている。成瀬氏がＯＫを出さないと次の工程には進まないのだ。

四尺の大神輿が完成

通常は一基四か月で完成だが、今回の四尺の大神輿は完成までに一年を要した。彫刻を担当したある受刑者は、

「三尺はつくったことがあるんですが四尺は初めてで。一尺大きいと、あれほど屋根や台座が大きくなるとは思っていなかったです。そこは予想外でした」

また、別の彫刻担当の受刑者も、

「今までの規格から外れているので部品なども今までより大きくなる、彫刻も大きくなるので、これまでの流されるようにやっている作業とは違うのでちょっと大変でした」

とやはり戸惑いはあったようだ。

すべてのパーツが仕上がり、工場内で仮の組み立てが行われた。成瀬氏の指導のもと、多くの受刑者が手掛けたそれぞれのパートは寸法通り見事に組みあがっていく。見ている私も、うまく組み立てられるか少々ドキドキしたが受刑者はそれ以上だっただろう。

わずか十数分くらいだっただろうが、一年という歳月を経て四尺という大神輿が初めてその姿を現した。

「感動です……」

組み立てを終え、完成を目の当たりにした受刑者から発せられた言葉は実にシンプル、その一言だった。受刑者たちは出来上がった神輿を取り囲み、しばしの間、嬉しそうに眺めていた。取材したのはわずか数日だが、一年という月日をかけた大作を前に私も感動した。

成瀬氏もほっとした表情を浮かべる。

「こうして見るとやっぱり大きいですね。うちの規格の三尺より一回り大きいですから非常にどっしりした、ほんとにこれから代々語り伝えていくような立派な神輿に仕上がったと思います。図面も私が書きましたが、心配だったのは全体の最終的なバランスでした。それも図面通りどっしりしたものになりました。受刑者たちには常日頃から最後までしっかり作業をし、つくり上げた物をお客様に買ってもらうんだという話をしていますので、今回もみんな手を抜かず最後まで誠心誠意つくってくれたと思います」

と受刑者たちへの感謝の言葉を口にしていた。

この四尺の大神輿、大分県中津市の神社に納品され、秋祭りで無事、多くの人たちに担がれていたのを目にしたとき、やはり私もうれしくなった。

振り込め詐欺の主犯格が神輿づくり

最初の取材から一七年後、私は成瀬氏に再会することになった。再取材のきっかけは法務省幹部らと話をしている時、私が「以前、富山刑務所で神輿づくりの取材をした」と言うと、「成瀬さんも来年三月末で定年退職ですよ」と言われたことだった。私は迷わず成瀬氏が退職される三月に再び富山へと向かった。

一七年ぶりに再会した成瀬氏は六〇歳を迎え、以前よりやや恰幅がよくなった気はしたが、若い受刑者たちと一つのことをやり続けているからだろうか、六〇歳とは思えない若々しさが感じられた。私が以前、大分県の神社に納品した神輿を取材したと言うと、「ああ、あの四尺の大神輿ですね」とやはり記憶に残っていた。

受刑者たちはあれからどのくらいの人数がこの神輿づくりに携わったのだろうか、当然神輿づくりのメンバーは前回取材時からは全員、入れ替わっている。

今回聞いた受刑者の話は、これまで数多くのインタビューをしてきた中でも衝撃的なものだった。犯した罪状は詐欺、詐欺未遂そして強盗。詐欺事件は今も被害が後を絶たない「振り込め詐欺」、しかもすべてを仕切る〝主犯格〟だという。その手口は実に組織的、システマティックで悪質、巧妙なものだった。

「よろしくお願いします」

と帽子を取り、軽く頭を下げインタビュー場所である工場の食堂に姿を現したのは黒縁の眼鏡をかけた三〇代の男だった。刑務所に入るのは今回が初めてだが、執行猶予中に以前、起こした事件が発覚し逮捕、起訴され合わせて懲役九年の刑に服しているという。私はまず振り込め詐欺事件がそもそもどういう形で始まるのかを尋ねた。

――今回、服役することになった事件は、どんなものだったのですか？

「今、流行りじゃないですけどオレオレ詐欺ですね。もう全部自分が仕切ってやっていました。最初はただ単に友達の集まりみたいな感じで地元の悪い連中が関わっていて、もともと悪さばかりやっていたのが結局、そこまでいっちゃったというかズルズルと引きずられてという感じです。その地元の先輩というのは暴力団の組織なんですけど、従えているグループがあるんです。その組織から、こっちのほうが金になるからやれよ、となりました。そこに〝研修〟じゃないですけど、電話のかけ方とか、相手にこう言われたらこう対応しろみたいな形で進んでいきます」

――研修!?

私は研修という言葉にまず驚いて叫んでしまった。

――研修ってどういうことをするんですか、マニュアルみたいなものがあると聞いたことがありますが？

「ありますね。そのマニュアルで勉強させてもらって自分のほうでやるような感じでしたね。〝道具屋さん〟っていうのがいて、そこに名簿や、携帯電話の飛ばしなどが全部買える場所があるんですね。そこで自分でそういうのを買ってという形です」

「勉強」という言葉に違和感を覚えざるを得ないが、落語の演目にもある「道具屋」という言葉に驚いた。

――名簿はいくらぐらいなのですか？

「それはもうものによって違いますけど、安いものだったら五万円くらい。大学の卒業名簿だったり、高校の卒業名簿をもらったりして使うんですけど、そこにもランクがあって、高いものだと何十万円もします。携帯電話もそこで買って誰かわかんない人の名義の電話を使って電話するみたいな感じです」

これを〝携帯電話の飛ばし〟という。

――詐欺グループは何人でしたか？

「二〇人近くはいましたね」

――あなたはそのトップ？

「そうですね、トップというか正確に言うとトップの一つ下なんですけど、指示して全部やらせているような感じでしたね」

――あなたは何歳くらいから振り込め詐欺に関わっていたのですか？

「二〇歳くらいからです」

現在、三〇代であるから一〇年近くも犯罪に手を染めていたことになる。彼は高校には進学せず、中学を出てからアルバイトを含め働いた経験は一切ないという。二〇代後半で初めて逮捕された時もショックは受けたが「すぐに出られるだろう」くらいに安易に考え、再犯を繰り返してしまったと吐露した。

——なぜ再犯を止められなかったと今、思いますか？

「一番の理由は自分の意志の弱さで、周りに引きずられて結局ズルズルやっちゃったというのはあるんですけれど、自分がいた環境が、あ、そういう環境のせいにしたらあれなんですけど、真面目に働ける環境だったらもう少し変われたのかなと思いますね」

再犯を繰り返す原因を自分が置かれた環境のせいにするのは、いかがなものかと思われるだろう。しかし彼を擁護するつもりはないが、確かに受刑者を取材していると成育環境に恵まれなかったケースが多いのは確かだ。「朱に交われば赤くなる」の典型例である。彼の周りに、真面目に働くことの大切さを教える人間が一人でもいたら、と思ってしまう。

「毎晩、一〇〇万円以上使っていた」

振り込め詐欺犯たちは役割分担をして、巧妙な手口で虎視眈々《こしたんたん》と高齢者たちの老後資金を狙っているのだ。気を付けていただきたい。

——何件くらい詐欺事件を起こしたのですか？

「数えきれないですね、何百件になっているかと思います」

――詐欺は未遂も含め、被害総額はいくらですか？

「実際に立件された件数が少ないので三〇〇〇万円くらいですか」

――強盗の被害額は？

「たしか五〇〇万円くらいだったと思います」

――なぜ、詐欺だけでなく強盗事件も起こしてしまったのですか？

「そうですね、スリルじゃないですけど、まあうまくいくだろうじゃないですけど、簡単な考えで計画性もなくやった結果ですよね」

スリルを味わいたいがために強盗事件を起こされたのでは真面目な市民はたまったものではない。ではそうして騙《だま》し取った金はいったいどうなったのか？

――そうした詐欺、強盗事件で得た金で何にどのくらい使ったのですか？

「多分、数えきれないくらいの金額ですが、車やいろいろな物を買いました。車は五〇〇万円くらいの外車をはじめ一台だけではありません」

――どういうところに住んでいたのですか？

「マンションですが、それも買いました。当時で四〇〇〇万円くらいでした」

――全部払ったのですか？

「全部一括で払いました」

――不動産会社から怪しまれないんですか？

「はい、自分の名義ではないので全然、大丈夫でした。自営業の知人に名義を貸してもらいました」

――お話を聞いていると大分、派手な生活をしていたと思うのですが、一晩で最高どのくらい使いましたか？

「大体、毎日一〇〇万円以上使っていましたね」

――えっ、一〇〇万円ですか!?

私はカメラが回っているにもかかわらず、思わず再び叫んでしまった。

――高級クラブに行ったり？

「そんなのばかりでしたね」

――その時は刹那《せつな》的というか、その場が楽しければいいと？

「取られた側からすれば一生懸命働いて得た金ですけど、自分からすれば〝あぶく銭〟じゃないですか？　だから消えるのも早いんですよ。考えて使おうなんて思わないですし、その場が楽しければいい、仲間にも金を渡しますし、あればあるだけ自分でも使うし、という繰り返しです」

高齢者たちが現役時代に汗水たらして手に入れた金を〝あぶく銭〟と何の気もなしに言い放つ彼に対して、私は嫌悪感を抱かざるを得なかった。取材に立ち合っていた刑務官も、

インタビュー後、

「詐欺犯の連中はいつパクられるか警戒しているので手元にある金は全部使い切っちゃうんですよ、宵越しの銭は持たないじゃないですけど。よく山の中で大金が発見されることがありますが、あれも詐欺グループが警察の摘発が近いと察知して隠しているケースもあるようです」

なるほど、と合点がいく。

――今、詐欺事件の被害者に対してはどんな気持ちですか？

「申し訳ないですね……」

――それは最初から思っていましたか？

私はちょっと語気を強めて聞いた。

「いや、最初からは思っていなかったですね。最初のうちはお金があるところからもらっているんだからいいだろうという甘い考えでしたね。もちろん刑務所に来た時もそんな甘い考えだったんですけども、今はいろんなニュースとかでもオレオレ詐欺の話が出て本当に申し訳ないなと思いますね」

――被害者には謝罪はされたのですか？

「一応、しました」

――手紙を被害者に送ったのですか？

「そうですね。裁判のときに謝罪文を出して受け取ってもらえる方もいましたけど、『そんなのいらない』って言って受け取ってもらえなかった方もいました」

――謝罪文も受け取ってもらえないときはどう思われました？

「その当時はあんまり、そこまで気にはしていなかったんですけど、長い間、刑務所にいてそういうことを考えると、自分がやったことの大きさは改めて感じますね」

――刑務所で長い時間考える時間があって、考えも変わったと？

「そうですね、きっかけというのはないんですけど、刑務所はとにかく考える時間が多いんですよ。いろんなニュース番組で事件を見たり聞いたりして、自分の考え方が甘かったんだなっていう遊び感覚じゃないですけど、やっていたことに対して他の人の人生がかかっているのを考えていなかったです」

刑務所は考える時間が多い、これはよく受刑者から聞かされる言葉だ。では被害者への弁済はしているのか？

「できたのもありますし、できなかったところもやはりあります。弁済するつもりはもちろんあります。自分にできる限りのことはしたいと思っています」

この言葉の通り、被害者に対する謝罪の思いは一生、〝十字架〟として背負ってほしいものだ。

意味のある怒り方

反省の言葉を口にするものの、それは心からのものなのか、今一つ確信できないところはあるが、いったい今、どういう思いで神輿をつくっているのか。神輿づくりで彼自身、変わったのだろうか。

「神輿をつくってもう三年になります。社会で働いた経験もないので最初は戸惑いましたが、今やっている仕事を社会に出ても活かせるようにと思っています。神輿づくりは社会に出てからはできないと思うので、計画性のある仕事を社会に出てからもできるようにと考えてやっていますね」

彼の作業の様子を見せてもらった。金鎚と小さな釘を持って、神輿に付属する鳥居と呼ばれる部分に金色の金具を取りつけているところだった。なるほど三年やっているだけあって手つきも慣れたものだった。今では八人いる中のリーダー的な存在だという。

――作業で何が大変ですか？

「今やっているのは仕上げの作業なので、傷つけないように注意しています。これが駄目になっちゃうと全部やり直しになってしまうので……」

確かにひとつひとつ丁寧に取りつける作業は正確さ、慎重さ、根気、そしてチームワークも必要なのだ。

「この金具付けの作業は非常にカンとコツが必要で経験を積むしかないですね」

と成瀬氏は言う。一連の作業の中でも特に仕上げは重要なものだからこそ、三年の経験のある彼に任せているのだろう。

成瀬氏の目に彼はどのように映ったのだろうか。話を聞くと、最初はやはり処遇に苦慮したようだ。

「最初はもう自分勝手で、集団生活にそぐわない点が見られました。注意しても聞きませんし、我が強くて『なめられたらアカン』という姿勢をひしひしと感じましたね」

やはり、当初は〝問題受刑者〟だったようだ。本人もその点は認める。

「自分が富山刑務所に来た時はまだ若かったというのもあって、フラフラしていて怒られた記憶しかありません。作業中も落ち着きがなくて脇見をして怒られたり、勝手に喋って怒られたりだとか、その繰り返しでした。注意されても職員を睨《にら》みつけたりして反発していましたね」

それがどう変わったのだろうか？

「それでも成瀬先生は見捨てないでくれていたことにほんとに感謝しています。そこで見守ってくれていたじゃないですけど怒ってくれて諭してくれて、今の自分があるっていうのを感じます。先のことを考えてくださり、意味のある怒り方をされたと思っています」

〝意味のある怒り方〟というワードは私も非常に腑に落ちた。これまでの長年の経験、知識、そして職務に対する矜持がなせる業であろう。出所後はどのように生活しようと思っているのか。

「仕事のことはわからないですけど、真面目に一日一日同じ会社で働こうと思っています」

――どういう関係の仕事など考えていますか？

「建築関係の仕事に就こうかと思っています。自分の周りにはそういう人間が多かったので。自分はやってはいなかったのですけど、そっち側の仕事が得意なのかなと思っています」

いかにも前向きのように聞こえるが、身元引受人となる実家の両親の元に帰ると言う。私はそこで疑問をぶつけた。

――でも実家に帰ってしまったら、また地元の悪いグループが近づいてくる危険性はありますよね？

「そうですよね。今考えているのは、実家には帰るんですけど住み込みの仕事に就きたいと思っています」

――出所して再犯をもう繰り返さないという自信はありますか？

「もちろん自信はあります。刑務所に来て、忍耐強くもなりましたし、この刑務所でフォークリフトとビジネススキルなどの資格を取る職業訓練にも参加させてもらいました。そういう資格も生かして社会でやっていこうかなと思っています」

彼は離婚しているがまだ幼い子どもが一人いるという。子どもに今の姿は見せられないと数年会っていないという。この言葉が嘘でないことを祈るばかりだ。

受刑者の口から「達成感」

成瀬氏の退官の日も近づいてきた。この年は三月三一日が日曜日だったため、三月二九日が退官の日、その前日二八日が工場に立つ最後の日となった。

しかし、あろうことか成瀬氏の退職直前、工場内でトラブルが起きた。刑務所内ではよくあることなのだが、人間関係のトラブルなどから木工工場の受刑者四人が懲罰を受けてしまったのだ。工場の担当職員によると部屋で喧嘩があったという。一度喧嘩が起きてしまうと当事者はその工場から異動させられてしまう。四人のうち二人が神輿の担当だった。しかも、役割は「屋根づくり」と「かつぎ棒」という重要なものである。成瀬氏に作業に遅れは出ないのかと聞くと、

「いやあ、大変は大変ですけど、ずっともうこの繰り返しですわ」

と動揺は一切見せず、慣れたものであった。そもそもみな刑期の短い受刑者たちなので、やっと一人前になったかと思うと出所ということも多く、技術の伝承は大変なものだという。とにかく残された受刑者でつくるしかないのだ。

成瀬氏が最後に制作したのは地元・富山市の子ども会から受注した子ども神輿だった。子ども神輿は一回り小さいが、四か月かけて成瀬氏最後の神輿が定年退職の直前、完成した。あの受刑者も最後の組み立てに加わっていた。

「やっぱり完成すると嬉しいですね。最後は自分が仕上げというか、金具をつけたりしたので特にやったなという達成感があります」

受刑者の口から「達成感」という言葉を聞くのは珍しい。神輿づくりの意義を感じる。

完成した神輿は箱に入れられトラックに乗せられ、成瀬氏が富山市の子ども会の元へと届けた。箱を開け中から神輿がその姿を現した瞬間、取り囲んだ子どもたちから「わーっ！」という感激する歓声と「でかい、でかい」とか「きれい、きれい」の声もあがる。その様子を見て成瀬氏も自然と相好をくずす。ある子どもは、

「将棋の駒のところが今までになかったのでいいなと思いました」

としっかり特長をとらえた感想を述べていた。成瀬氏には感謝の言葉も相次ぎ、最後の仕事に目頭も熱くなっていた。

プレッシャーとの闘い

神輿は祭りで使われるので納期は厳守だ。しかも祭りの時期は重なることが多く、受注が集中してしまう。何が何でも祭りに間に合わせなければならない——この二〇年間、成

瀬氏は常にそのプレッシャーと闘っていた。ひとたび信用を落としたら注文が来ない時代でもあった。

「納期厳守と品質管理、この二点が一番苦労しましたね。ほんとに間に合うのかと悩んでしまい眠れないことや、はっと夜中に目が覚めてしまうこともしばしばありました。もう無理だと思って二度ほど『辞めさせてくれ』と言いに行こうと思ったことがありましたね。二度とも所長室の前まで行って踏みとどまりましたけどね」

ちょっとはにかんでみせたが、二度とも妻と相談し、また頑張ろうという気になったという。

「実は、妻に神輿をつくるのはつらいから辞めようと思う、と相談したことがあるんです。妻からは辞められたら困ると言われるかと思ったのですが、『お父さんがつらいなら辞めてもいいわよ』と言われたんです。人間、不思議なもので逆にそう言われると、今まで辞めたいと言っていたものが、なんかすーっと楽になったんですね、このまま続けようと思って今があるという感じです」

成瀬氏の妻にも話を聞く機会があったのだが、職場の同僚から見ても精神的に危ないと映った時期もあったようで「気をつけて見守ってください」と当時の上司から注意を受けたこともあったという。家族にとっては、さぞ心配だっただろう。その家族の温かい支えがあってこそ、その激務も乗り越えられたのだ。

成瀬氏が最後に工場に立った三月二八日、工場にはあのかつての〝問題受刑者〟がいた。通いなれた第四工場、成瀬氏はいつもと変わらない様子で工場に向かい受刑者たちと接していた。通常、受刑者には職員の退職などは告げないことになっている。

「成瀬さん、今日が最後なんですよ」

と作業をしているあの受刑者に告げると、びっくりして一瞬固まったようになり、振り向いて後ろにいた成瀬氏と顔を合わせた。

「え、そうなんですか……。先生がいなくなって寂しいですね」

成瀬氏も「いやいや」とちょっと照れた様子になる。私が、

「成瀬先生に最後に何か言葉はないですか？」

と聞くと、

「今まで自分は何でも適当にやっていたような感じでしたけど、成瀬先生には見捨てずに指導してもらって……ほんとに感謝の言葉だけです」

思いもしなかった「感謝」という言葉に成瀬氏の感慨もひとしおだ。

「よくぞここまで育ってくれたなという感じですかね、最初の頃はどうなるかなと思っていましたけど」

と言うと二人は目を合わせ、笑みを見せた。長年、刑務所取材を続けているが刑務所職員と受刑者のこうしたやりとりを生で見られることはそうそうない。成瀬氏も仕事冥利に

尽きるだろう。私も感動的な場面を見せてもらったと思う。受刑者の感謝の言葉を受け、成瀬氏は通いなれた第四工場を後にした。

成瀬氏、涙の退職

翌朝七時過ぎ、出勤前私は成瀬氏の自宅で最後の出勤を見届けることにした。最後を祝福するかのように気持ちよく晴れあがった春の朝だった。

最後の出勤ということで妻と二人の娘が見送りをされた。

「いってらっしゃい！」

長年、仕事を陰から支えてくれた家族と固い握手を交わして、成瀬氏は車に乗り込んだ。すでに少々目が潤んでいた。私も助手席に座り、話を聴くことにした。質問を向けようと考えていると、私が話しかけるより早く成瀬氏は、

「ついにこの日が来ましたよ」

とハンドルを回しながら感慨深そうに話し始めた。通い慣れたいつもの通勤ルートだ。途中、富山が誇る絶景、立山連峰もきれいに見ることができた。青空を背景に山頂付近はまだ白い雪に覆われている。

「成瀬さん、立山連峰も成瀬さんの退官を祝福しているようですよ」

と私が言うと、

「この景色を見て出勤するのも今日が最後なんですね」

としみじみと語った。

「四〇年前、刑務官になった時はこの日を迎えるなんて想像もつかなかったですね。最初の頃はつらくて辞めることしか考えてなかったですよ。私が刑務官になった昭和五〇年代は受刑者の房（部屋）にはゴザが敷いてある、そんな時代でしたからね」

時代を感じる一言である。成瀬氏は遠い目をして昔話を始めた。

「昔は雪も深かったですけど、今年はほとんど降らなかったですね。昭和の頃は、雪が積もると受刑者たちも塀の外に出て周辺の雪かきもしたもんです。今では考えられないですけどね、古きよき時代とでもいいましょうか」

――四〇年間は長かったですか、あっという間でしたか？

「そうですね、長かったような、あっという間だったような……、まあ無事に勤めあげられて娘たちも一人前になって、ほっとはしていますね」

そんな話をしていると富山刑務所の駐車場が見えてきた。ここを曲がるのも今日が最後だ。

午前八時四〇分、所長室で辞令交付式が始まった。同期の職員六人とともに成瀬氏も緊張した面持ちで部屋に入ってくる。

「成瀬大一」

辞令交付式で辞令を受け取る成瀬刑務官

「はい！」

「平成三一年三月三一日限り、定年退職」

　所長が辞令を読み上げる。両手で辞令を受け取る成瀬氏。最後に玄関先で多くの職員らに見送られ、刑務所を後にする。所長が、

「今日までみなさんどうもお疲れさまでした！　どうぞお元気で！」

　と別れの言葉を言うと、多くの職員から割れんばかりの拍手が沸き起こった。目頭が熱くなってきた成瀬氏は顔をあげ必死で涙をこらえようとしていた。脳裏にはさまざまな思い出が去来しているのだろう。成瀬氏は見送りに来た数十人の職員、一人一人と固い握手を交わしていた。

　正門を出たところで待ち構えていた私は今のお気持ちはどうですかと聞いた。

「勤務は山あり谷あり、いろんなことがありましたけど今となればすべていい思い出、苦しかったことも忘れてしまいました」

と実にすがすがしい表情を見せた。成瀬氏に話を聞きながら自分も近い将来、こういう日を迎えるのだろうかと思うと、いつしか涙ぐみながら質問していた。

――最後の出勤で奥様、お嬢さんお二人に見送られて嬉しかったんじゃないですか？

「そうですね、まさか見送ってくれるとは、感謝されたのかなって、私のほうがつらいとき何度も支えてもらって感謝の気持ちなんですがね。家族の支えがあったからこそ貫けた四〇年でした」

支えてくれた家族の顔が浮かんだのか成瀬氏の頬には涙がつたっていた。私は少々ベタだが、最後にこう聞いた。

――成瀬さんにとって神輿づくり、神輿とはどんな存在ですか？

「神輿は僕の人生にとって思い出がありすぎて……、人生そのものと言っていいと思います。ちょっとかっこよすぎますか？」

と言うと涙は消え、本当にすっきりとした笑顔を見せた。

「では、失礼します」

そう言うと、成瀬氏は刑務所の建物を一瞥《いちべつ》して歩き出した。これでプレッシャーから解放されたと言わんばかりに、時折、大きく伸びをしながら……。

第五章　女子刑務所

運動会のために移動する女性受刑者。シルバーカーが目立つ。和歌山刑務所

栃木刑務所

女性受刑者の〝生の声〟

「本当に信じられないんですけど、薬の飲み方を忘れる、コップに水をつぐ、つぎ方を忘れる……。休み明けだと歩き方すら忘れているんです」

長年の刑務所取材の中でもこの女性刑務官の嘆きは今でも鮮烈に記憶している。いくら高齢者とはいえ、歩き方を忘れるなんてことがあるのだろうか。取材した当時、塀の中は過剰収容の状態が続いており、刑務官たちの苦労は計り知れないものがあった。

日本国内の女性受刑者の数は、かつて増加傾向にあった。女性受刑者を収容する施設の数が男子に比べ少なかったこともあり、収容率一〇〇%を超える過剰収容の状態が続いていた。法務省もこの事態を重く見て女子用の施設を計一一か所に増やしたことによって現在は解消されつつある。受刑者の数自体も二〇一一（平成二三）年までは増え続けていたが翌年からは減少に転じた。

私が初めて栃木刑務所を取材した二〇一三（平成二五）年は、女性受刑者の数自体は減少していたが、まだまだ収容定員を超える過剰収容の状態にあった。当時、全国に女性受刑者は約四六〇〇人。加えて男性と同様に女性受刑者でも早急な対応が迫られているのが「処遇困難者」の問題だった。刑務官が対応に苦慮する高齢者や服役態度がよくない受刑者、処遇困難者は女子刑務所にも少なからずいるのだ。

まず女子刑務所が男子の刑務所と大きく違っているのは、刑期の長さや初犯、再犯といった犯罪傾向にかかわらず一緒に収容されるということだ。

基本的には地域ごとに初犯も再犯も、日本人も外国人も、そして懲役一〇年未満の短期から無期懲役など長期の者も一緒に服役しているのだ（男子の場合は刑期の長さ、犯罪傾向などによって分類される）。これは前述した通り各地域とも女子用施設の数が限られているためだ。

このため実際に、現場を見ていると刑務官の負担は男子刑務所よりも、女子刑務所のほうがより重いものを感じた。事実、三九・五％という四割近くに及ぶ女性刑務官の離職率（二〇一二年から一四年の採用者・法務省調べ）の高さが、その過酷な労働現場を物語っている。そうした、女子刑務所の厳しい実態を本章では紹介していきたい。

まず紹介したいのが栃木市の郊外にある栃木刑務所だ。一九〇六（明治三九）年に女性の収容が始まった関東地方唯一の女子刑務所で、六五五人の定員に対し四七一人（二〇二〇年一月末速報値）が収容されている。

イジメはないのか

そもそも女子刑務所とはどんな場所なのだろうか。ドラマや映画の舞台になることもあるが、受刑者の〝生の声〟を聞くと、よりはっきりと見えてくるものがある。

窃盗で懲役二年六か月の二〇代受刑者が、初めて刑務所に来た時の心境を語った言葉が印象的だった。

「刑務所に初めて来たときはもう絶望的でした。当たり前なんですけど、外の景色も見られないし、外に出られないし、一人になると何やってるんだろうって情けなくなりました」

おそらく多くの受刑者が最初に、このような暗澹たる思いを抱くのであろう。彼女はホストクラブに行きたいがために、飲食店でレジから金を盗むことを繰り返していた。逮捕・起訴され、一回目の判決では執行猶予三年がついたにもかかわらず、その数か月後に、また盗みをしてしまったという。

――執行猶予中に事件を起こしたら、刑務所に行くことになるということを考えなかったのですか?

「考えていない……。そうですね、あまり考えてなかったですね」

――ちょっと厳しい言い方をすると、一回目の有罪判決のときにしっかり反省し切れていなかったってことじゃないんですか？

「帰れたから多分、甘く見ていたんです。すごくナメていました。刑務所に行くはずなのに行かないだろうなーって。なぜかはちょっとわからないんですけど……」

——もう一回盗みをやっても行かないだろうと思っちゃったんですか？

「うん。別に……行かないかなーみたいな」

そして、読者が気になるであろう「女子刑務所でイジメはないのか？」という疑問、私も気になって何人かの受刑者に聞いたことがある。ある二〇代の初犯の受刑者は自らの経験を話してくれた。

——刑務所でつらいことはありますか？

「女ばっかりなんで、そりゃ、いろいろありますよね。姑みたいな意地悪なおばあさんとかもいますし、派閥みたいなのもあります。やっぱり、みんな出所したいですから、早くここを出る人のことを妬んだりします」

——何か具体的にされたことはあるんですか？

「今はもうないですけど、入った頃はされましたよ。シカト（無視）されたりみたいなことです。みんなボスみたいな人が怖いから、その人に従うみたいな」

そして七〇代半ばの受刑者も言う。

「初めてここに来たときは、よくイジメられました。揚げ足をとられたり、ちょっと動いただけで『うるさい！』と年下の受刑者から怒られたりしました。悲しくなって布団の中でよく泣いてました……」

当然だが、われわれがカメラを持って塀の中を歩いても、このような場面に出くわすことはない。おそらく刑務官も見ていないところで、こうしたことが行われているのだろう。

逆に実際に入所してみて刑務所のイメージが違うと思ったと話す受刑者もいた。

「私自身がここに来るまで刑務所は自分に縁がないと思っていたので、自分とは違うよくない人がいるのではという偏見がありました。でも、自分が実際に刑務所に入ってみると変わった人もいないという感じです。苦しんでいる人もいるし、みんな一生懸命生きていると思う。自分が世間知らず過ぎたのもあって、自分が抱いていた偏見が違うと今は思っています」

彼女は殺人、死体損壊、死体遺棄の罪で懲役一六年、刑期を半分ほど終えているからか、このようなことを言えるのかもしれない。同僚の女性を殺めた彼女は今、なぜそのような凶行に及んでしまったと考えているのだろうか。

「自分自身がすごく自己中心的な部分があったんだなっていう……本当に人のことを愛せていなかったというか、自分ばかり痛かったり嬉しかったり苦しかったりっていうこと中心でした。周りの人がそういうふうに感じているということを自分のこととして受け止められなかったから、結局は自分の苦しさだけにとらわれてしまったところがあると思います」

〝窓際族〟の受刑者たち

さまざまな罪で受刑者が服役する女子刑務所ではどんな一日が送られているのだろうか。

「起床！　点検準備！」

午前六時半、栃木刑務所の一日が始まる。朝点検、朝食を終えると刑務作業を行う工場へと受刑者たちは向かう。男子の刑務所と違い、移動の際に号令や掛け声がなく、非常に静かな移動だ。男子刑務所ばかりを取材していたのでこれは最初、違和感を覚えた。

取材が許可されたのは、プラスチックや紙製品の組み立てなどの軽作業を行う工場だった。この工場での作業に従事するおよそ半数が六〇歳以上だ。難しい作業をするのは困難だと思われる受刑者が集められている。刑務官が朝の号令を掛ける。

「礼！」

「おはようございます！」

あいさつをすると全員で安全標語を唱和する。

「作業の開始！」

「就業時間は守ること！」

声をそろえて、受刑者全員で標語を復唱。規律を重んじる刑務所生活では重要なことだ。

取材したのは七月だった。内陸の栃木市も連日、猛暑日が続いていた。工場内にあった温度計を見るとまだ朝だというのに三〇度を超えている。当時、工場にエアコンはなく、気温が二八度以上になると扇風機を使用することが許可された。この時期は常に気温三〇度以上での作業となるため、熱中症対策として一日に六回、スポーツ飲料やお茶を飲む時間も設けられている。

取材当時、栃木刑務所は収容定員の約二割もオーバーしていた。単独室と呼ばれる本来一人用の部屋に二人が収容されていた。単独室は実質使えるのは三畳ほど。その狭さで二人分の布団を敷いて寝ていたのだ。また、集会室として使われるはずの部屋にも八人の受刑者が収容されていた。慢性的な過剰収容は、一朝一夕には解決できる問題ではない。とりあえずは、こうした対症療法で凌《しの》ぐしかない。

女性受刑者たちに主に対応するのは女性刑務官だ。その数一三六人。平均年齢三〇歳の若手を中心に編成されている。

刑務作業開始から一五分が経過して、なぜか遅れて工場にやってくる受刑者がいた。窃盗罪で服役している二〇代の受刑者だ。高齢者が多いこの工場では、目立って若いのだが一体、どんな事情があるのか刑務官に聞くと、朝、工場に出かける準備ができていなかったため、他の受刑者とは別にされて連れてこられたという。

その後、彼女は目を疑う行動に出た。遅れておきながら、不機嫌そうにイスを蹴飛ばしたのだ。そして、気怠《けだる》そうな表情を浮かべながら、「窓際」の席に着いておもむろに作業を始めた。刑務官に事情を聞く。

「まず朝の準備で布団を畳めません。普通に朝起きて、顔を洗って、朝食を食べて、居室から出てくる、それすらもできないんです。そもそもそういう習慣がついていないんです。黙っていればずっとその部屋に立ったままで出てこようとしない者もいます」

　作業をするためには、定められた三角巾やエプロンを身につけなければならないのだが、それも、もたもたしていて手際よくできない。ここで、彼女に与えられているのも二本の紐を糊付けするという至って簡単な作業だ。さっそく彼女が声をあげる。

「係さん、お願いします」

「係さんを呼ぶ前に、髪の毛をちゃんと入れなきゃダメでしょ！　毎日じゃない！」

　刑務官から身だしなみの注意を受ける。彼女は栃木刑務所に来るまで、一般の会社で事務の仕事をしていたという。ここに来てから汚れなどを過剰に気にして血だらけになるまで手を洗い続けたり「気持ちが悪い」と言って下着を身につけないなどの行為をするようになっていた（ちなみに刑務官の間で手を洗い続ける受刑者を〝アライグマ〟などと言うこともある）。

　刑務官が立つ担当台のすぐ脇に窓があり「窓際」の席は刑務官の目が一番よく届く席だ。刑務官が手を焼く、他の一般の受刑者と同じように作業ができない受刑者たちが窓際に集

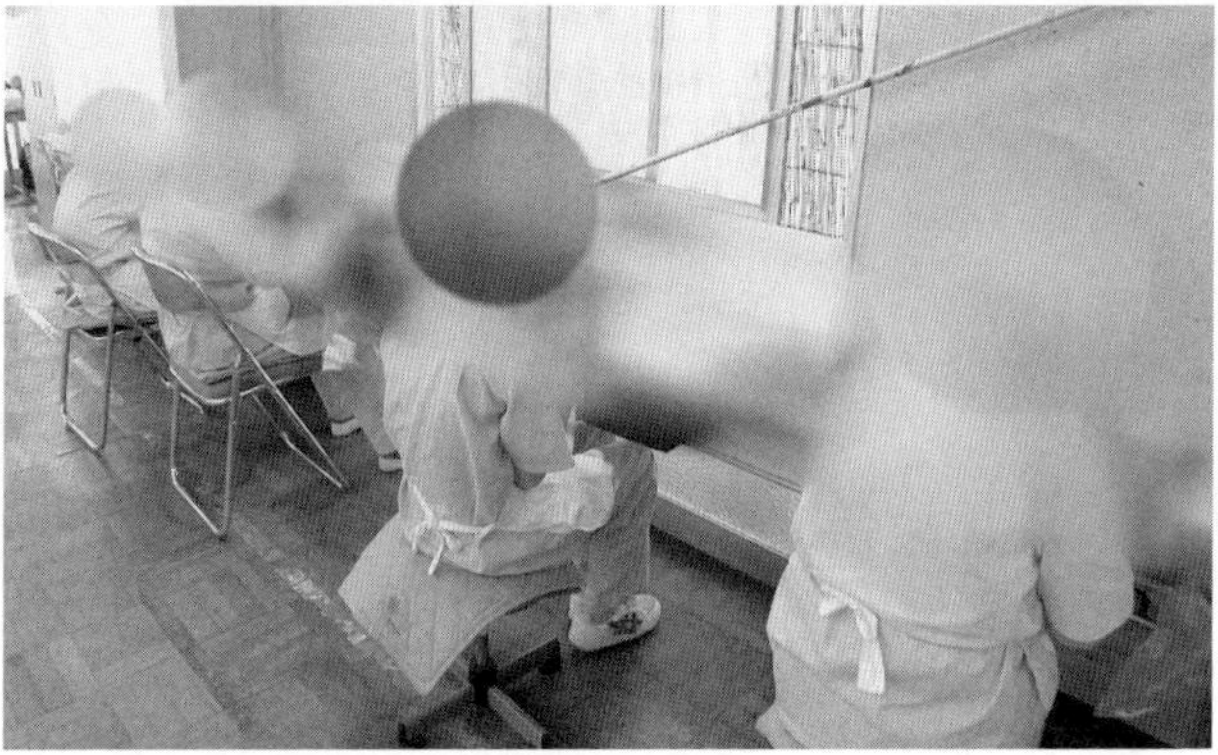
“窓際”に集められた女性受刑者

められていたのだ。言い方が適切ではないかもしれないが、その姿はまさに〝窓際族〟であった。勤続二〇年近くになるという担当のベテラン女性刑務官に経緯を聞く。

――窓際の席に手を焼く受刑者を集めたのですか？

「もともとはなかった席なのですが作りました」

――どういう受刑者を集めたのですか？

「とにかく他の受刑者と一緒に集団行動をとれない、作業もできない、でもやはり懲役受刑者としては部屋にずっといるわけにはいかないので、どうにか工場に出してもいいかなというような人たちです。またトイレに介助なしで行けなかった人や、耳が遠かったり認知症なのか意思疎通がうまくできない人ですね」

――刑務官の目の届きやすいところに配置したと？

「そうですね、傍にいて教えてあげないと動きもとれない人たちを、他と一緒に座らせることはできないので窓際に集めました。そうすれば刑務官の目も届きやすいですからね。受刑者を処遇するのにあたって一括の処遇ではダメなんです。ほんとに個別に一人一人を見て指導していかないといけません」

水の飲み方を忘れる受刑者まで

そこへ、さらに三〇分も遅れて、別の受刑者がやってきた。刑務官が迎えに行って、ようやく工場に姿を現したのは七〇代の受刑者だった。彼女も、時間内では工場へ行く支度ができない受刑者だ。刑務官がやさしく声を掛ける。

「遅かったみたいね。早く準備して……」

「おはようございます」

「ちゃんと寝ている？　大丈夫？」

七〇代受刑者が犯したのは窃盗罪。彼女は、この年齢になって初めて刑務所に入ることになったという。担当刑務官が手取り足取りで準備を手伝う。

「バッグは出すんだよ。何でしまっちゃうの！」

するとポケットに入っていたティッシュペーパーが気になるらしく取り出して見せる。

「これをどうしたら……」

「わかった。わかった。わかった。お尻のポケットにティッシュは入れてください」

どうやら、一人では、身の回りのこともできないようだ。その後、薬を飲む時間になる。投薬の際には刑務官の前で自分の称呼番号（受刑者に振り分けられた番号）を言わなくてはいけないのだが、

「（称呼番号）○○○番、○○○です」

「△△△番でしょ」

「△△△番」

刑務官に自分の番号を直されて、ようやく薬を飲むことができた。刑務所にいる間は必ず必要となる称呼番号さえも覚えられない状態なのだ。彼女には、認知症の症状が出ているという。このため彼女に与えられているのは、カラービーズを色ごとに仕分けするという、きわめて簡単な作業だ。

そして、もうひとり五〇代の受刑者に刑務官が何やら声をかけている。

「コップを取る、コップ！」

なんと水の飲み方を忘れてしまって、どうしていいのかわからなくなっていたのだ。やかんの口に、蓋をするようにかぶせられたコップをどうしても取ることができないでいた。目を疑う光景だった。

「こっち、離していいんだよ」

刑務官がやさしく教える。先ほどのベテラン女性刑務官が嘆く。

――やかんから水も飲めない受刑者がいるんですね？

「そうなんです、先ほどの受刑者も薬の飲み方を忘れたり、水のつぎ方を忘れる、本当に嘘のような話ですけど、休み明けになると歩き方すら忘れるんです。工場に移動しようにも足が動かないので『膝を曲げて上げるんだよ』って教えます」

――休み明けは大変なんですか？

「ほんと大変です。土日の休みが明けて月曜日の朝はいつもドキドキしながら勤務につきます。自分が休み中も八〇代の高齢者受刑者は、この暑い中どうやって過ごしたのかな、大丈夫かなとか心配しながら過ごしています」

この言葉を聞いて本当に受刑者に対して親身になって接していると感じた。この窃盗罪で収容された受刑者。まだ五〇代だが、多くのことを忘れてしまい日々の生活にも支障が出てきているという。この工場にいる受刑者の六割が何らかの問題を抱えている。本来なら病院や福祉施設で、介護を受けなければならないような状態の者が罪を犯して、実刑判決を受け刑務所で服役しているという厳しい現実を目の当たりにした。

帰る場所がない高齢受刑者たち

「体操の隊形に開け！」

「一、二、三！」

一日に三〇分間、認められている運動時間。それぞれが思い思いに体を動かす時間だが、ここにも動作がぎこちない受刑者の姿がある。刑務官が心配して、ある高齢受刑者に声を掛ける。

「ねえ、身体どうした？　大丈夫？」

「大丈夫」

「大丈夫？　頑張れるね？」

彼女は八〇代。高齢で健康状態が思わしくないだけではなく、出所しても帰る場所がないという。こうした受刑者がここには少なくない。

そして、七〇代半ばで服役した受刑者もいた。

「ここで五つ歳をとりました……」

そう話すのは詐欺罪で刑務所は五回目という八〇代の受刑者。過去四回も詐欺罪で服役し今回は懲役六年の刑だ。

——どういう事件を起こしたんですか？

「人にお金を貸すということを始めまして、自分の持っているお金が底をついたので、お友達に相談して出してもらって、それをまたいろんな人に利息を付けてお貸ししました。そうしているうちにそのお金が返ってこなくなって、私が責任を取るようになりました」

お金の貸し付けを十数年していたが、返済しない人がいて自転車操業のような状態になってしまった。友人の被害総額は三五〇〇万円以上に上るという。

「本当にその友達と仲もよかったし、私を信用してくれた人を裏切ったような結果になってしまい、私が声をかけなきゃよかった、自分だけのことで終わらせればよかったと今は思っています。友人たちに悪いことをしたと反省しています」

――なぜ、繰り返してしまったんですか？

「やっぱり意志が弱いんですかね。ただ儲けさえすればいい、お金を増やせばいいんだという気持ちになって……、この前も篤志面接委員（注・受刑者の更生のため面会や講話をするボランティア、宗教関係者や地元の有力者などが多い）の方が『もう絶対に人にお金を貸すんじゃないよ』と言われたので、『お金には触りません。貸すようなお金もありません。生活するだけでもういっぱいです』と言ったんです」

彼女は二〇代で結婚するも、すぐに夫と死別。そのあと、彼女が信じられるのは、お金しかなくなっていた。高齢になって身寄りがなくなり、頼れるものはお金だけ。結局、罪を重ねて塀の中へ戻ってくることになってしまったのだ。

今は面会者もいないが、以前は友人が面会に来てくれた。しかし、面会での何気ない一言で傷つくこともあったと話す。

「以前、刑務所の服はグレーでしたが、面会に来た友人が服はみんなグレーなのとか、髪の毛は切らなくてもいいのとか言われると、向こうは悪気があって言っているわけじゃないんでしょうけど、そう言われると自分がみじめになってもうぐっとくるんですよね」

「窃盗症」という負のスパイラル

高齢受刑者たちはさまざまな事情を抱えて罪を犯し、塀の中にやってくる。服役は三回目だという六〇代の受刑者。窃盗事件を繰り返し今回は懲役一年一〇か月だ。

——盗んだものは？

「スーパーで食料品なんですけど……」

金額にして四〇〇〇円程度だという。

——食べるのに困って？

「そういうことはないんですけど、もうするときは気持ちが昂《たかぶ》っちゃって、変な意味で達成感があって……。やってしまった後は『うう』と思うんです」

——悪いことをしたと？

「今は後悔していますから……」

介護の仕事をしていたという彼女は、四〇代の頃から約二〇年にもわたって万引きを繰り返すようになったと話す。医学的には「窃盗症」と言われる、衝動的に窃盗を繰り返す精神疾患の状態にあると見られている。

家族からは病院で治療することを勧められていたが、自分を全部さらけだすのが怖くて病院に行けなかったという。今回の服役で約四〇年連れ添った夫とも離婚することになった。

「姉がいるんですけど、『もう自分だったら恥ずかしくて生きていられない』と嘆くんです。『盗みをやめられないのなら死んでもらいたい』とまで言われました」

――過去二回も出所する時は最後にしたいと決意したと思うのですが、なぜやめられないのですか？

「窃盗をしないと誓ってもダメなんですよね」

彼女には子どもが二人おり、次男が今回は身元引受人になるという。

「息子しか頼りがないものですから、よく話し合ってやっていきたいと思っています。息子からも『これで最後にしないと見離すよ、どうなっても知らない』とまで言われているんです。ですから、今までは自分の弱いところも見せなかったんですけど、これからはもっと心を開いていきたいと思います。本当にコリゴリです。今回が本当に最後にしないと」

〝取材不可〟のエリア

そして、刑務官が対応に苦慮する処遇困難者が増えているという問題。その現場が、この刑務所の中にあった。取材中、立ち合っていた刑務官に撮影を拒否される場面があった。

――ここから先はどういうエリアなんですか？

「すみません、戻っていただけますか？　撮影はできません」

取材班が前に進むことを制止するだけではなく、刑務官自らも、その先には進もうとはしなかった。

後でわかったことだが、この先にあるのは居室の中で一日中過ごす受刑者が収容されている「昼夜間単独室」と呼ばれるエリアだった。取材に立ち合う刑務官は、

「精神的に不安定な人が多く収容されています。私も担当ではありませんから、普段見かけない職員がいるだけで落ち着かなくなるという受刑者もいます。カメラを持って取材の人間が入ったら尚更のことになります」

いったい、昼夜間単独室では何が起きているのか。担当刑務官に話を聞く。

「特に理由もなく殴りかかってきたりとか、夏だと暑いからという理由で、全裸で寝ている者もいます。あとはずっと落ち着かなかったり、ぐるぐる回っていたりするような者もいます。本来はそういう者も工場の中で作業しなくてはならないんですけれども、それができない状態ということですね。ずっと扉を叩いたりする者もいますし、引きこもりみたいな感じになって一切何も反応しないとかですね」

なかなか一筋縄ではいかない面々のようだ。

――職員と会話もできなくなるような？

「意思の疎通が難しい者はいますよね。もともと内にこもりがちで話ができない者や意思の疎通が可能でも感情のコントロールが難しくて他人とうまく生活していくことができない者もいます。本当にいろんな人がいますので一概に言うことはできないのですが、対人関係をうまく結ぶことができないという人が多くいるという印象です」

――言葉の選び方も慎重にならないといけない？

「それはすごくあると思います。日々彼女たちと接している職員は、そういうことに長けていますので、相手をよく理解して対応しています。本当に一人ずつ、この人はこういう傾向があるとか、こういうことで落ち着かなくなるとか、特徴をよく見て配慮していると思います。何十人を一人で見るわけですが、その一人一人を把握して対応しています」

――刑務官が一番手を焼く感じですか？

「そうですね。いろんなタイプがいますが、そもそも刑務所にきたら監禁状態になって今までの生活とは違う生活になります。それを受け入れられない者も多くて、そこから始めていかなければならないところは大変なことかと思います」

――極端に言えば入所して一度も工場に出たことがない受刑者もいますか？

「いる可能性はありますね。小規模な工場も作って人数も少なくして、まずはなるべく担当職員が目の届くような形から始めて、最終的には大きい工場に行けるようにというふうにはしているのですが、それでもなかなかできない人もいます」

前述のように、法務省によれば、女子刑務所の刑務官は実に一〇人中、三・五人が、三年未満で辞めている。さらに現在は三〇代以下の刑務官が七割を超えており、ベテラン職員が不足する事態にも陥っている。過剰収容に加え、処遇困難者の増加という問題が塀の中に暗い影を投げかけているのだ。幹部職員に聞く。

——処遇困難者はやはり増えているという印象ですか？

「以前から一定数はいたと思います。ただそのバリエーションが増えてきたというか、それが疾病によるものなのか、人格的な問題によるものなのか。とにかく増えていく一方だなという印象はあります」

——過剰収容も深刻ですね？

「本来であれば一人で使える部屋を二人で使わなくてはいけない、それだけで受刑者のストレスは相当高くなります。ストレスが大きくなると人間は問題行動を起こしやすくなります。やはり過剰収容というのは大きな問題です」

初めての日本が〝塀の中〟

「ニッポンで出産しました。逮捕された時に妊娠していたんです」

そう語ったのはオセアニア出身の女性受刑者だった。取材当時、栃木刑務所が抱えていたもう一つの大きな問題は多くの外国人受刑者の存在だった。日本では今や外国人観光客の数が年間三〇〇〇万人を超える時代となっている。その裏側で受刑者が多国籍化しているという現実もある。初めて来た日本で、空港から塀の中に直行することになった外国人女性たちについて紹介したい。

栃木刑務所で収容されている受刑者およそ六六〇人（二〇一五年取材時）のうち、実に四分の一にあたる一五〇人ほどが外国人だ。しかも、外国人受刑者の出身国は三七か国にもわたる。

外国人受刑者の約七割が薬物事犯だ。その多くが成田空港などで薬物の密輸をはかり、逮捕・起訴されて実刑判決を受けて刑務所に送られてくる。皮肉なことに〝初めての日本〟が「塀の中」という外国人も少なくないのだ。それだけに、刑務官の対応も困難を極める。

朝の点呼が終わり朝食の時間。六人が一緒の集団室の中に、一際目立つ受刑者の姿があった。この日、食事の盛り付けをしている背の高い受刑者はヨーロッパ出身の五〇代の受刑者だ。立ち居振舞いを見る限りでは日本人受刑者に溶け込んでいるように見える。

「いただきます！」

この日の朝食は麦ご飯に味噌汁、納豆、海苔と佃煮。外国人には馴染みのない納豆だが、ヨーロッパ出身の受刑者は嫌がる素振りも見せなかった。ただ、食べ方がちょっと違っていた。日本人受刑者がご飯に納豆をのせているのに対して、納豆の中にご飯を少しずつ混ぜながら食べているのだ。外国人とはいっても、刑期の長い受刑者の場合、日本の食事に慣れることも多いという。

また取材した七月は、イスラム教が定めるラマダンの時期でもあった。外国人受刑者の中には、宗教上の配慮を必要とする者も少なくはない。断食希望者の食事には、特別な配慮がされる。刑務官に聞くと、

「キノコ丼、野菜ジュース、チーズなどラマダン用に別のメニューを用意します」

日の出から日没まで、飲食を絶つラマダン。定められた時刻以外でも、飲食できるように一日分が、まとめて居室に運び込まれていた。

朝食後、受刑者は刑務作業を行う工場へ向かう。衣類の縫製と紙帽子の製作を行っている七工場を取材することが許可された。この工場では作業をする受刑者は五〇人余りだが、そのうちの一二人が外国人だ。「安全標語の唱和!」と刑務官が叫ぶと、外国人も含め受刑者全員で唱和する。

「受け持ち以外の機械を勝手に取り扱わないこと!」

工場で使う言葉は原則、日本語だ。そのため外国人受刑者が理解しやすいように工夫もされていた。作業中に必要な日本語の会話例がローマ字で紙に書かれて壁に貼られていた。担当刑務官も外国人受刑者の処遇には独特の難しさがあるという。

――外国人受刑者のトラブルはどんなケースがありますか？

「日本人受刑者と一緒に集団生活をしていくわけですが、日本語の丁寧な言葉使いを知らない外国人受刑者が命令口調になってしまったり、言葉がちょっと荒っぽくなってしまって口論になるケースがあります」

――外国人受刑者と接する上で何か特に気をつけていることはありますか？

「なるべく話すときに接続語を使わないように話しています。『これとこれが』って言ったら、わかりにくいので、文章を区切ってわかりやすいように話しています」

女子刑務所で初の国際対策室

慣れない日本で刑務所に収容されているという特殊な環境にあって、外国人受刑者たちは多くのストレスを抱えている。刑務所内では、彼らが抱えるさまざまな問題を担当刑務官に相談できる時間がある。刑務作業中に設けられている「申し出」と呼ばれる時間だ。担当刑務官に相談をするため次々にやって来る。

「請願書（要望を書く用紙）の記入はスペイン語で大丈夫ですか？」

「スペイン語で大丈夫です」

許可を申請する書面の書き方を刑務官から教わっていた。別の外国人受刑者は、

「ファイブ（手で五を示す）」

「ロング?」

「はい」

「これと同じだったのね」

着ている衣類のサイズを直してほしいと訴える受刑者とのやりとりは、身振り手振りで行われた。この北米出身の三〇代女性受刑者とのやりとりはさらに込み入ったものになった。

「お茶、インサイド、バースト?」

「ああポットから……」

目で窮状を訴える受刑者。どうやら、居室にある保温水筒が壊れていると言っているようなのだが、どうにも要領を得ない。さらに……。

「セイム……バイブル・スタディ……バイブル」

今度はノートを出して、何やら訴えるが混乱を増すばかりだ。刑務官は仕方なく用紙を渡し、英語で書いて改めて提出するように促した。刑務官が現状を語る。

「やはり日本語が通じない外国人が多いんです。外国人受刑者を工場で注意・指導する時がありますが、そこに常に通訳の職員がいるわけではないので、その場で即座に注意・指導をしたいときは片言の英語、あとはジェスチャーで注意をしています。しかし通じないことも多く両手を広げて『わからないよ』というジェスチャーをされてしまいます。一日に二、三回はありますね。そういう時は国際対策室の方に連絡をしてあとから指導をしてもらっています」

国際対策室とは、外国人受刑者とのコミュニケーションを円滑にするために、二〇一四（平成二六）年に新設された部署だ。女子刑務所では初めての設置となる。現在、必要な二二か国語のうち、主な一〇か国語に対応している。残りの言語は、それぞれの国の大使館などと連携して対応しているという。事務室は以前倉庫だった場所を急遽改築したものだ。事務室を覗いてみると民間の通訳がいて、受刑者の手紙の翻訳などをしている。スペイン語の通訳は、かつて中南米に駐在した経験のある元商社マンであった。

国際対策室の翻訳で、先ほどの北米出身の受刑者の要求は保温水筒を交換してほしいこと、さらに聖書の勉強で使っていたノートをコピーしたいということがわかった。さっそく、現場の刑務官に伝えていた。

以前は、わざわざ国際対策室があった府中刑務所で翻訳をしてもらわなくてはならず、問題解決に数日かかるケースもあった。それが今では、その日のうちに解決できるようになったのだから格段の進歩だ。

夕方四時半、受刑者たちが一日の刑務作業を終えて工場から各自の部屋に戻る時間だ。受刑者たちが居室に戻ると夕食、そして余暇時間となる。突然、館内スピーカーから音楽が流れ出した。それも、意外なことに、ダンスミュージックのような洋楽だった。これは部屋の中で運動をしてもいい合図でもある。

北米出身の受刑者は、単独室と呼ばれる一人用の部屋で音楽に合わせて体を軽快に動かし始めた。これも日本の刑務所の生活になじめない外国人受刑者対策の一環なのだ。

国際対策室に採用された国際専門官に聞く。以前は民間企業で通訳をしていたが、今回、スペイン語の専門家の採用があるのを知って応募したという。

――外国人受刑者が訴えてくるのはどんなことですか?

「皆、(母国では)椅子に座って食事をしていたので、一番多いのは床での生活ですね。夜はベッドでという文化から来ていますし、そもそも家の中では靴を履いているじゃないですか。なので基本的に床で寝たりとか座ったりとかはしない人たちなんです。トイレも和式、洋式がありますが、中にはしゃがめなくて和式のトイレが使えない外国人もいます。床から立ち上がる動作で腰を痛める者もかなり多いです。食べ物については、欧米人は腸が長いらしいんですが、米を食べることで便秘が多くなる、穀物の食べ過ぎで便秘が多くなるということが結構よくあります」

ベッドがある部屋は外国人受刑者には人気があるのだという。

成田空港で逮捕されたシングルマザー

言葉や文化の違う日本での長期にわたる刑務所生活。なぜ外国人受刑者たちは、日本にまでやって来て、罪を犯してしまったのだろう。日本の冬の寒さが身にこたえると言う中南米出身の三〇代受刑者に話を聞いた。

――今回、刑務所に入る理由となった罪名は何ですか？

「関税法違反と麻薬取締法違反です。経済的な理由があって麻薬を日本に持ち込んでしまいました」

――報酬はいくらくらい？

「二〇〇〇ドル（約二四万円）です。初めて外国に来たので、やはり日本の有名な観光地は見て回りたかったです。東京ディズニーランドとか……」

彼女は成田空港で逮捕され、そのまま身柄の拘束が続いている。判決は懲役六年で罰金は二〇〇万円。母国で生活しているとき、経済的に困窮。そんなときに、勤務先の関係者が持ちかけてきたのが危険な仕事だった。いわゆる〝薬物の運び屋〟である。

――経済的に困っていた理由は？

「私には子どもが二人いるのですが、下の子が心臓に病気があって六か月に一度、高額な検査を受けなくてはならず、その他に自分の母親も養っていました。報酬が入れば、もう少し子どもたちといる時間ができると思って引き受けたのに今は結果としてその反対です。何年間も子どもの成長が見られず、私は日本で本当に大きな罪を犯してしまいました」

シングルマザーとして懸命に子どもを育ててきた彼女。二四万円ほどの報酬は、現地では給料の何か月分にもなる大金だった。しかし結局は子どもとの掛け替えのない時間を失うことになったのだ。五歳と九歳の子どもは母親といとこが面倒をみているという。

――日本の刑務所に入ったときの印象は？

「言葉が通じないということが一番不安なことでした。職員が怒鳴ったりしたときに何を言っているのかがわからなくて初めはやはり怖かったです。でも、もう時間も経って慣れてきて今は落ち着いて毎日を過ごしています」

――出所して帰国すると、最初にお子さんに会うことになると思いますが、どんな言葉をかけようと思っていますか？

「まずは二人を抱きしめて愛しているよと言いたいです。なぜ私が日本にいたのか、何をしたのか正直に伝えたいと思います。何も隠したくはないです」

和気あいあいの日本語教室

こうした外国人受刑者を対象に二〇一四（平成二六）年四月から始まった取り組みがある。刑務官が教師となって、日本語教育の授業を行っているのだ。この日は三つのクラスに分かれて合わせて一一か国三〇人が参加していた。教室では刑務官と受刑者で、こんなやりとりがされていた。

「初めて納豆を食べたとき思いました」

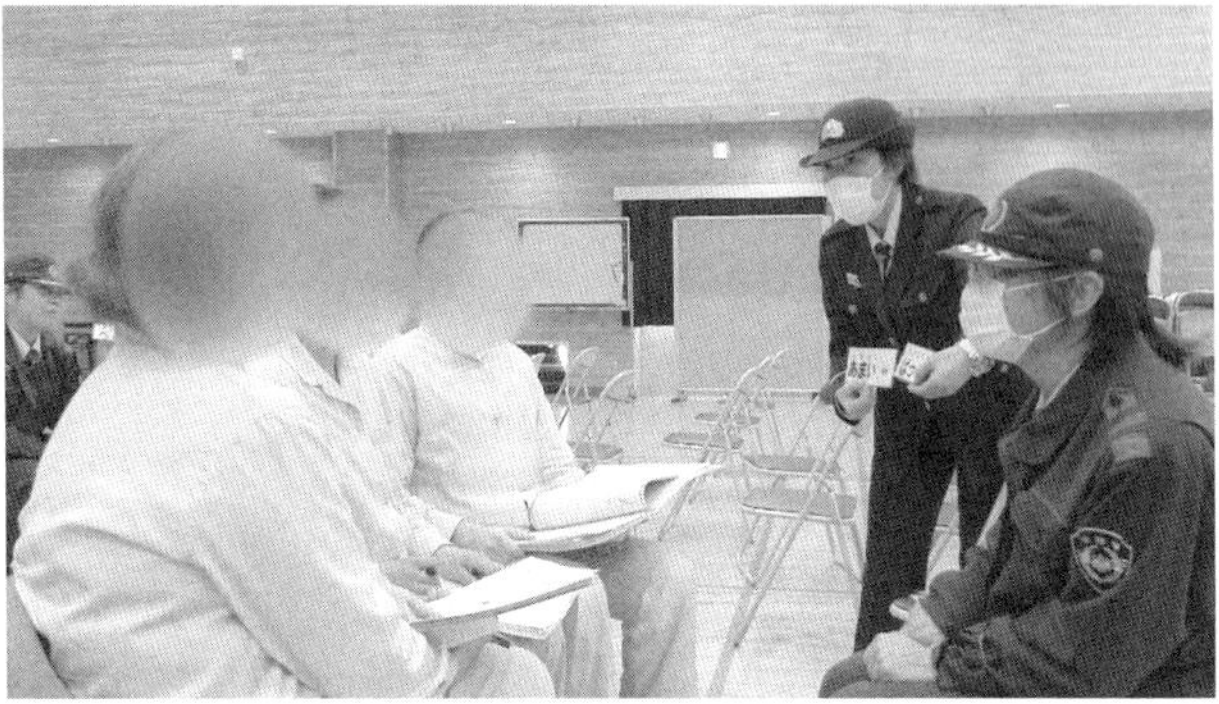

手づくりの教材を使った日本語教室

「ハジメテ納豆を食べたときオイシイと思いました」

「おいしいと思った？」

「NO！（笑）」

「初めて刑務所に来たとき、悲しかったデス」

「そうね」

教材はすべて刑務官たちのお手製だ。どんなことを考え教材を作ったのだろうか。担当の刑務官が、その狙いを説明する。

「教材には絵か写真を必ず付ける工夫はしています。あとはどんな表現をすれば彼女たちの呑み込みがいいのかを考えて作っていますが、いかんせん言語数が多いので参考にする書籍などがないんです。市販の本は英語がわかる人を前提としている書籍が多いので、国際対策室の職員にアドバイスをもらいながら進めているというのが現状です」

――ドロップアウトしてしまう受刑者はいません

か？

「それはいません。幸いみな楽しいというふうに参加してくれているので今のところ辞めたいという者は出てきていません。ただ受刑者の習熟度によって『上達が速いので上のクラスに行きましょう』とか、逆に『ちょっと呑み込みが難しいようなので下のクラスに行きましょう』というのは適宜、対応しています」

授業の雰囲気を見ると実に和気あいあいとした感じが印象的だった。これで外国人受刑者たちの緊張もほぐれていくのだろうか。

「そうですね、私たち自身が日本語の理解に乏しい外国人と話をしてあげられるタイミングが確保できないのが現状ですので、この日本語教育の時間を使って職員は叱ってばかりじゃないんだよ、ということをわかってもらえればいいかなと思っています」

ずばり日本語教育の成果はどうなのだろう。

「生活がしにくいと思っている人がほとんどなので、それを改善できれば彼女たちも職員にも余裕が出るかなと思っています。あとは日本語がわからないのが自分だけではないんだということがわかりますので、心情の安定につながるのかなと考えています」

まずは日本語がわかるようになること。そして、積極的にコミュニケーションが取れるようになることが、外国人受刑者の心情の安定にもつながっているという。国際対策室の成果はどうなのだろう。国際対策室長に聞いた。

「翻訳・通訳のできる職員に加えて、国際専門官が採用されスタッフがそろったということで、時間のかかっていた翻訳・通訳が格段に早くできるようになりました。それによって受刑者とのコミュニケーションも良好になってきたと言えます。外国人受刑者の処遇の向上につながったということが言えると思います」

——今後、国際化の流れで外国人受刑者が増えていく可能性も高いと思いますが。

「現状は三七の国と地域、それから主要言語が二二言語ということで必ずしも十分でないということが言えると思います。手紙だとか面会、生活指導、作業指導においても正確で効率的な翻訳・通訳、それからスピード感のある対応を心掛けていきたいですね。そして外国人受刑者の心情の安定を図る意味でも通訳人の確保、充実に取り組んでまいりたいと思っています」

日本の刑務所で服役することになった多くの外国人受刑者たち。彼女たちは、刑期を終え釈放されるとすぐに入国管理局によって、その多くが母国へ強制送還される。

名古屋刑務所「豊橋刑務支所」

過剰収容対策で女子刑務所に

これまで紹介してきた通り、近年、男性受刑者の数が減り続けている一方で、薬物依存や窃盗を繰り返す女性受刑者が増え、女子刑務所が飽和状態になっていることが深刻な問題となっていた。その対策の一つとして誕生したのが全国で一一番目となる女子刑務所、豊橋刑務支所だ。元々は男性用の施設だったのを女子刑務所に変えた極めて珍しいケースだ。二〇一七（平成二九）年一一月に女子刑務所への移行式典が行われた。幹部職員は、その狙いをこう説明する。

「本来、刑務所の役割というのは更生、社会復帰の支援が中心となるべきところですが、過剰収容によってなかなか本来の役割に追いついていない状況が続いていました。各女子施設の過剰収容を緩和して正常な受刑者の処遇ができるようにすることが、今回の新施設の最大の狙いです」

刑務所の収容率は八〇％ほどが適正だという。この施設の誕生によって、それが現実に向かっているのだ。女性受刑者が生活するため、さまざまな個所に手が加えられていた。

男子刑務所時代、通路はグレー系の暗い色だったが今回、ピンクと白の明るい色に変えた。

また、施設内に婦人科診察室が新たに設けられ、風呂場も女性が利用しやすいよう改装された。また一人用の単独室では、衣類を入れるケースと布団が新調され、トイレを隠す衝立も男性の時よりも大きくした。

勤務する刑務官も全国から集められた。夫婦で転勤してきたという刑務官に話を聞く。

――もともとはどちらで勤務されていたのですか？

「夫婦二人とも栃木刑務所に勤務していました。実家が奈良県と石川県なので、近くなる点が大きくて夫婦で相談して希望を出しました」

豊橋は夫婦とも縁もゆかりもなく初めて来たという。

――立ち上がったばかりの施設の運営の難しさはありますか？

「当たり前のことが実は当たり前ではなくて、たとえば一つの物の配置にも意味があるということを、この立ち上げで教わることができました」

新人刑務官はどのように採用されたのだろうか。

「去年までは福島で勤務していたんですけど、施設が完成したら豊橋に転勤になる予定で採用されました」

――出来立ての施設の難しさはありますか？

「立ち上げの施設なのでいろいろな施設から職員が来ています。施設によってやり方が違いますので意見を出して、一つの方向にまとめていかなければならず、そこは大変だなと思います。立ち上げに携われることはなかなかないので、いい経験だと思っています」

聞けば二一歳だという。実にしっかりしている。

——これまで身に危険を感じたことはありますか？

「あります。前の施設で受刑者が急に暴れだして他の部屋に移さないといけないとか、急に走って逃げたりしたことがありました」

——非常ベルが鳴った？

「はい、緊張しました。非常ベルが鳴ったら、とにかく現場に行かなければいけないので、走りました。喧嘩を起こした受刑者を連行したこともありました」

——正直つらくてやめようかなと思ったことはないですか？

「実は何度もあります。小さいことの積み重ねでストレスになってきて、やめたいなと思ったことがありました」

高校、大学を出たばかりの女性には緊張感が続く厳しい職場であろう。

人気のメニュー〝黄な粉ご飯〟

豊橋刑務支所の一日は午前六時四〇分に始まる。定員が六人の共同室と呼ばれる部屋には四人の受刑者が収容されていた。受刑者は、東京・名古屋・大阪エリアから徐々に集められ、定員二六六人のところ取材時（二〇一七年）には約八〇人が収容されていた。

朝の点呼が終わると、朝食の時間だが、ここで珍しいメニューに遭遇する。麦ごはんに豆腐の味噌汁、そしておかずが黄な粉とふりかけなのだ。黄な粉がおかずになるのか。私は不思議に思い、ある受刑者の食べ方を注視したのだが、それは驚くべきものだった。黄な粉にお茶を入れて丁寧に溶いてペースト状にし、それをご飯にかけ食べ始めたのだ。

「おいしい……」

小さな声で彼女は呟いた。黄な粉の中には砂糖が入っており、黄な粉ご飯はさながらおはぎだ。実は甘いものをとることが少ない刑務所生活において人気のおかずなのだという。さらに、味噌汁にふりかけを入れて食べる者もいた。食べ方は人それぞれだ。

食事が終わると、身支度をして刑務作業を行う工場へと向かう。

立ち上げ当時、刑務所内で唯一稼働している生産工場では部品の組み立てや紙袋の製作、箸に巻紙を付ける作業などが行われていた。この日は三〇人が刑務作業を行っていたが開始から一時間後、新入りの受刑者四人がやってきた。二週間ほど前に刑が確定し拘置所から移送されてきたという。到着早々、工場担当の刑務官から厳しい〝洗礼〟が……。

「今日から、ここ三工場で生活、作業をしてもらいます。作業をしてもらうのはもちろんのことですが、ここは友達の集まりでも学校でもありません！　真剣に作業に取り組んでください！　生活面においても規則違反を起こしたり、職員に指導や注意を受けることが

先輩受刑者が“新入り”に作業の指導

無いようにしっかりと生活するようにしてください、いいですか？」

「はい！」

担当刑務官の顔を恐る恐る見ながら四人は返事をした。新設の女子刑務所には、毎週のように、いわゆる〝新入り〟がやってくる。さっそく工場担当の刑務官が右も左もわからない受刑者を指導する。

「この席に座って、帽子をかぶって準備してください」

六〇代後半の〝新入り〟受刑者が行っていたのは箸に巻紙を付ける作業だった。それほど難しい作業ではない。班長と呼ばれる三〇代の先輩受刑者がつきっきりで作業指導を行うのだが、初めての場所で緊張しているのか一向にうまくいかない。

「箸を持ち上げ、右側をまっすぐに……」

と班長が指導するがうまく仕上げることができ

ず、ずっと同じ作業を繰り返している。手先がおぼつかず、薄い紙を箸に巻くというそれだけのことが困難なのだ。動揺しているのか新入り受刑者は口をぱくぱくさせている。

「右側に合わせてテープを……ええっ!?」

先輩受刑者もなんでできないの、という感じでちょっと呆れた表情を見せる。そうこうしていると担当刑務官の掛け声がかかる。

「休憩！」

新入り受刑者もようやく一息、ちょっとだけ表情も緩む。すると、女子刑務所らしい一幕を見ることができた。

「よろしくお願いします」

「こちらこそ」

「もううまくいかない！　あがっちゃって、うまくいかなくて、もうねえ……」

「先生（工場担当の刑務官）は厳しく言われるからしょうがないですよ……。まあ、頑張ってくださいね」

やはり初めての場所で緊張していたのだ。そして休憩後もやはり作業がはかどらない。

結局、午前中に彼女が作った箸はわずか二〇膳だった。工場担当の刑務官に聞く。

「初めの印象が大事なんです。最初にまず工場はこういうところだということを頭に叩き込みます。作業をするのは当たり前なんですけど、指示されたことを確実にするように注意します。拝命した時は自分の母親のような人に注意するのは抵抗があったんですが、勤務するうちに今は抵抗なくやっています」

こうした毅然とした態度が受刑者を統率するには肝要なのだろう。

「作業終了！」の刑務官の声が響く。工場では正午になると、昼食の時間となる。工場内の食堂で、受刑者たちは一斉に食事をとる。

「姿勢を正して、喫食開始！」

「いただきます！」

昼食の献立はカレーに麦ご飯、サラダ、ゆで卵。この刑務所では、朝食以外は、工場の一角で食事をすることになっている。理由は職員の負担軽減と受刑者同士のトラブルを防ぐためだ。ちなみに、この日の夕食は麦ごはんに肉じゃが、蒟蒻《こんにゃく》のおかか和えに、桜漬だった。

刑務作業を終えた受刑者たちにとって一番の楽しみが部屋に戻っての余暇時間だ。部屋では作業着から室内着と言われる服に着替える。取材したのは一一月だったが、まだ半袖姿だった。

部屋での過ごし方を見てみる。自分が使いやすいように何百枚ものチリ紙を折る者、受け取った薬を整理する者、そして本を読む者……その過ごし方はさまざまだ。それは就寝時間の午後九時前まで続いた。

〝もう一人の自分〟盗みたいという衝動

受刑者同士の共同生活、刑務所での暮らしをどう捉えているのか。常習累犯窃盗罪で四回目の服役だという五〇代の女性受刑者。今回は懲役二年四か月だ。

「みなさん口をそろえて言うと思うんですけど、人間関係が大変ですかね。もうつらいです。イヤです、本当に……。出所したら絶対にもうここには来ません私は」

刑務所生活のつらさを口にしながらも彼女はなぜ再犯を繰り返すのか？

――今回、盗んだものは？

「あまり記憶にないんですよね私、毎回同じところに入ってしまうんです」

――スーパーですか？

「コンビニなんですよ、パンだとか子どもが好きなような駄菓子だとか……過去を振り返ると同じところに行って時間帯も同じで同じものを盗ってくる」

岐阜県の笠松刑務所から今回、豊橋に移送されてきた。

「移送されて環境が変わりましたので一新して前向きになれて、そこは感謝しています。最初はちょっとはっきり言って不安で、やっていく自信がありませんでした」

――豊橋に移送されて気持ちが変わったと？

「そうですね、自分が必要とされているというのは嬉しいですし、感情も豊かになったかなと思います」

夫と子ども二人の四人家族。子どもはすでに成人しているというが、子育てなど生活上のストレスが溜まり、三〇歳をすぎてから突然、夢遊病者のように無意識のうちに万引きをするようになったという。

「そこの前を通ると正気ではないというか、ソワソワしてしまって、もう一人の自分がいるような気がして『店の扉を開けてくれ』っていう感じで駐車場でも雑な停め方をして慌てて入ってしまうというか……」

そんな彼女が初めて病院に行き、医師が下した診断は窃盗症（クレプトマニア）だった。薬物依存などと同じように、一生完治することがないとされている。窃盗行為に至らないように対策することが再犯防止の課題だ。彼女の場合も前回の出所から八か月で再犯を繰り返してしまった。

豊橋刑務支所では窃盗行為を止められない受刑者を対象に、出所後、再犯しない生活を送るための教育、改善指導を行っている。講師は専門の職員で、集まった受刑者に思っていることをありのままに話してもらい頭の中をまず整理させるのが狙いだ。教室には五人が集められた。ある受刑者がまず現状を自己分析する。

「自分が依存症かどうかピンときていないというのがあるので依存症というのがどういうものか勉強しようと思って、本を読んでいろいろ勉強しているところです」

講師が尋ねる。

「どうですか？　定義が出てきましたか？」

「そうですね、自分がどうかはわからないですけど、依存症と言っても、いろいろな依存症があることがわかりました」

別の受刑者は「考え中です」とだけ答える。中には「同病、相哀れむ」ではないが、同じ病を抱える者の存在を知り、安心感を得たと話す受刑者もいた。

「この病気に悩んでいるのが自分一人だと思っていたのが、こんなにたくさんいたんだという安心感は持てました。一生治らないものだということがわかったことで、依存症と付き合っていくには、どうしたらいいのかということを生きている間、ずっと考え続けなければならないと思っています」

別の受刑者も、

「自分の経験を同じように悩む窃盗症に悩む人に伝えて、その人たちも盗みが止められるような活動ができないかなと思いました」

七〇代の受刑者に講師が尋ねる。

「出かけるとお店に入って盗ってしまうかもしれないという心配がありましたね？」

「娘と一緒なら盗らないかな……」

そこで講師はこうアドバイスをする。

「宅食、宅配の給食を利用すれば、買い物の回数が減ると思うので有効に活用してもらったらなと思います」

最後に講師がこう尋ねる。

「盗みたいという衝動が沸き上がったときの対策はどうですか？」

「対策は考えているんですけど、過去にその衝動に打ち勝ったことはないので、今その衝動に勝てるか自信はありません。だけど今自分が一生懸命考えてのことだから、それを信じて、それを続けるしかないと思っています」

別の受刑者は、

「私の場合は衝動が沸き立つまで、対策しないでおいておくと、もう歯止めがきかないので、そうなる前に自分で気づいて追い詰めないようにしようと思います」

受刑者の話を聞いて担当刑務官はこう語った。

「今まで受刑者自身が何も学んでこなかったので、何の対応策もなく再犯を繰り返していたんです。最近は改善指導で、どういう場面に出くわすと窃盗をしてしまうリスクが高いかということを受刑者自身が学習して、その場面に出くわした場合、どうしたらいいかという訓練を刑務所で今、始めたところです。それがうまく機能していけば、再犯は減っていくのかなと思います」

〝一一番目の女子刑務所〟となった豊橋刑務支所。果たして再犯防止につながるのか、その取り組みは始まったばかりだ。

和歌山刑務所

収容人数、西日本最多の女子刑務所

「礼！　直れ！」

二〇一九（令和元）年八月七日。五〇代後半の無期懲役の受刑者が厳戒態勢の中〝塀の外〟に出された。受刑者が職員に囲まれながら護送車に乗りこみ、ある場所へと向かう。取り囲む職員の表情は、いつにもまして緊張感にあふれている。一体何が行われようとしているのか。刑務官が無線で出発を報告する。

「こちら刑務和歌山、応答願います。目的地に向け、出発しました。異常ありません」

私も護送車に同乗することが許可された。無期懲役の受刑者Aに話を聞く。

――塀の外に出ると聞いたときはどう思いましたか？

「びっくりしました」

――今日、久々に塀の外に出たということですね？

「そうですね、捕まってから一三年くらい経っていましたから……」

――一三年ぶりの外の世界ですか？

「外の光景を見てしまったら……、また塀の中に戻ったら落ち込んでしまいますね」

十数分ほどで目的地に到着した。複雑な心情を吐露する彼女が着いたのは、とある霊園だった。和歌山刑務所で生涯を終えた女性受刑者たちがここに眠っている。この日、お盆の慰霊が行われ、模範囚であるAが受刑者の代表として特別に参列することを許されたのだ。これはかなり異例な光景だ。

僧侶の読経が続く中、Aは静かに手を合わせ亡くなった受刑者たちの冥福を祈っていた。そして目からは大粒の涙がこぼれ落ちる。大量の薬物を密輸した罪で無期懲役の刑で服役しているA。法要が行われた二〇分程の間、ずっと泣き続けていた。

――ずっと泣いていましたけれど？

「刑務所の中で亡くなった受刑者がすごく頑張ったんだなと思って……。家に帰れなくて、そのままで」

鼻をすすりながら質問に答える。

――自分の姿と重ねて？

「重ねて……そうですね。刑務所で亡くなった人々の代わりに自分が頑張らないといけないかなと」

塀の中で人生を終えるかもしれない自らの運命と墓で眠る受刑者を重ね合わせ涙があふれてきたのだ。慰霊が終わると、すぐに刑務所へ戻され、いつもの夕食の配膳業務についた。彼女の罪状、今の思いなどは後述したい。

和歌山市街の一角に建つ和歌山刑務所。収容人数が西日本最多の女子刑務所で、約四〇〇人（収容定員は五〇〇人）が服役している。その中で一五人が無期懲役受刑者だ。

その歴史は古く、一八六九（明治二）年、藩政改革の際、市内に檻倉を設置したのが始まりだ。一八八六（明治一九）年に和歌山監獄、一九二二（大正一一）年に和歌山刑務所と改称され今に至る。

再犯を繰り返す受刑者も多く、ここ和歌山でも処遇困難者と呼ばれる対応に苦慮する受刑者の数も年々増えているという。

箸をつけないのは「ささやかな反抗」

午前一一時半すぎ。ガランとした食堂に六人の受刑者が集められた。

「目を開けて、おかず五点、そろっていますか？　いただきます！」

「いただきます！」

他の受刑者よりも一足早く昼食を食べ始める。集められたのは摂食障害や消化器系の病気を抱えている受刑者で医師の判断で通常より二〇分長く食事をとることが認められてい

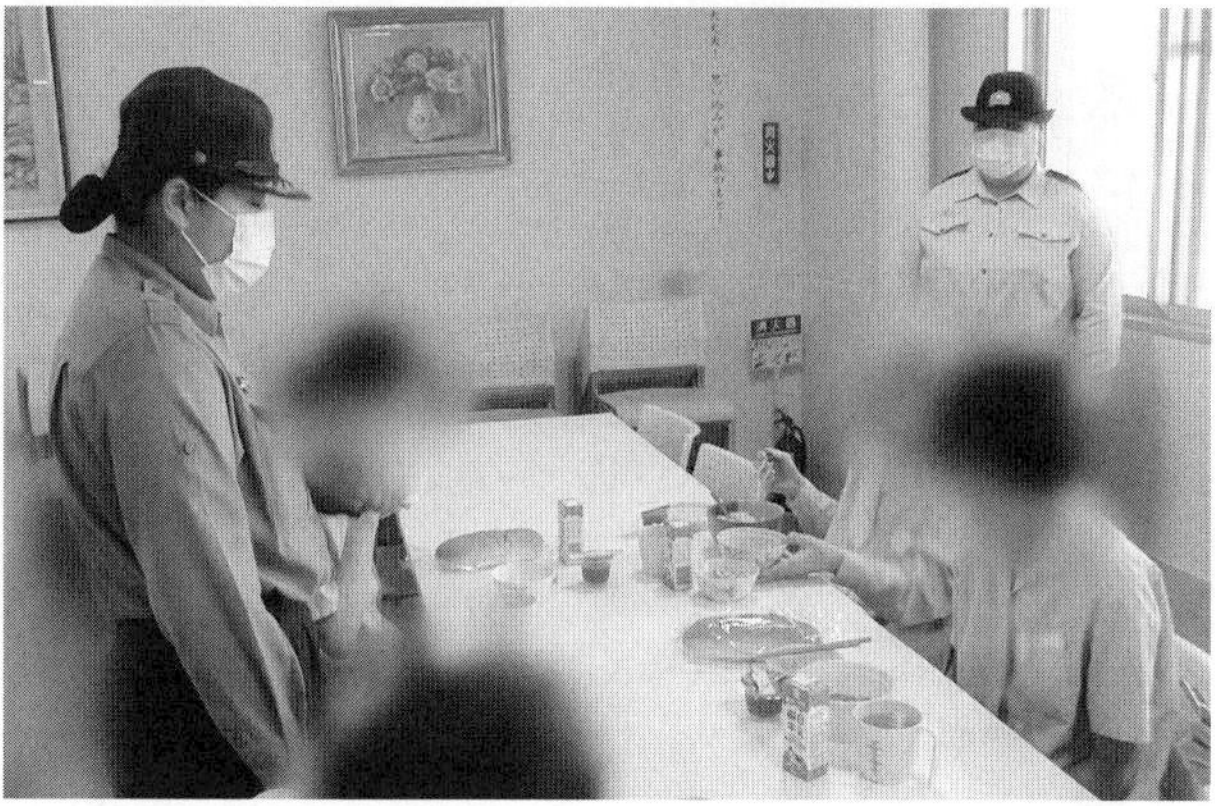

摂食障害で食事に手をつけようとしない受刑者

るのだ。

この日の献立はコッペパンにマヨ玉ハムカツ、コーンと枝豆のサラダなど五点。刑務官の合図で一斉に食べ始めたが一人の受刑者は食事が配られているのに一つも箸をつけない。刑務官から注意を受ける。

「○○さん、聞いています？　五分以上経っていますけど……？」

職員から注意を受けるが、一向に食べる気配はない。この五〇代の受刑者は摂食障害だ。刑務官が再三、注意を促す。

「○○さん、一〇分経っていますけど！」

注意され時計を見ようとすると刑務官は、

「時計見なくていいです！」

何度も注意され、ようやく食べるような仕草を見せるが口に食べ物は運ばない。

「何をしているんですか？」

「言われなくてもわかっている」

食べようとはせず何かをしきりにいじっている。

「わかっているんだったら、やらないでください」

刑務官に反抗的態度をとる。必要な栄養を摂らせるため、刑務官は毎回こうしたやりとりを根気強く続けて、ようやく食べ始める状態なのだ。これが毎日かと思うと刑務官の苦労がしのばれる。刑務官の指示に従わないこの受刑者、いったいどう思っているのか。話を聞くことができた。

「あれは、ささやかな反抗ですね。自分の工場が入って来るまでは食べないっていう。今のやり方ではいろんな人がいますけれども私のような者は、ちっとも、よくならないということも示したかったし……」

なんとも独自の理論を展開する。

――結局パンも半分くらい残していましたよね？

「あれも体重を増やしなさいって言われているので、必死ですよね。本当なら丸々残していました。どんだけ時間をあたえられても、食べられないものは食べられません」

――今回、服役することになった罪名は？

「窃盗です。コンビニで栄養ドリンク一本だけです。被害金額二一九円」

――刑務所は今回、何回目？

「四回目になります」

この女性受刑者はダイエットをしていた際に拒食症になり、その反動で、食べたいという欲求を満たすため食べ物の窃盗を繰り返すようになってしまったという。今回は常習累犯窃盗罪で懲役二年三か月だ。年齢は五〇代、受刑中に父親を亡くし最期を看取れなかったという。そして、前回の出所後、母親の最期を看取り、生きる糧が何もかもなくなったと話す。

――体重は一番減った時で何キロでした?

「三〇キロギリギリ」

彼女の身長は一五〇センチほどだが、現在も見るからに痩せすぎている。初犯で拘置所に勾留中には二か月で一三キロも痩せたことがあり、医療刑務所に送られたこともあったと話す。最初に万引きをしたのは二〇代の頃、以来三〇年近く盗みを繰り返しているという。かつては一〇年ほど看護師をしていたので金に困ることはなかったというのだが……。

――再犯しないという覚悟というか、自信というのは?

「……」

私の質問に沈黙を続けた。現在は六人部屋で、ある意味、人生初の共同生活だと話す。

――五人と一緒に生活していて、大変ですか?

「気づかないいんですよ。他の人とどうずれているかが……」

――他の受刑者から何か指摘されることはあるんですか？

「なんで、そんなにうろうろするの？　とか、どうして相手をカチンとさせるような発言をするの？　みたいな感じで今、それは言わなくてもいいこととか……」

――悪気があって言っているわけではないですよね？

「全然ないです。受刑者に限らず、刑務官の人にも言ったりしてしまうので、速攻懲罰ってなります」

いらぬことを口走り、懲罰にもなったと話す。

――刑務所の生活はつらいですか？

「刑務所の生活がつらい？　うーん正直、私が抱えているつらさっていうのは、刑務所の中でも外でも変わらないんです。どうしても、人と合わないからずれるでしょ？　人とうまく関わりたいんだけれども関われないんです。そして傷つくし、傷つくくらいなら関わらないようにって籠《こも》ってしまうんです」

他者との関係を拒んでしまう受刑者。こうした自分を変えようとしない受刑者に現場の刑務官も頭を悩ませている。

海千山千の受刑者には〝事務的な対応〟

受刑者が刑務作業を行う工場でも理解しがたい申し出が飛び出した。

「○番（称呼番号）○○（氏名）です。就寝時にパジャマを裏返して着たいのですが……」

「パジャマを裏返しにして着たい」という四〇代受刑者。下に肌着を着ているのだが、パジャマの生地が肌に合わないというのだ。他の受刑者とは見た目が変わってしまい規律や警備上の問題もあり許されることではない。男性刑務官がたしなめる。

「基本的に裏返して着ることはできないので、まずは医務に申し出て」

「飲み薬が出ているんですけど、それ以上はしてくれないんです。今までは居室内では服を反対に着る許可は出ていたんですね」

さも、以前は許可が出ていたかのような口ぶりで話す。しかし、すぐに許可が出ないとみるや、何も言わなくなったという。受刑者の申し出を聞いていた男性刑務官にどういう受刑者が一番困るか聞いた。和歌山刑務所で初めての男性刑務官の工場担当だ。

「自分の生活を少しでも良くしよう、処遇の緩和を図って快適な生活をしようという目的で申し出をしてくる人が一番対応に苦慮します」

——そういう場合、どういうふうに指導を？

「揚げ足を取られないように事務的な対応を心がけています」

海千山千の受刑者たちには、そうした〝事務的な対応〟がむしろ適切なのだろう。刑務所内での懲罰さえ厭わないような処遇困難者といわれる受刑者たち。さらに刑務官の負担となっているのが増え続ける高齢受刑者たちだ。和歌山刑務所の受刑者の平均年齢は、この一〇年でおよそ五歳も上昇し五〇歳。七〇歳以上は六〇人にも及んでいる。

起床は午前六時半。ある居室を見ると四人が収容されているが、そのうち三人は高齢者だ。高齢者が多いエリアでは食事を配るのも受刑者ではなく、刑務官の仕事だ。病気を抱えている受刑者などは減塩の食事になる。この部屋は三人が減塩の食事だった。

食事後、刑務作業に出る準備をする受刑者たち。その中に一人目立つ格好をした高齢者がいた。黒い帽子のようなものをかぶっている、まるでボクシングのヘッドギアのようだ。これは万一、転倒した際にケガを防止するための保護帽子だと刑務官から説明を受ける。

刑務官が「出室！」と叫ぶと受刑者たちが部屋から出てくる。高齢受刑者の中には「シルバーカー」と呼ばれる手押し車を押して移動する者もいる。シルバーカーで工場に向かうのは一人だけではない。いろいろな場所から続々とシルバーカーが集まってくる。取材した工場の実に半分以上が七〇歳以上の高齢受刑者だ。刑務作業前の準備体操が始まる。

「体操用意！　屈伸はじめ！」

「一、二、三、四、五、六、七、八……」

「作業開始！」

刑務作業は一般的な洋裁などではなく、高齢者でもできる簡単な軽作業だ。この日は焼き肉店などで使われる紙エプロンを折りたたむ作業だ。開始早々行われたのは食後の投薬だった。高齢受刑者の話にできるだけ耳を傾け、薬を飲ませるようにしているという。さながら高齢者施設での光景のようだが、ここは塀の中だ。工場担当の刑務官に聞く。

——高齢受刑者が多くて、困ることはどんなことですか？

「やはり聴力だったり、体力や能力が低下してきます。呼びかけをしても反応しない受刑者も多いですし、同じことを繰り返す受刑者もいます。一度の指示で理解できない受刑者も多いので、何度も根気よく言い続けて接していますね」

本来なら老人福祉施設に行く年齢に見えるが、なぜ刑務所で服役しているのだろうか。

「お友達がたくさんいていいな」

この日、七〇代の受刑者が面談室に呼ばれた。出所後の生活について話し合う「特別調整」が始まるところだった。「特別調整」とは出所後、帰るところがない高齢受刑者らを福祉につなげ、再犯を防止しようという制度だ。

「夜中に起きても、なんでこんなことをしたのかなと後悔しています。かっとなってしてしまったことが、すごく悪いことをしたなと思って」

七〇代になって、初めて罪を犯したというこの受刑者。いったい、何があったのか。面談後、話を聞いた。

——今回、服役することになった罪名はなんですか？

「放火です。苦しい家計の中から少しずつ、お金を貯めていたんです。何百万円もです。

そのお金を全部取られてしまって……お金を返すと言われて、夜、相手の店に行ったんです。でも返してもらえなかったからカッとなって火をつけてしまいました」

二度の結婚を経て、四人の子どもに恵まれたが今は音信不通で天涯孤独同然の身。子どもたちが今どうしているかもわからないと話す。親切にしてくれた人物に、苦しい家計を切り詰め地道に貯めた金すべてを貸したのだが、それが返済されなくなったことが犯行の動機だと話す。刑期は懲役四年六か月だ。

「お金も全部取られてしまったし、『もう生きていてもしょうがない』って思って、死のうと思って樹海まで行きました」

――青木ヶ原の？

「はい。樹海の入り口に道があったんです。そこでお茶を飲んで、それで死にに行こうと思っていたら、後ろから男の人が来て『様子がおかしいからついてきた。死んだらあかん！』って言われました」

――それで思いとどまったんですか？

「うん。それから帰ってきても睡眠剤を一〇〇錠くらい飲んだんですけど、医師に『わずか飲んでも死ぬ人いるし、たくさん飲んでも死なない人いるからそんなこと考えずに罪を償ってね、また人生をやり直しなさい』って言われました。なんか自分が長生きするような気がして九五まで生きても、まだ二〇年あると思ってやり直そうと思いました」

火を放ったことは決して許されることではないが、なんとも切ない話だ。彼女は刑務所で服役することを覚悟のうえで警察に自ら出頭したという。

――出所後は被害者の方に会いに行こうと思っていますか？

「思っています」

――再会したら、どんな言葉を言おうと思っていますか？

「まずは申し訳ないことをしましたってことですね。被害者の方は、私のことを許してくれましたが、それでも私の気が済まないと自分で警察に行きました。刑務所に行かせてくださいって言いました」

――初めて刑務所に来て、どう思われました？

「一人ぼっちの生活だったので、刑務所生活は苦しいこともあるけれど、お友達がたくさんいていいなと思いました。刑務所ってこんなに楽しいところでいいのかなって思うほど楽しいときがあります」

――どんなときが楽しいですか？

「みんなといろんなこと話しているときね、楽しいです」

社会での孤立が続いていた高齢受刑者の中には、むしろ刑務所のほうが居心地が良いと話すケースもあるのだ。

――刑務所に来て、自分自身変わりましたか？

「気が長くなりました。カッとしなくなりましたね」

――刑務所で服役してよかったということですか？

「そこが一番よかったですね」

高齢受刑者のほとんどが窃盗罪

その一方で、刑務所には入りたくないが、繰り返し罪を犯してしまう高齢受刑者も存在する。

――刑務所は初めてですか？

「いいえ、五回くらいお世話になっています」

――今回の罪名は？

「常習累犯窃盗罪です」

――何を盗んだのですか？

「日用品のハンカチです」

被害金額は二〇〇〇円程度。彼女は七〇代で三人の子どもと二人の孫にも恵まれたが、五〇歳を過ぎてから窃盗を繰り返すようになってしまったという。

やはり頭に黒い保護帽子をかぶっている。

「脳腫瘍の手術をしていますので、いつなんどき、発作が起こるかわからないからというので安全のために身につけています」

右足を骨折しボルトが入っていて、歩くのも他の受刑者よりも一テンポ遅れてしまうという。

——生活に困って盗んだのですか？

「いいえ、そうではないです。自分では意識がないんですけど、店員から『もしもし、お金払いに行きましょうか』と言われて、『あっ』って気がつくぐらい」

何かが引き金となって窃盗行為そのものに依存する窃盗症。前回の出所から半年後の再犯だ。今回の刑期は懲役二年だが、夫とは今回の服役で離婚。出所後は福祉施設に入る予定だという。

他の七〇代後半の受刑者にも話を聞く。

——何の罪で服役しているんですか？

「窃盗です」

——何を盗んだんですか？

「あの……歯磨き粉」

刑務所は二回目、前回は懲役七か月、今回は一年六か月だ。被害額は一〇〇〇円ほどだという。

——歯磨き粉が欲しかったんですか？

「いえ別に、普通に買い物に行って、娘に『ちょっとお母さんここにおりなさいよ』って言われてね、ふらっと行ってすぐに捕まってしまいました」

――七〇歳を過ぎてから事件を起こしてしまったんですけれども、何が原因だと思いますか？

「今になったら病気じゃないかなって思いましてね。家の環境もかえてね、出所後はもう一人で外には出んようにしたいなと思います。裁判官からもなるべく一人で買い物に行かないようにって言われましたし」

――お金に困っていたわけではないんですよね？

「全然、夫も自営業ですからね。収入は普通のサラリーマンぐらいです。私のところは、娘も娘婿もサラリーマンで普通の生活をして、家も自分の家ですしね。お金には困ってないですね」

高齢受刑者の罪名のほとんどが窃盗だ。その理由は孤独から生活苦まで実にさまざまだ。中には買い物に出かけたのだが「財布を忘れてしまい取りに帰るのが面倒なので寿司を盗んでしまった」などという七〇代の受刑者もいた。

前述したが、出所後身寄りがないため帰住先がない受刑者には「特別調整」という制度が一〇年ほど前にできた。特別調整がどのような制度なのか、担当職員がわかりやすく説明してくれた。

「出所してから頼れる親族、知人もない人の帰住先を調整します。高齢であったり障害がある場合、福祉の支援を受けるために、保護観察所を通じて、各都道府県にある地域生活定着支援センターにつないでいく制度です」

そして、この制度はベテラン刑務官にとっては非常にありがたいと話す。

「私は長い間刑務官を続けていますが特別調整がない時代は、帰るところがない受刑者から、どうしたらいいか相談を受けても、どうしようもできなかった経験も多かったので、この制度は本当にありがたいと思います」

具体的には刑務所としてこの特別調整の制度でどのように再犯防止に結び付けていくのだろうか。

「金銭的な面で高齢者は不安を感じていて、将来が不安で万引きをしたりするので、特別調整などで生活する場所と、その生活の方法、本人が安心して暮らせるような環境をつくっていけたらいいなと思っています。私たち刑務官は満期の日まで本人に関われるんですが、それ以後は関われません。福祉の職員の力を借りて、その後の生活を整えていけるような形をつくっていくことが大切かなって思います」

とはいえ、制度を利用し再犯を繰り返すケースもある。刑務官が強調するのは……。

「社会復帰しても、統計では一割くらいが再犯を繰り返し、塀の中に帰ってきてしまいます。しかし、それはもっと多かったものが一割になった、というふうに考えれば、再犯者はすごく減ったのではないかと言えると思います」

思い出の曲をリクエスト

「これ、誰の声？」

「安室ちゃん」

午後四時五〇分、突如、刑務所内に曲が流れはじめた。そして、更生を目指す受刑者たちを励ます〝言葉〟が投げかけられる。

「皆さん、こんにちはジャミンです。お元気ですか？　第三火曜日『カナリアの声』の時間が始まりました」

毎週火曜日の夕食の時間に、受刑者からアンケートを取った思い出の曲のリクエストに応える『カナリアの声』と『はまゆう想い出リクエスト』の二つの音楽番組が放送されているのだ。これは和歌山刑務所ならではのものだ。

「第一工場のK・Oさんから三代目Jソウルブラザーズで『花火』をいただいています。子どもとドライブする時によく聞いていた曲なので是非かけてください」

塀の中に音楽が流れる。DJを始めて一四年目になるジャミンこと向井千恵子さんに話を聞いた。

――受刑者に対してはどういう気持ちでしゃべっているんですか？

「受刑者からのメッセージに対して私は向き合って、おしゃべりをしているんですけれども、私からのメッセージで、音楽を受刑者が聞いて家族のことを思い出したり、大切な人のことを思い出して一日も早くみんなに会いたい、一日でも早く社会復帰したいなっていうように後押しができるといいなという思いで続けています」

——受刑者に何かメッセージはありますか？

「ここでの生活がつらかったりして夜、お布団の中で泣いたりとか、人間関係がうまくいかなかったりとか、いろんなことがあると思います。しかし、ここで頑張らないと次に進めません。前を向いて、しっかり頑張ってほしいと思います。待っていらっしゃる人たちのためにも……」

月一回の炭酸飲料が楽しみ

この放送に居室でじっと耳を傾けている受刑者が一人いた。彼女は、この刑務所で一五人しかいない無期懲役の受刑者のうちの一人、五〇代のBだ。およそ二〇年前に犯した強盗殺人事件で服役している。共犯者の男と謀って知人の男性を殺害し、被害者の銀行口座から預金を引き出したという。裁判では彼女が犯行を計画し主犯と認定されたという。逮捕後、当初はそれを不本意に思っていたが今は違うと話す。

「今は、そういうことが大事ではないと思っています。一人の人が亡くなったということが前提なので誰がどうしたということではなくて、私という人間がいたことで人が亡くなったというのは事実です。誰がやったとか、私が直接手を下した下していないとか、そういうことが自分の中では問題ではなくなりました」

一、二審とも求刑通りの無期懲役の判決、上訴しても状況は変わらないと思い、一日も早く刑務所で服役して償おうと最高裁に上告はしなかった。服役して一六年、塀の外へ生きて出ることができないかもしれない定めを胸に何を思うのか。まず被害者への思いを聞く。

「大前提として申し訳ないという気持ちがあります。事件当時と一〇年目、二〇年目と自分の思いは徐々に変わってきています。被害者に対して最初は単に申し訳ないという気持ちからスタートして、どうしたら償っていけるのだろうという……、その次に人の命を奪ってしまったということで、償えなかったら、自分はどうしたらいいのか、という考えに至ってきて私が遺族だったら加害者にどうしてほしいかと考えるようになって、ここに来てから遺族に謝罪の手紙と自分が刑務所で働いたお金を一六年間ずっと送っています」

――自分の犯した強盗殺人という罪についてはどう考えていますか？

「やっぱり取り返しのつかないことをしてしまったというのが今の気持ちです。今の考え方がその当時にあれば絶対にやっていなかったと思いますし、本当に軽い気持ちがあったと思います。その時の精神状態とかいろいろありますけど、人の命の重さっていうのに対してものすごく軽かったと思います」

夫とはすでに離婚、塀の外では八〇代の父と七〇代の母が待っているという。

――両親が高齢になられて塀の中にいるっていうことにもどかしさはないですか？

「ありますね。去年、父が病気しまして、そういうときに自分がそばにいればっていうふうに思ったりして、ちょっと病状が深刻なときは夜になって電気が消えてからつらくて泣いていたときもありました」

――刑務所の生活の中で、一番つらいことはなんですか？

「いつもじゃなくていいから、父が病気になったときに一日だけでも出してほしいとか、ありますね。今の私の生活の中では、それくらいですかね」

――逆に楽しみにしていることってなんですか？

「手紙とか面会もありますし、優遇区分（受刑者の成績によって待遇が変わる制度）で、お菓子とかを月に二回ほど食べさせてもらえるんですけれども、すごく些細なことなのですが、月に一回だけ炭酸飲料が飲めるんです。それがちょっと楽しみです。あと私は、みんな就寝時間が夜九時なんですけれども、夜十時まで起きていてもいいという許可をもらっていて九時からテレビのドラマとかいろいろありますよね、それが見られるのが今ささやかな楽しみです」

出口の見えない無期懲役という重い刑罰とどう向き合っているのだろうか？

――無期懲役の仮釈放のハードルは厳しいと聞いているとは思いますが、いつかは社会に戻りたいという気持ちは強いですか？

「はい、あります。めげていないです。自分の周りでも、実際に無期懲役で出所されている人を見ています。厳しくても無期懲役は終身刑ではないので自分も希望を持っています」

正直、私はこの答えを意外に思った。こういう前向きの気持ちでいないと無期懲役の受刑者は特に、出口の見えない塀の中での生活を送れないのだろう。

「一年とか二年とかいうレベルではもちろんありませんが、一〇年先でも二〇年先でもいつ自分が出てもいいように……自分で悔いがないような人生を送れるように、送らないとその先はないと思っています。それは被害者への懺悔《ざんげ》の思いともつながってきます」

こぼれ出る大粒の涙

そして、受刑者の代表として冒頭のお盆の慰霊に選ばれた中国人のA受刑者。彼女は五〇代後半、貿易関係の会社を経営し従業員も三〇人ほどいたという。知人から木材をカナダから日本に輸入してほしいと言われ、その木材の中に覚醒剤など大量の薬物が隠されていたという。

「覚せい剤取締法違反と大麻取締法違反など四つの罪で無期懲役の刑です」

一審は懲役二〇年の判決だったが、控訴審で求刑通り無期懲役、そして罰金一〇〇〇万円の判決となる。

――控訴審で無期懲役を言い渡されたとき、どう思いましたか？

「すごくショックでした」

――一審は、懲役二〇年だったのにという思いですか？

「はい、一審の二〇年のときも満足できない部分もあるから重いかなって思っていて、控訴審のとき、無期懲役になって本当に死ぬほどショックでした」

――実際、確定して初めて刑務所に来たときはどんな気持ちになりました？

「これからの自分どうしたらいいのかなって。すごく希望とか、先が何も見えないから死んだほうが生きるより楽かなって、そこまでの気持ちになりました」

しかし、実際に服役し、周囲にいる薬物事件で服役する受刑者と接して、そうした考えから変わっていったという。

「刑務所に実際来たら、自分の周りに薬物依存症の人がいっぱいいました。その姿を見たら自分の犯した罪がどれくらいの重さなのか、罪悪感をすごく抱くようになりました」

木材の中から発見された薬物は、計六〇〇キロにもなったという。

「私の目の前で刑事さんが段ボールを開けて、『これ覚醒剤ね』って検査して、私、倒れてしまいました」

――薬物の実物を見せられたってことですか？

「そうです。段ボール箱全部開けて、私、その場で倒れました……」

彼女には二人子どもがいる。長女は三〇歳を過ぎていてすでに結婚、子どもも生まれたばかりだという。彼女にとっては初孫だ。

「私が逮捕された時に、娘は大学一年生でしたが『日本には誰もいないからママ一人でさびしいから』と日本の大学に留学生の形で来日してくれて、大学も卒業して企業に就職しました。ずっと私のことを支えてくれました」

娘への感謝の言葉が続く。大型連休やお盆に、娘と二歳になった孫が面会に来てくれるのが楽しみだと話す。

――もうすぐお盆ですから娘さんがお孫さんを連れて面会に来るのですか？

「あと二週間くらいですね、すごくワクワクしています。いま、孫がしゃべれるようになってきたので、なにか会話ができるかなーと」

――初めて会話ができるかもしれないですね。

私がそう言うとAの目から涙がこぼれ出た。

――今、娘さんに対して、どういう思いですか？

「本当に申し訳ない気持ちです。ここにいる間に、娘二人の成人式、長女の結婚式、孫も生まれたというのに……」

Aの目から再び大粒の涙があふれだす。

「人生において、とても重要なことを母親として、そばにいないことをすごくすごく……後悔しています」

運動会にも高齢化の影響

刑務所の秋。無期受刑者や高齢受刑者も心待ちにする一大イベントが行われる。それは運動会だ。令和初めての運動会は熱中症対策のため例年より一か月遅い一一月中旬に行われることになっていた。しかし、塀の中でそもそも運動会は必要なのかという素朴な疑問もわく。担当刑務官に、その狙いを聞く。

――一般社会の人からすると、受刑生活を送っている人間が運動会をやるという意味がなかなか理解しがたい部分もあるかと思いますが？

「運動会とは言いますが、これは運動ではなくて教育の一環として実施しています。受刑者というのは集団で生活するのが原則基本になっていますので、集団で他の者と協調性がとれるというところが彼女たちの今後にも役立つと考えています」

刑務所は罪を償う場であるとともに、社会からはみ出してしまった受刑者を再教育する場でもあるのだ。

しかし、この運動会にも高齢化の影響が及んでいるという。

「昨年度までは工場対抗のリレーであるとか、工場ごとにダンスを披露していたのですが、高齢化が進んでリレーは危険、さらに限られた時間内でダンスを覚えるというのも困難な状態になってきたので今回はリレー、ダンスをなくしました」

今回の運動会は「ボール運び」「玉入れ」「スプーン競走」「レクリエーション体操」のわずか四競技に。高齢受刑者がけがをしないようにとの配慮からだ。受刑者の高齢化によって、競技の見直しや開催時期の変更を余儀なくされるなど、いま〝塀の中の運動会〟も大きく様変わりしているのだ。

運動会の受刑者に与える効果はどんなことなのだろう。担当刑務官はこう訴える。

「刑務所という所は厳しく我慢する場面も多いのですが、やはり運動会によってそれを発散できます。だから彼女らもその瞬間は楽しくしていますので、それをなくすのはあり得ないと思います」

運動会を直前に控えた一一月上旬、一〇人の受刑者たちがグラウンドで「ボール運び」の練習をしていた。去年に続き参加するのは無期懲役の刑で服役している中国人のA受刑者だ。

「スタート！」

「手をまっすぐして……、そうそうそう」

練習が始まる。二人で二本の棒を持ち、その間にボールを置いて一五メートル先まで走り戻ってくるという競技だ。二人の息がぴったりと合うかどうかがこの競技のポイントだ。

「手を合わせる……わかる？　自分の合う高さにして……、私は背が高いから、私が高さ合わせる。あともうちょっと下とか上とか自分で決めていいからね」

積極的にコンビを組む受刑者をリードしようとしている。無期懲役の受刑者にとっても運動会は、塀の中にいることをわずかな時間だが忘れさせてくれる数少ない機会なのだ。

このA受刑者、経理係という刑務所の中の雑務を行う仕事に就いて他の受刑者たちの食事の準備などを行っている。運動会の練習、刑務作業が終わり、部屋に戻ると中国にいる家族からの手紙を手に取り、涙を流していた。

――手紙を読まれて泣いていましたが、どんな内容だったのですか？

「お母さんが私のことを思って書いた手紙でした。お母さんが去年から体調を崩して認知症と診断されたと書いてありました。読んだら申し訳ない気持ちになってしまって、すごくつらくなりました。認知症は進行する病気ですから、お母さんが私のことを忘れてしまうかもしれないから……そういうことを思ったらすごく何か……」

Aは涙を流し言葉を詰まらせる。母は八〇歳を過ぎているという。

――中国にいるお母さんに会いたいですか？

「会いたいです……。私も五〇歳を過ぎて親孝行もできないし、もし塀の外に出られても、もう一度いい娘になりたいけれど、その時は、お母さんは完全に自分のことをわからなくなっているかもしれないので、すごく切ない気持ちでいっぱいです」

　無期懲役という刑の重さをひしひしと感じる瞬間でもあった。


「残りの人生すべてをかけて償う」


　そして迎えた運動会当日。受刑者たちがグラウンドに集まってくる。その数、約三三〇人。無期懲役のAも経理工場のメンバーとして参加。身体が不自由な高齢受刑者たちも応援席での参加だ。

　開会式が始まる。望月英也所長が大きな声で挨拶する。

「おはようございます！」

　受刑者もそれに応える。みな待ちに待ったこの日だ。

「おはようございます！」

　所長が大きな声をあげ受刑者たちの士気を高める。

「いい挨拶ですね！　工場の統括（刑務官）に確認してきました。今日の皆さんの応援、声はいくら出しても構わないそうですよ！」

　通常、刑務所では、大声を出すことを禁止されているため、運動会は受刑者が発散できる数少ない機会でもあるのだ。そして、いよいよ競技が始まる。練習をしていたボール運び。緑色のゼッケンを付けた経理工場のチーム。その先頭にAの姿が。大事な第一走者だ。

ボール運びに興じる受刑者たち

「ヨーイ！」

「ピー！」

「頑張れ！」

「六工場速いです。経理工場頑張ってください！」

　場内でアナウンスをするのも受刑者だ。焦ったのかボールを落としてしまう。グラウンドには女性受刑者たちの黄色い声が飛び交う。かなり出遅れてしまった。第一走者のAのつまずきが影響したのか緑の経理工場は三チーム中、最下位になってしまった。Aは少し残念そうだ。

　二時間程ですべての競技が終了し、閉会式が行われる。

「経理工場一三二点！」

　経理工場は惜しくも準優勝だった。経理工場の表彰状を代表してAが受け取る。ボール運びでは失敗したが、どこか晴れやかな表情をみせていた。

　年々変化していく刑務所の中にあって無期懲役の

受刑者はいま、何を思うのだろうか。A受刑者に聞く。

——運動会では工場の雰囲気もだいぶ良かったんじゃないですか？

「そうですね、みんなラグビー日本代表を学んだみたいで、ワンチームで力を合わせて、いい結果ですごく満足しました」

——運動会はやっぱり楽しみでしたか？

「普段が厳しい環境の中で、毎日みんな緊張感を持って気持ちを引き締めて生活していますので、一年に一度の運動会で普段のストレスとか悩みとか一気に忘れてしまって、解放感が湧いてきてよかったですし、普段厳しい先生が今日すごく笑顔いっぱいで応援してくれて嬉しかったです」

——じゃあ今日終わって寂しい感じですか？

「そうですね、終わったから、明日から気持ち切り替えて、また頑張ろうかなっていうそういう気持ちです」

——まだまだ償いの日々というか、贖罪の日々が続きますが。

「今までいろんなことを家族とか、友達、先生が支えてくれてここまで来ましたから、もうちょっと、頑張っていきたいなと思います。これから自分は犯した罪を、残りの人生で償うことをしていくしかないなと。残りの人生は一〇年か二〇年か三〇年かわからないけれど、たぶん死ぬまで償うことはできません。この罪悪感は死ぬまで残っていきます。家族とか友達とか支えてくれて皆が私に一日も早く仮釈放になって社会復帰することを願っていますので、そういう気持ちを裏切らないように真面目に更生したい、そう思います」

無期受刑者の言葉は聞いていても非常に重く感じる。犯した罪は決して許されることではないが、残りの人生すべてをかけて償おうという姿勢は評価に値するのではないだろうか。

第六章　医療刑務所

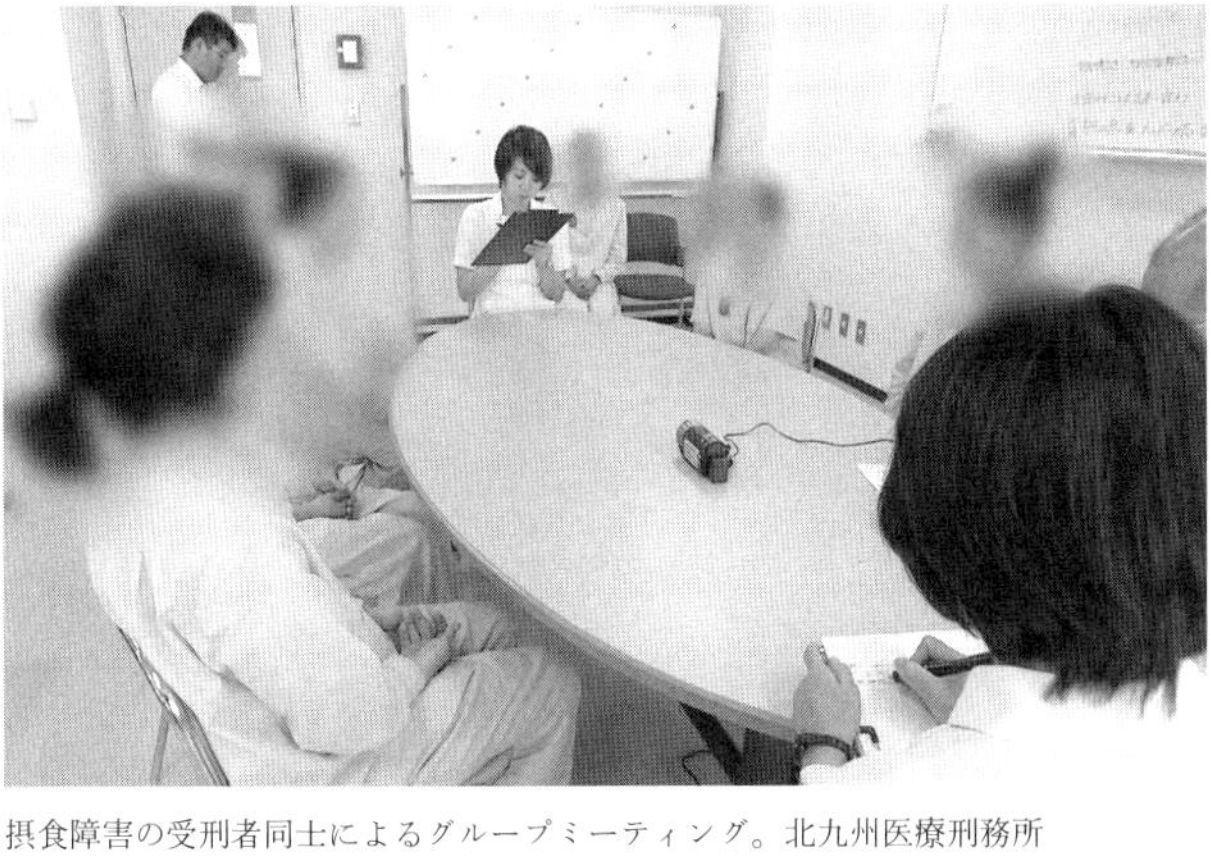

摂食障害の受刑者同士によるグループミーティング。北九州医療刑務所

東日本成人矯正医療センター

明治から続いた八王子医療刑務所

通常の刑務所で治療が困難な重い病気を患ったり、対応が難しい精神疾患を抱えた受刑者たちは医療刑務所に送られる。医療刑務所は、いわば「受刑者限定の病院」であり、全国に四か所しかない。東京・昭島市にある東日本成人矯正医療センターと大阪・堺市にある大阪医療刑務所、この二施設は「総合病院」。そして愛知県にある岡崎医療刑務所、福岡県にある北九州医療刑務所の二施設は主に精神疾患の受刑者を収容している。受刑者ががんなどになり、手術が必要と判断された場合、東京か大阪に移送されることになる。

たとえば大阪医療刑務所は、國松警察庁長官狙撃事件の真犯人であると私が思っている中村泰《ひろし》受刑者が大腸がんの手術を受けるため一時、収容されていた施設でもある。

東日本成人矯正医療センターは八王子医療刑務所から二〇一八（平成三〇）年四月に移転したものである。私は八王子医療刑務所時代と移転時に取材し、「スーパーJチャンネル」で特集として二回放送した。八王子医療刑務所をテレビ局が密着取材できたのは、われわれが初めてだった。

まず、今はなき八王子医療刑務所を紹介したい。一八七八（明治一一）年に神奈川県監獄八王子監獄として開庁、一九五一（昭和二六）年に八王子医療刑務所と改称された。冤《えん》罪《ざい》を訴え続けていた帝銀事件の平沢貞通元死刑囚（一九八七年五月一〇日、九五歳没）や名張毒ぶどう酒事件の奥西勝元死刑囚（二〇一五年一〇月四日、八九歳没）も八王子医療刑務所で最期を迎えた。

ＪＲ八王子駅からほど近い住宅街の一角に約五万三〇〇〇平方メートルの敷地面積を有し、定員は男女あわせて約四三〇人。そもそも医療刑務所を取材しようと思ったきっかけは、ある法務省幹部から当時、刑務所で働く医師（矯正医官という）がどんどん減り、〝危機的な状況〟に陥っていると聞いたからだ。二〇一四（平成二六）年が最も不足していた時期で、全国で定員三二七人のところ二五二人しかおらず、七五人もの欠員があったのだ。

「このままでは医師不足で医療刑務所の存在が維持できなくなる」

自らも医師である当時の所長の言葉が印象的だ。当時、八王子医療刑務所でも定員が一七人のところ九人の医師しかおらず、半分近くが欠員だったのだ。

医師不足問題について詳しくは後述するが、そもそも「なぜ罪を犯した受刑者に医療を施さなければならないのか」と疑問を抱く読者もいるかもしれない。しかし、受刑者らが受ける医療については、いわゆる「刑事収容施設法」第五六条で、「被収容者の健康及び刑事施設内の衛生を保持するため、社会一般の保健衛生及び医療の水準に照らし適切な保健衛生上及び医療上の措置を講ずる」と規定されている。

つまり、受刑者らも社会一般と同じ水準の医療が法律で保証されているのだ。

そんな状況のなかで、医療刑務所に受刑者を入所させるのは、受刑者を受け入れる一般病院を探すのがきわめて難しいという理由のほかに、差額ベッド代など入院に関わる費用、刑務官を病院に常駐させることで発生する人件費といった国費の負担をできるだけ少なくすることにある。

ただし、受刑者らについては国民健康保険法第五九条により保険給付が制限されており、刑務所で行われる医療行為の全額を国費で負担することになるのだ。最初に取材した二〇一四（平成二六）年の受刑者らの医療費の予算は実に五四億円にも上った。

受刑者に高額の医療費がかかっていることについて、所長に質問すると、

「それはよく言われる意見ですが、誤解があると思います。受刑者はもちろん犯罪者であって刑罰を受けているわけですが、これは自由を奪われる刑罰であって、身体に苦痛を与えたり体罰を与えたりする身体刑ではないのです。

もし受刑者に病気が発見された場合、それを治療しないで放置することは法律的にも許されない。治療は国の責務なんです。衣食住を提供するのと同じ考えです。何と比較して高額だと言うのかわかりませんが、社会一般の病院に入院させて治療するより合理的になっているので、そうした意見は誤解に基づくものだと思います」

「誤解」という言葉を所長は繰り返した。

仮に一泊二日で受刑者が一般の病院に入院するとする。受刑者を一般の患者と同室の大部屋に入院させるわけにはいかないので個室に入院することになる。さらには逃走を防ぐために職員を配置することになる。一日最低三人の職員が必要となり二日で六名の人件費もかかる。もしがんといった重病であれば一日や二日では帰れないので、何か月という形で個室料と多くの職員の手が必要となるのだ。所長は強調する。

「そういう意味では医療刑務所は、医療費、人件費も含めてかなり抑制できており、合理的であろうと自負しています」

こうした医療刑務所の置かれた前提を理解していただいたうえで、知られざるその実態をお伝えしたい。

鉄格子のある病院

医療刑務所はこれまで取材してきた刑務所とは全く異なっていた。まず入り口でマスクを着用し手を消毒してからでないと施設の中へは入れない。取材当時は真冬でインフルエンザが流行していたこともある。取材に立ち合う刑務官が、

「こちらが管理棟です」

と案内した先には「外来」と「内科、外科、眼科」など八つの診療科の表示板がある。

一見すると、まるで総合病院だなと思っていると、

「ここは刑務所でありながら厚生労働省の許可を得た病院となっております」

と説明を受け、なるほどと腑に落ちる。診療科目が書かれた表示板には「処遇部」という部署も書かれ、他の刑務所同様、刑務官が詰めていることがわかる。

しばらく進むと外来用の待合室があった。一般の病院と違うのは鉄格子があることだ。刑務官に聞く。

――こちらの待合室に鉄格子があるのは？

「ここはあくまでも受刑者専用の診療を行うところだからです。他の刑務所からも検査や診察のため、こちらに来る受刑者がいます。そうした者のために、この待合室は使われています」

待合室の隣が医務室だ。男性受刑者が自分の称呼番号を言って入ってくる。医師が、

「最初に体重を量ってみようか」

と声をかけると受刑者は体重計にのった。

「七九キロか、はい、いいよ。順調に体重減っているね。ご飯の量は大丈夫？」

「ちょっと少ないです」

「理想体重は六四キロだから、もうちょっと頑張ろうか」

医師が受刑者を励ますと、受刑者が「はい」と答え医務室を後にする。いったい彼はど

んな病気なのか。

「今、診察した人は肥満と高血圧です。受刑者は刑務所に入る前、滅茶苦茶な生活をしていて、いわゆる生活習慣病の人たちが本当に多いんです。刑務所で出されるだけ食べて、朝ちゃんと起きて刑務作業をしていると体重も減り、血糖値も落ち着いて生活習慣病もよくなるんです。先ほどの受刑者もかなりの肥満で血圧も高かったのですが、現在、食事療法だけで順調に回復していますよ」

そもそも受刑者と接することに対して、医師は恐怖感や不安を抱かないのだろうか。

――こちらで働いていて怖いと思ったことはないですか？

「意外と怖くなかったのもそうなんですが、刑務官のほうがいつもついていてくれるので逆に安心かなと思いました。一般の病院の方が危険なこともありますから」

確かに医師や看護師が患者から逆恨みされ、病院が舞台となる事件がある。

――こちらの患者すべて受刑者です。気をつけていることは？

「ここの決まりなんですけど、いい意味でも悪い意味でも〝お礼〟をされないように名前を絶対に明かさないことになっています。家族の受け入れがなく本人の承諾だけでやることが多いので、その説得に難渋することもありますね」

ここでも治療をめぐり、どこでどう逆恨みされるかわからないということなのだろう。どういう病気の受刑者が多いのだろうか。

「いろんな種類の病気が見られますが、最近は悪性腫瘍が非常に多いです。受刑者独特の問題としては感染症が非常に多いんです。B型肝炎、C型肝炎、それによる肝硬変とか肝がんなどが多いですね。結核も結構多いと思います」

こうした感染症の場合、歯科治療では特に神経を尖らせるという。受刑者の治療にあたる歯科医師は言う。

「所内の受刑者の約三割がB型肝炎、C型肝炎といった感染症を持っています。歯科診療の場合は歯を削る時にかなり飛散します。ですからウイルスのリスクとか感染症に対するケアは患者さん自身に必要ですし、われわれ医療従事者にとっても大切です。一般社会でもそうなんですが、ここではより気をつけなくてはいけません」

受刑者たちには医療費の自己負担がない、つまりタダであるので、服役すると、ここぞとばかりに歯の治療をする者も多いと聞く。歯科医師も、

「確かにそういうけしからんやつもいるんですよ」

と少々あきれ顔で答える。

「ただ実際どこまで治療して、どこまで治療しないかというのは多分に歯科医師の裁量に任されています。税金で治療しているわけですから最低限の節度というのは持たなくてはいけません。私自身は、ここまでは治療するけど、ここからは社会に戻ってからやってくださいと受刑者には言っています。これは私自身が決めているラインです」

なかには薬物中毒で歯がボロボロの受刑者もいると聞く。

「歯がボロボロの受刑者もいれば、逆にすごいお金をかけて治療している人もいます。どんな犯罪をしたのかと見てみると詐欺師とか、金まわりのいい職業の人とかですね。受刑者は口の中も違うなと思いますよ。でも今ここで多いのは薬物犯であるとか窃盗犯であるとか社会的にみて恵まれていない、所得が少ない人たちの方が多いですね。そういう人たちの口の中というのは、やはりあまり褒められたものではないですね」

受刑者の口の中からも「社会の縮図」が見えてくるということだろうか。

乳がん手術の現場を取材

ここでは各地の刑務所から護送されてきた受刑者たちが外来で診察を受けたり、入院治療を受ける。一般の病院と同じように基本的には「主治医制」をとっていて一人の患者を一人の医師が担当するということになっている。つまり、それぞれの医師が何人かの受刑者を受け持つことになる。

実際に受刑者が手術を受けるという貴重な場面も取材することができた。ストレッチャーで運ばれてきたのは五〇代の女性受刑者。看護師が受刑者にまず何の手術かを確認する。患者を間違えたら大変なことになる。

「今日は何の手術ですか？」

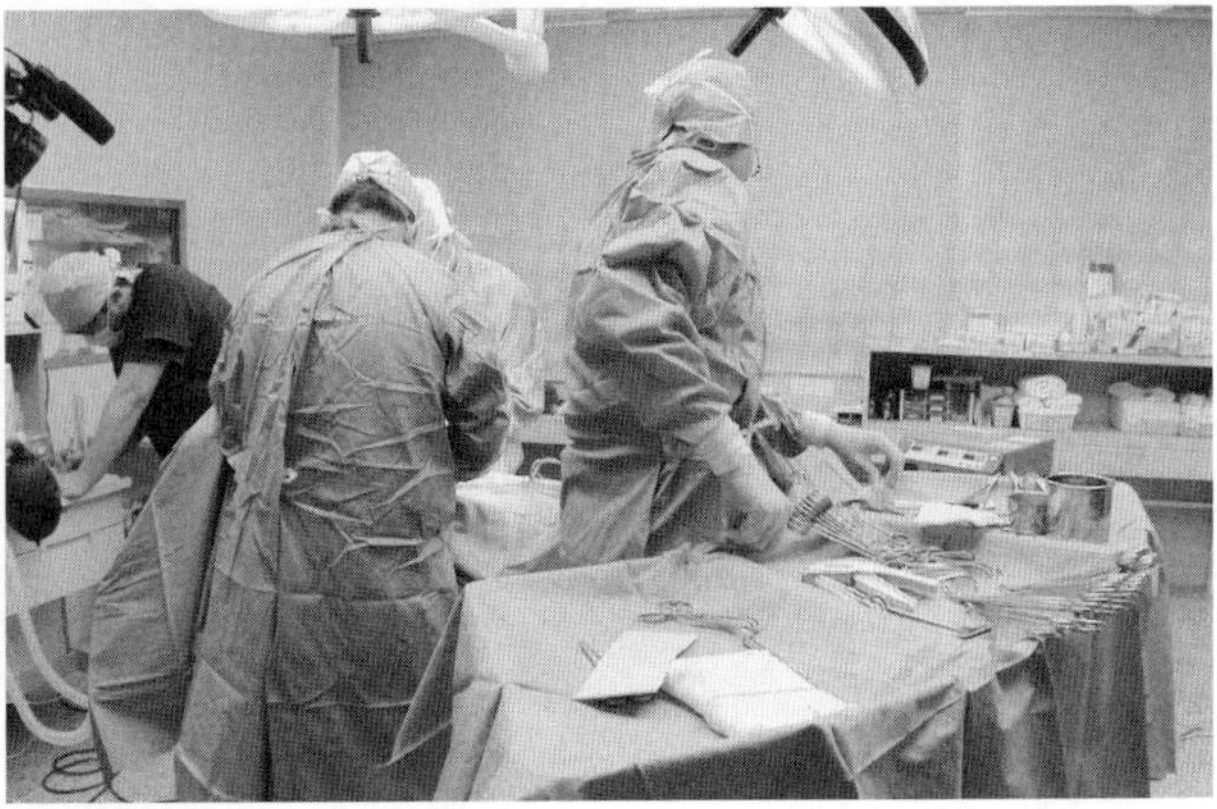

緊迫する手術現場。八王子医療刑務所（当時）

「左側の乳がんの手術です」

不安そうな表情を浮かべながら女性受刑者は手術室へと運ばれていった。昨夜は緊張してよく眠れなかったという。

彼女もある女子刑務所から乳がんの摘出手術を受けるためにここ八王子医療刑務所に護送されてきた。受刑者が手術室に入って三〇分ほど経つとオペの準備が整った。手術室の中では緊張をほぐすためにBGMも静かに流れている。

すでに麻酔注射が打たれており、いよいよ執刀だ。二人の医師と麻酔医師一人が手術にあたる。受刑者の体にメスが入る。手術室に焦げくさい臭いが漂う。スタッフの緊張感も高まっていくのがわれわれにも伝わってくる。そして一筋の白い煙が立ち上る。大分、出血があるのか、看護師らがガーゼで丁寧にふき取っていく。手術は午前中で無事に終わり、受刑者は昼過ぎに部屋に戻った。

　部屋での様子を見てみると彼女は点滴を受け寝ていた。保安上の理由から点滴は廊下に出されていたのが刑務所ならではの光景だ。彼女は術後の経過を見て再び、元の女子刑務所に戻されることになる。

服の色で受刑者を選別

　八王子医療刑務所の受刑者を見ていると、白色と灰色、二色の服を着ているのに気づく。疾病、症状によって大きく二つに分けられているのだ。白い服を着ているのはがんなど身体疾患の受刑者で約九〇人。そして灰色の服を着ているのは精神疾患の受刑者で約七〇人いた。

　身体疾患の受刑者の単独室はベッドや医療器具を置く関係で通常より若干、広い造りになっている。ナースコールのボタンもあるが、テレビは置かれていない。

　身体疾患の受刑者たちの運動の時間をのぞいてみると、病気を抱えているにもかかわらず笑い声が絶えなかった。この日は天気もよかったので二〇人ほどがグラウンドに出たが、他の受刑者と話ができる数少ない機会ということからか、この時ばかりはみな表情も和らいでいた。運動の時間というより「談笑」の時間という感じであった。

　精神疾患を抱えている受刑者が収容されている病棟へ足を運ぶ。おおむね半年から一年間、治療が続けられるというが、いきなり飛び込んできたのは目を疑うような光景だった。

広い六人部屋の真ん中で、ぽつんと一人で座っている白髪の男性受刑者がいる。七〇代くらいだろうか。足を伸ばして、ただひたすら紙を折り続けている。聞けば入所してまだ間もない精神疾患患者の作業療法で一日中この作業を続けるという。治療を受けているため刑務作業も免除されているのだ。

さらに他の部屋を見てみると、マットの上で毛布にくるまって横になっている受刑者の姿があった。見ると部屋の入り口には「横臥《おうが》許可」とある。通常、就寝時間以外は刑務所の部屋の中では受刑者が横になることは許されていない。ところが、医療刑務所の受刑者は、その症状などから医療上、特別にベッドで横になることが許されているのだ。しかし、こんな弱々しい受刑者がいったいどんな罪を犯してこの塀の中に舞い込んできてしまったのかと思ってしまう。

この「横臥許可」のほかにも、医療刑務所ならではの表示がいくつか見られた。たとえば「物品制限」という表示。これは部屋の中に一切余計な物を置いてはいけないというものので、自傷行為などのトラブルを防ぐための措置だ。

また「夜間仮錠許可」というものもある。これは頻繁に病状を確認する必要がある受刑者の場合で、病状が悪化するなど不測の事態に備え、職員がすぐに部屋の中に入ることができるよう夜間は施錠しないという「特別な許可」が出ているという意味だ。これらの表

各室の入り口には「夜間仮錠許可」の表示も見える

示は、各受刑者が現在、どんな状態にあるかを表しているのだ。

精神疾患の受刑者を担当する刑務官に話を聞くと、その緊張感が伝わってくる。

「私が受け持っている精神疾患の患者には、一般の刑務所の処遇では適応できず、職員や他の受刑者に暴行を加えたり、拒食、自傷行為を繰り返した挙句にやって来た者もいます。突然、あばれたり殴りかかったり、全く気が抜けません」

壁に便を塗りたくる受刑者も

受刑者が向かってきて危うくけがをするところだったという経験をもつ刑務官も少なくないという。そのため職員による一五分に一度の見回りだけでなく、注意すべき受刑者は別室のモニターで二四時間監視しているのだ。

担当刑務官は言う。

「就寝時間も気が抜けません。寝ていたかと思うと突然、首を衣類で絞めてしまったり、衣類を便器の中に詰めてしまったり、そうしたことがあるとすぐに駆けつけます」

過去には大声を出して便器を壊し、その破片で自分の顎《あご》を切るという自傷行為に及んだ者や、暴れて窓ガラスを割り手首を切った者などがいて、常にこうしたトラブルに警戒しなければならない。さらに部屋で放尿したり、壁に便を塗りたくる受刑者もいるという。

普通の刑務所とはまた違った緊張感があり、刑務官にはより集中力、注意力が求められる。

そうした深刻なトラブルがあった場合、受刑者が連行される部屋がある。それは「特別病室」と呼ばれ、受刑者が大声を出し続けたり、暴れて収拾がつかなくなった場合、医師の判断で特別に使われる部屋だ。窓は分厚いアクリル板製で開けられないようになっている。部屋を見渡すとどこにも尖ったものがない。壁も木製になっており、受刑者が自傷行為できないようになっているのだ。トイレはもちろんあるが、流すレバーやボタンがない。部屋の外にレバーがあって、受刑者からの報告を受け刑務官が流すことになっている。

よく見ると壁の色が変わっている箇所がいくつかあった。担当刑務官に聞くと、

「余りに落書きがひどいので削り落としているんです。爪でやったりもします」

確かに壁にはこれまでこの特別病室に収容された受刑者がつけたひっかき傷がいくつも残されていた。ここが使われるのは月に何回かだが、刑務官らは彼らの動静を把握して、

なるべく特別病室に入らないように事故を未然に防いでいるという。

　一方、がんなど身体疾患がある受刑者が収容されている病棟では、一般の病院と同じように看護師が常駐している。そして医療刑務所ならではなのが、看護師に加え「経理係」と呼ばれる受刑者も病気の受刑者の世話をしているのだ。

「経理係」は主に初犯の一般受刑者で約九〇人。緑色の服を着ている。彼らは各病棟で病気の受刑者の世話をする刑務作業に就く。三〇代の経理係の男性受刑者に話を聞いた。

「身体疾患の患者のいる病棟で、食事の配食をサポートしたり洗濯物の回収とか、その病棟内の清掃が自分の主な作業です。社会でもそうした経験は全くしたことがありませんでしたので慣れるまではすごく大変な作業でした」

　彼は初犯、強盗傷人罪で懲役四年だ。

「受刑者の症状によって食べられる食事が違うので、絶対に間違えてはいけないというプレッシャーを常に感じています」

　経理係の受刑者もまた、より注意力が求められるのだ。その作業の大変さを語りながらも、やりがいを感じているように見受けられた。

　取材した日の夕食の献立はカレーとブロッコリーサラダ、ヨーグルト、福神漬けだったが、カロリーや塩分制限されている受刑者もいる。受刑者によっては麻婆豆腐などの別の献立が用意され、刻み食やペースト状になった食事もあった。

また受刑者によっては「乳禁」や「納豆禁」などの札もある。「乳禁」というのは乳製品のアレルギーの受刑者の場合で乳製品を禁じている。「納豆禁」というのは薬の飲み合わせによって納豆を食べるのを医師から禁じられている受刑者だ。万が一ミスをしたら生命に関わるだけに、食事にも細心の注意が必要なのが医療刑務所だ。

食事に加え、週二回、一五分の入浴も完全介護の福祉施設並みに行われていた。とにかくこの病棟で目立つのは寝たきりの状態の高齢受刑者と身体が不自由な受刑者だった。中にはリハビリ中の者もいて、理学療法士や看護師が付きっ切りで対応していた。一般社会と同様、いやそれ以上に塀の中の高齢化は進んでいるように見えた。

座して死を待つだけの受刑者も

身体疾患の受刑者の平均年齢は五五歳。全国的に受刑者の高齢化が進む中、重篤な病気の受刑者も増えている。四〇代の男性受刑者に話を聞く。

——病名はなんですか？

「胃がんです」

——手術で切除したのですか？

「そうです。検査が毎年あるんですけど、去年受けた時に見つかってがんの告知を受けました。今はもう先生たちのおかげでどこも悪くないので、ただただありがたいです」

――がんの告知を受けた時はどう思いました？

「もう、目の前が真っ暗になって、これからどうなるのかなって正直生きていられるか本当に心配でした……」

――今、体調はどうですか？

「今は落ち着きまして経過観察中です」

彼の刑期は懲役一六年。長い受刑生活の中でがんが見つかり、この医療刑務所で手術を受けたのだ。この受刑者も回復したら元の刑務所に戻る。前述したとおり、受刑者たちの手術、入院費用もすべて国費負担だ。そのことはどう思っているのだろう。

――今回の手術代も高額だったと思いますが、施設に対して感謝はしていますか？

「それはもちろんあります。社会では病院に行くとお金がかかりますけど、ここはかかりません。刑務所なので多少の不自由はもちろんありますが、それは仕方ないと思っています。健康な体で出所できるので、それが一番嬉しいし、ありがたいと思っています」

取材中に、遠隔地の刑務所から飛行機に乗せられて六〇代の女性受刑者が護送されてきた。末期のすい臓がんを患っているという。車いすに乗せられ部屋まで連れていかれる。六〇代には見えないほど弱った様子である。今後、ここで死を迎えるまで苦痛を緩和する医療を受ける。彼女の余命は数か月で、まだ長い刑期が残っているという。獄中死を座して待つ……なんとも切ない話だ。死を待つだけの患者は全国から年間三〇～四〇人送られてくるという。

前述したが医療刑務所では部屋の入り口にさまざまな表示板があるが、赤い丸印がつけられている部屋があった。深夜に医師がその部屋に向かった。男性受刑者の顔を見ると見るからに容態が悪そうだ。

「わかるかな?」

医師が声をかけ、看護師の女性も懸命に名前を呼ぶ。

この受刑者は七〇代で脳梗塞に加えて、重篤な感染症を併発し、いつ亡くなってもおかしくない状態なのだという。食事もとれず点滴を打っている。医師が受刑者の様子を診る。

「呼吸も心機能も安定して意識も回復してきたようなので、今夜は大丈夫そうですね」

医師も少しほっとした表情を見せる。赤い丸印は、病状が重篤な受刑者につけられているものだった。容態が急変すれば生命の危険もある受刑者で、一目でわかるように部屋の扉の入り口に赤い丸印の表示がつけられているのだ。こうした末期がんなどの重篤な容態の受刑者は当時、約一〇人収容されていた。担当医師に彼らとどう接するのか聞いた。

——重篤な受刑者の場合、どこに一番気を使いますか?

「なるべく苦しまなくさせてあげる、痛みとか苦しみの緩和を中心に考えます。いわゆる緩和ケアですね。それが主体になります」

急変があった場合は、必要な処置をした後は、過剰な延命措置はとらず、安らかな死を迎えるように見送るのだという。そして一般社会との最大の違いをこう説明する。

「何が違うかというと、家族のサポートが得られないというのが一番の違いです。家族を呼んでも、拒否されたりすることが多いのがここの大きな特徴です。延命処置もその延長線上にあります」

そして、大きな霊安室があるのも医療刑務所の特徴のひとつだろう。身寄りのない受刑者が亡くなると、僧侶が霊安室に来て葬儀が執り行われる。中に入ると大きな冷蔵庫がある。亡くなった受刑者の遺体を最大で二週間ほど保管するためだ。

そして、奥へ進むと遺骨を置く棚が壁いっぱいにある。身寄りのない受刑者の遺骨は最大二年間、刑務所が預かり、無縁墓地へと送られることになる。一年で五〇人から六〇人の受刑者が獄中死するという。最期を看取ることが多い医師はこう語る。

「一般の病院だと家族に看取られるのが多いのですが、ここですと家族の代わりにわれわれ医療スタッフで看取るということになります。我々が家族の代わりだという、そんな気持ちでやっています」

家族に代わって人の最期を看取る、一度ならず、それを繰り返さなければならないのかと思うと、本当に大変な仕事だと思い知らされる。

深刻だった塀の中の「医師不足」

取材時、医療刑務所が抱えていた最大の問題は医師不足だった。前述したが、そもそもの取材の契機はこの医師不足の問題を耳にしたからだった。当時の所長がその窮状を説明する。

「ここの医師の定員は一七名なのですが現在のところ、残念ながら九名で八名が欠員のままなんです。定員の半分以下になりますと、おそらく少しずつ減るのではなく、あっという間にゼロに近い形で急激に減少してしまうと思うんです。このままでは医師不足で医療刑務所の存在も維持できなくなる、そういう危機感を今、私は持っています」

なぜ、医師不足に陥っているのか、大きな理由は三つあった。

一つ目は一般の医師と給与・待遇面で格差があったこと。患者はすべて受刑者という特殊性による精神的なダメージ（恐怖感、訴訟や逆恨みによる攻撃対象となりかねないなど）がありながら、刑務官にあるような危険手当すらないのだ。

二つ目には国家公務員という身分上、兼業や研修に制約があったこと。

三つ目には矯正医官が社会的に評価されにくく、医師としてのキャリアアップに結びつかないことがあげられる。医療刑務所では症例が限定されるほか、最新の医療知識や技術に触れる機会も少ない。所長は今、医療刑務所がこの三つの理由で〝負のスパイラル〟に陥ってしまい、このままでは医師がいなくなってしまうと警鐘を鳴らす。

「医師がいなければ、看護師と刑務官が残っていても医療はできません。極端に言うと、そうなれば医療刑務所は閉鎖ということになります。閉鎖になったら全部、外の病院に出さなくてはいけません。お金もかかるし人手もかかります。国の予算は人件費含めて大変なことになるんじゃないですか？　そのために懸命に努力しているんです」

医療刑務所で勤務する医師は国家公務員だ。待遇は国立病院の医師と同程度だが、受刑者だけを相手に医療行為を行うという特殊な職場環境にある。以前は国立大学の医局から医師を派遣してもらうことも可能だったのだが、そうした医局主導の人事もなくなってしまった（二〇〇四年の医師法改正で臨床研修制度が変わり研修病院の選択が自由となった）。法務省のホームページや求人情報誌で募集してもなかなか応募者がおらず、結局、関係者からの口コミによる案内が最も効果を発揮しているという状況だった。

当時、医師が定員を満たしていないことから、他の刑務所などからの患者の受け入れ要望にも十分に応えられない状況となり、その結果として一般病院に入院させることになって国の費用負担も増加していたのだ。

加えて医師不足に起因する厳しい労働条件も重なる。ある医師は、

「月に六、七回は当直したことがあります。ここの場合は一人で当直しますので、全病棟の管理、何か急変があったときは駆けつけて処置をすることになります。抗がん剤の治療

をしたり、特殊な処置をしたりで、付きっ切りになるので結構大変なんです」

また、一般の病院との違いを聞くと、

「二四時間勤務で、朝から次の朝まで次の日もそのまま勤務に入ったりするので、全く切れ目がありません。それはちょっとストレスがあります。監禁されているような感じです」

とこぼしていた。「監禁」という言葉が迷いもなく出てくるところに、現状の深刻さが窺える。

また、八王子医療刑務所に来て一三年になるという外科医はこう語る。

「今は二〇人くらいの患者を受け持っています。私がこちらに来たときは医師の定員が充足していましたが、その時は一人で一〇人くらいの受け持ちでした。そのころからすると約二倍の受け持ち患者ということですから、その分忙しいわけです」

元々は医局のローテーションで送られてきたという。

——今はぎりぎりの状態ですか？

「そうですね、患者の急変が重なるとかなり忙しくなりますね」

勤務する医師の数が定員の半分程度の状況では、医師一人が受け持つ受刑者が増えるのは当然だ。最初に取材した二〇一三（平成二五）年当時、医師一人が受け持つ入院患者数は多くなっていた。精神科医は四〇人弱、内科医が三〇人弱、外科医が二〇人弱も受け持っていた。加えて、専門分野以外の患者まで受け持たざるを得ない状況にもあった。

したがって専門分野の研究に割く時間が不足するだけでなく、こうした厳しい状況下にあっても専門以外の分野に関する知識なども習得しなければならず大きな負担になっていた。

こうした問題が改善されなければ、所長が訴えるように医師がいなくなり医療刑務所が機能しなくなってしまう。そして受刑者の医療に関わる国費の負担がさらに増大してしまう可能性もある。私が当時、放送した特集では最後に、

「深刻な医師不足の問題がこのまま放置されれば、医療刑務所の崩壊、そして新たな税金投入という極めて深刻な事態にもつながりかねない」

と警鐘を鳴らした。

この特集の放送は反響を呼び、その後、刑務所の医師不足問題は解消へと進んでいく。法務省によると、二〇一九（平成三一）年一月一日現在、全国で定員三二八名に対し現員三〇一名の医師が刑務所で勤務している。前述の最も医師が不足していた二〇一四（平成二六）年には定員三二七名に対し現員二五二人で、七五人もの欠員があった状態に比べれば飛躍的に改善されたと言える。法務省としては依然、定員の約九割にとどまっていることから引き続き医師確保に努める必要があるとしている。

では、なぜ医師不足が改善されることになったのか、それはいわゆる兼業の特例法、正

式には「矯正医官の兼業及び勤務時間の特例等に関する法律」が二〇一五（平成二七）年一二月に施行され、刑務所で医師が働きやすくなったことによる。

これまで兼業は内閣総理大臣の許可が必要だったが、法務大臣の承認で可能となったのだ。なお、二〇一六（平成二八）年四月、原則としてすべての一般職国家公務員についてフレックスタイム制を利用できるように改正され、施行されている。

今後の矯正医療の展望はどうなのか、法務省の幹部に聞く。

「現在、各業界で働き方改革が叫ばれているところですが、矯正医官については、すでに矯正医官特例法を活用した兼業やフレックスタイム制の導入により働きやすい勤務環境となっています。

被収容者の心身の健康を保持することは、施設での収容を適切に確保するとともに犯罪者や非行少年を社会復帰させ、再犯・再非行を防止するためのさまざまな処遇を実施する上での基盤を構築するものであります。この基盤があるからこそ、各種施策に安心して取り組めるのであり、日頃から矯正行政の運営は矯正医官に支えられていると実感しているところです」

前代未聞のプロジェクト〝受刑者の大移送〟

寒さ厳しい二〇一八（平成三〇）年一月某日。八王子医療刑務所は、各地の刑務所から応援の職員が駆けつけ、張りつめた雰囲気に包まれていた。なぜなら八王子医療刑務所を閉鎖し、新たに開所した官民一体で運営する新施設「東日本成人矯正医療センター」へ受刑者たちを一斉移送する日だったからだ。

これまで紹介した通り、医療刑務所は医師不足をはじめさまざまな問題を抱えていた。特に建物、設備の老朽化はもはや限界を超えていた。移転直前に手術室を見たが、床はひび割れ手術台もだいぶ年季が入っていて移転後、廃棄処分になるということだった。

そのため、そうした問題を改善すべく、八王子医療刑務所を閉鎖し、新たに官民一体で運営する「東日本成人矯正医療センター」へ移転することになったのだ。テレビ朝日ではその新施設への移転に独占密着という形で取材することができ、特集として放送した。

朝、講堂で行われた職員点検は今まで取材した中でも異様な緊張感に包まれていた。それもそのはずだ。約一五〇人もの受刑者をこれから一斉に救急車に乗せ、一〇キロほど離れた昭島市の新施設に移送しなければならないのだ。当然のことだが、逃走など失敗は絶対に許されない。

実は逃走などの危険性がある多くの受刑者を一度に移送するのは、これまで前例がない。精神疾患や重病の受刑者が多いため、移送には細心の注意を要する。みな病気を抱えており、車での移送が大きな負担になる受刑者も中にはいる。移送中は、病状の変化も警戒しなければならない。職員らが緊張するのも無理はない。

塀の外にはすでに一五台もの救急車が用意されており、周辺ではパトカーが配置され不穏な動きがないか警察が厳重な警戒に当たっていた。

外部に情報が漏れないように受刑者たちには移送があることは当日の朝、知らされたという。病気を抱えている受刑者たちだが全員、手錠と腰縄がつけられる。職員や看護師四、五人がかりで介護しながら受刑者をストレッチャーに乗せ、次々と受刑者が部屋から救急車へと向かう。

「寝たまま車で行けるから心配しなくていいからね」

と、看護師の女性が寝たきりの高齢男性受刑者にやさしく声をかける。見れば鼻にチューブが差し込まれている。

しかし、普段使うことのない救急車のストレッチャーに職員らが慣れておらず、向きを逆にしてしまい救急車にうまく乗り込めないなど、少々手間取る場面もあった。

そして午前八時半過ぎ、鉄の扉が開き、受刑者を乗せた最初の救急車が出て来た。われわれも車に乗り込み、無事搬送されるか、救急車の後を追う。国道二〇号を真っすぐに走る。

周辺住民たちの多くは、普通に救急車が走っているとしか思わないだろう。救急車には「重病患者搬送中」と表示板がつけられている。重病患者の搬送ということで、救急車でありながら非常にスピードはゆっくりだ。

八王子を出て、車を走らせるとその厳重警戒ぶりに驚かされた。私はこうリポートした。

「八王子から昭島に向かう道路なのですが、各信号では警察官が警戒にあたっています。停車するタイミングなどを見計らってトラブルが発生することを警戒してのことです」

八王子から昭島まで、およそ一〇キロの道のりだが、すべての交差点に警察官の姿があったのだ。そして、受刑者の乗った救急車が信号で停車することがないよう信号もすべて青になっていた。停車中に受刑者に危害を加えたり、連れ出そうとするなどのトラブルを防ぐためだ。万が一への対応が、この移送の重大さを物語る。

走ることおよそ二〇分。ようやく新施設「東日本成人矯正医療センター」に到着した。その後も、続々と救急車が到着する。受刑者約一五〇人の移送は四時間かけ完了、大きな体調変化を訴える受刑者もなく前代未聞のプロジェクトは成功に終わった。

病と闘いながら罪を贖う

果たして「東日本成人矯正医療センター」とはどのような施設なのか。収容定員約四三〇人の八王子医療刑務所に対し、新施設は五八〇人に増員された。病室はすべて一人部屋だ。

そして普通の単独室より広い造りとなっている。病気を抱えた受刑者に配慮して扉が開いてベッドごと治療室などへ移動できるようになっているのだ。手術室も八王子は二つだったが三つに増えた。

八王子では暴れる受刑者らを「特別病室」に収容していたが、ここでは「多機能室」と呼ばれる部屋を作った。防音設備も施されている。

そして、新施設で最も画期的なのが、運営に民間の力が加わったことだ。例えば病を抱えた受刑者向けに、味付けや柔らかさなど様々なバリエーションが用意された食事を調理するのは民間業者だ。さらに、手術室の機材やカルテなど一般の総合病院並みの最新医療設備の管理に加え、人工透析器が二〇台以上並ぶ透析室の運営も民間が担当することによって職員の負担軽減が図られているのだ。

移送された受刑者にじっくり話を聞くことができた。一人目は覚醒剤使用の罪で三回目の服役だという七〇代の受刑者。がんを患っている。執行猶予中に再び覚醒剤に手を出してしまい、併せて懲役三年六か月の刑に服している。

「大阪の西成《にしなり》あたりにいたままだったら、もう死んでいても仕方ないんだけど、刑務所に来たおかげで逆に助けてもらいました。先生方もやさしいし、ここに来て安心しましたよ」

がんにもかかわらず、つとめて明るく振舞おうとする。感謝を口にする彼は、一〇代の頃から大阪・西成区で日雇い労働の生活を続けてきたという。覚醒剤も一八、一九歳の頃から始めたという。服役したことで手厚い治療を受けることができたのだ。

――なぜ薬物使用を繰り返してしまうのですか？

「しがらみがありますもんで……。むこう（西成）にいると常識みたいな感じになるから怖いんですよね」

――ご自身の人生を振り返っていかがですか？

「若いときに暴走もしましたよね。西成ですからね。（東京の）山谷《さんや》まで来て暴走したこともありました。何のためにこんなことをやっていたのか、この歳になって初めて考えるようになりました。最後には自分で綺麗に死んでいけるようにしていかないとカッコ悪いですからね」

重い病を患ったことで初めて感じる罪の意識……社会復帰してからもこの気持ちを維持できるだろうか。

そして、もう一人。これまでに二人の命を奪い、生きて塀の外に出ることが絶望的な七〇代受刑者だ。病の淵にある彼が、カメラの前で赤裸々に今の思いを語った。

――罪名は何でしょうか？

「強盗致死ですね」

――刑期は？

「三〇年です」

有期刑の最高刑である。

――どういう事件を起こしてしまったのですか？

「友達から誘われまして、知らない人の家に侵入しました。お金目当てだったんですけどね。次の日、携帯電話でニュースを見たら、被害者が死亡と書いてあってびっくりしました……。入れ歯が喉に引っかかって窒息して死んだと後で聞きました」

実はこの受刑者、この事件を起こす一三年前にも殺人の罪で一〇年間服役していた。今は慢性腎不全で週三回、ここで人工透析を受け、病と闘いながら、贖罪の日々を送っている。透析して一四年になるという。まだ残り刑期は二〇年以上あるという。年齢的に彼は塀の中で最期を迎えることを覚悟しているという。

――今は事件を起こしたことを後悔していますか？

「自分たちがそこに行かなければ被害者は死ななくて済んだんじゃないかと今は認識しています。申し訳ないと思っています。バカなことをしたと……」

――その時、金に困っていたんですか？

「それほど、困ってはいなかったです。人工透析が必要になって仕事ができなかったのは確かなんですけど、その時、一緒に住んでいる人がいまして、食べさせてもらっていたので……」

――こちらの新しい施設はどうですか？

「食事の味つけはいいです。食欲不振ですけど、おいしいですよ」

――ご家族は？

「面倒みてくれるのは娘だけです。娘は手紙をくれます」

――楽しみは娘さんからの手紙だけですか？

「そうですね。今、娘は自分の家庭の悩みがあるらしくて、こっちが偉そうに頑張れよ、と書いて出すわけです」

ちょっとはにかみながら答えた。彼はこれまで娘と手紙のやりとりを二〇〇通もしているが面会には来ないという。

――不躾《ぶしつけ》な質問で恐縮ですが、塀の中で一生を終えてしまう可能性もあると思うんですが……。

「正直に言いますと、早く死にたいです……」

そう答えるとしばらく彼は沈黙した。そして言葉をつないだ。

「一日一回はそういうことを考えますね……。別に私が生きていてもいいことは一つもないです。娘がちょっと悲しい思いするかなってくらいです。それ以外は親も死んじゃったし……ただ寂しいが、はっきり言って早く逝きたいです」

――死を受け入れる覚悟ができているということですか？

「はい、明日亡くなっても全然怖くないです。死ぬ覚悟はできています。自殺する方法もいくらでもありますけど、迷惑をかけるし……。そこは全然考えていません」

――つらいですね……。

私はそう言うしかなかった。そして、娘にもこう告げているという。

「娘に手紙で書きましたけど、危篤《きとく》になり職員から連絡があっても、遠いから来るなと、お墓がありますので俺の骨だけ受け取って、お墓に入れておいてくれればいいからと……小さな墓ですけど、先祖が入っていますから。坊さんは頼まなくてもいいと……今、遺書も持っています」

身内に看取られることなく、塀の中でひっそりと人生を終えてしまう――そんな受刑者もここでは少なくない。罪を犯した人間とはいえ、話を聞いているとなんとも切なくなってくる。

北九州医療刑務所

洗面器を配る刑務官

北九州医療刑務所は東京や大阪のように「総合病院」ではなく、主に摂食障害や精神疾患を抱える受刑者を専門に処遇している。二〇一一（平成二三）年に「女区」と呼ばれる女性専用のエリアが新設され、その四年後の二〇一五（平成二七）年に私は、その「女区」を取材した。

塀を挟んで男性受刑者と女性受刑者とに分かれている。「女区」の定員は九九人だ。婦人科をはじめ、内科、精神科、歯科の診察室やレントゲン室が並ぶ。全国の刑務所から患者が集められ、医師、看護師、職員らによる二四時間体制で治療、看護が行われている。

居室は一見して普通の刑務所と変わらないが、いったい、どんな受刑者が収容されているのだろうか。一年半前に一般の女子刑務所から移送されてきたというある五〇代の受刑者Aに話を聞く。

――服役するのは、今回で何回目？

「四回目です。ほんのちょこっと一個、食べる物を盗ってしまったんですね」

――何を？

「パンです。値段は一〇〇なんぼですかね。食べ物があったら盗ってしまうんです……」

――そこは自制できない？

「できなかったんですよ」

わずか一〇〇円ほどのパンを盗んだというが、彼女は万引きの常習者だったため、より重い刑となる常習累犯窃盗罪に問われ判決は懲役二年六か月。夫と一〇代の娘と三人で暮らしていたが、食べ物を万引きすることが止められず、思春期の娘を残して服役を繰り返していた。娘の小学校、中学校の卒業式にも出ていないという。生活には困っていなかったという彼女が万引きを繰り返してしまうのはなぜなのだろうか。彼女のようなケースはここでは珍しくない。その謎を解く鍵が、この刑務所の日常にあった。

受刑者たちは午前六時五〇分に起床、北九州医療刑務所の一日が始まる。静かな音楽が流れ、受刑者たちが一斉に起きあがる。中には起きられない受刑者もいるようで刑務官が声をかける。

「うん？　起きてないじゃん。起きて起きて！　部屋ちょっと片付けてよ！　部屋が汚い！」

別の受刑者にも声をかけていく。

「何してんの？　みんな布団畳んでるよ、はよしい〜！」

「ちょっと、服着なさい、服！　何て恰好してんの！　急ぎなさい、みんな終わってるよ！」

なかなか朝から一筋縄ではいかないようだ。まるで〝戦場〟のようだ。

「準備できたの？　部屋の掃除しなさいよ！　あの布団なんなの？　整理整頓できてない！　中に毛布隠さない！　キャリーバッグも綺麗にしなさいよ！」

注意をされた受刑者はようやく布団を畳みなおし、おもむろに部屋の整理を始める。

そして受刑者たちが起きて早々、他の刑務所では見られない珍しい光景が見られた。

受刑者が「洗面器ください」というと刑務官が「はい、わかりました」と答え、水の入った洗面器を各居室に配りだしたのだ。

「襟とかすごいことになってるよ、ちゃんと鏡見なさいよ！　身だしなみ、ちゃんとしなさい！」

と、刑務官は受刑者たちに注意する。実は、受刑者は渡されたこの洗面器の水を使って、顔を洗ったり、歯を磨いたりするのだ。部屋の中には洗面台があるはずなのになぜ、刑務官が水の入った洗面器をわざわざ配っているのか。居室の入り口を見ると「水禁」という表示があることに気づく。

ここでは、医師の指示で、部屋の中の水の使用が禁止されている受刑者がいるのだ。いったい、なぜなのか。見ていると刑務官のPHSがひっきりなしに鳴り響く。受刑者が刑務官を呼ぶ際のボタン、報知器と刑務官が持つPHSが連動していて、報知器が押されるとPHSが鳴る仕組みになっているのだ。

「はい、トイレね、はーい！」

受刑者がポータブルトイレを要求してくるたびに刑務官が部屋の中へ入り、使用させているのだ。受刑者が使い終わると今度は看護師がそのトイレの中をチェックする。毎朝、このような慌ただしさだという。実はこの一連の流れに、この医療刑務所が抱える深い事情が隠されていた。看護師に聞くと、

「ポータブルトイレの中に食事を捨てたりしていないか、戻していないかを逐一チェックしているんです。こっそり、そういうことをする受刑者が多いんです」

洗面台やトイレの使用を制限している理由は受刑者が食事を吐いて戻さないよう監視するためで、この一連の流れは過食や拒食を繰り返す摂食障害の受刑者向けの治療の一環だったのだ。食事を捨てたりしていた場合は受刑者から事情を聞き、そうした違反行為を繰り返す場合は医師に報告が上がる。

摂食障害とは何か

ここでは、医師、看護師、刑務官が集まって、週に一回のミーティングが行われ情報を共有化して修正すべき点があれば、その方針を確認しているという。

摂食障害は体重、体形へのこだわりから食行動の著しい異常を呈する精神障害の一種である。特に女性に多くみられ、増加傾向にある現代病の一つだ。拒食、過食、意図的嘔吐、反芻のほか下剤・利尿剤の乱用もみられる。

特に食べた物を嘔吐する行為は「低体重」につながり、場合によっては生命を危険に晒すことになるという。人気兄妹デュオ・カーペンターズのカレン・カーペンターさんが摂食障害となり一九八三（昭和五八）年、三二歳という若さで亡くなったことをご記憶の方もいらっしゃるだろう。彼女の死は社会に大きな衝撃を与え、摂食障害を社会的に認知させる契機にもなった。医師である所長はこう強調する。

「まず命を守るということですね。患者さん（受刑者）が自由に思ったようにしていたら生命が危ないんです。そこのところはやめてもらう。体力を付けてもらうのがまず大事なんです」

そもそも摂食障害とはどんな病気なのか。摂食障害の専門家でもある所長はわかりやすく説明してくれた。

「本来は心の病気ですね。心が成長してないんです、大人のように見えて言うこともまともそうなことを言うんですけれど、心が成長していない。〝心の成長不全〟といいますか、何らかの理由でそういう傾向があって、そこを治していかないと、本当の意味の治療にはならないんです。無理に体重を増やすだとか、過食嘔吐をやめさせるだとか、そういうことをしても、外からの力がなくなればまた、元に戻ってしまうことにもなります。治療には心を成長させるという部分が絶対に必要なんです」

通常の刑務所での服役は難しいため、低体重になっている重度な摂食障害の受刑者が、全国から集められ、ここで治療を受けている。当時、収容されていた三二人のうち、実に三分の二に当たる二一人が摂食障害の受刑者だった。

対人恐怖症のケースも

はたして医療刑務所に来て摂食障害は治るのか。所長に尋ねる。

——摂食障害は完治できる病気なのですか？

「どの状態を完治と言うかによりますが、普通の体重になって、それが維持されていく、人生が豊かなものになっていく、そういった部分も含めていくのかということもあるかとは思います。心の成長不全が根本的な問題なので、心を成長させ治していく、そういうことが十分にできれば、かなりよいところまで行くのではないかと思いますね」

摂食障害の患者は対人恐怖症のケースも多い。追い込んでしまうと自殺にもつながりかねないという。そのため指導、注意の仕方にも注意を払っている。例えば、受刑者の言うことを頭から否定しないという。それは、彼女らがずっと否定され続けてきた人生を送ってきたからだと説明する。そして受刑者と刑務官が心でキャッチボールできることが大切だという。

彼女たちの医療刑務所での生活ぶりはどうなのか、昼食の様子を見てみる。この日の献立は麦ごはんになめこのスープ、魚のムニエルと切り干し大根、そしてほうれん草のソテーと多彩なメニューだ。

重度な受刑者はそのまま食べられないため、ミキサーにかけた「刻み食」と呼ばれるも

受刑者によって量がまちまちの昼食

のも用意されている。食事の量も通常の四分の一、二分の一、四分の三などと症状によって量も決められている。本来、食事は刑務所生活において受刑者たちの最大の楽しみだ。しかし、ここでは多くの受刑者が黙々と食事を口の中に運ぶ。まるで〝苦行〟でも行っているかのようだ。担当の女性刑務官も、何とかして食事を摂らないようにする受刑者たちに手を焼いている。
「ほんの少しのご飯、お米一粒とかでも捨てたりしますし、お茶碗にこすりつけて食べないようにしてみたりとか本当に食べないで済むようにするためにいろいろな知恵を使うんです。こんな方法もあるのかと驚くこともあります」
そしてここに来る受刑者は、そもそもの〝スタート地点〟が違うという。
「社会の人たちが病院に行くときは普通、病気を治したいとか体調を良くしたいという思いがあると思うんですが、ここに来る摂食障害の受刑者のうち、自分の病気を治したいと思って来ている人はほとんどいません。無理やり連れて来られたという感じですね」

――それを変えていくには刑務官としてはどういうところに力を入れているんですか？

「まずは自分が病気だということを自覚させることですね。最初に彼女たちは『ただ痩せているだけで自分たちは病気じゃないんだ』と言うんです。ただその病気が犯罪につながっていることを全く認識していない者がほとんどなので、医師からそういう説明をし、日々の生活の中で繰り返しこちらから働きかけることで、本人に自覚してもらうということを主にやっています」

――態度や考え方がなかなか変わらない受刑者が多いですか。

「なかなか変わっていかないですね。やはり発症してからここに収容されるまでの期間が大変長い、病歴が長い者が多いですので、治るまで時間がかかります。生き方そのものが摂食障害と言いますか、これまで摂食障害だけが心の拠り所みたいなふうにして生きてきた人たちが多いので、なかなかそれを手放すことが難しいなと感じています」

――そういう受刑者と接触する上でどんなところに一番気を使っていますか？

「本人たちにとって治療そのものは必ずしも楽しいものではなく、行動制限が必要で運動してはいけないとか食事を全部摂らなければいけないとか、苦しい面がたくさんあるんですね。職員は違反行為をしていたら注意もしますし、食事をきちんと食べるように厳しく言いますが、厳しいだけでは日々ストレスも溜まっていきます。頑張った中で少しはけ口、弱音をはける場所をつくるのが私たち刑務官の仕事なのかなと思って対応をしています」

厳しいだけではこの病気の治療はできない、普通の刑務所とはやはり違う。

――この仕事をされていて悲しくなることや一番つらくなることは何ですか？

「職員たちは治ってほしいと思っているのに、なかなか本人たちが治りたくないという思いが強くて、そのギャップにジレンマを感じることがあります。いつかは良くなるんだという希望を職員全員が持ちながら、そのジレンマと常に闘っています」

食事を摂ることができない受刑者には缶入り栄養ドリンクが、さらに、それすら拒否する受刑者には、「鼻注《びちゅう》」と呼ばれる鼻から栄養剤を強制的に入れる処置が行われる。一見強引なやり方にも見えるが、これは受刑者の命にかかわることで、そうせざるを得ない治療なのだ。

何が彼女を追い詰めるのか

そもそも、なぜ摂食障害でありながら、治療を拒むのか。過食で常に食べ物が欲しくなり、つい手が出て毎日万引きするようになったという三〇代の初犯の女性受刑者に話を聞いた。

刑期は一年一一か月、執行猶予中に食品を万引きして今回、塀の中に来たという。

——こちらへ来て摂食障害を治そうという気はあったんですか？

「いえ、全くなかったですね。食べて嘔吐するのが自分の日常生活になっていたので……」

頻繁に吐くことで胃酸が歯を溶かしたのだろうか、前歯がほとんどなく実に痛々しい。そしてがりがりに痩せている。

——最初に医療刑務所に来た時はかなり戸惑った？

「最初に吐いたり食べ物を捨ててしまったり、ルールを守らなかったのでここに来てすぐに『鼻注』になってしまいました。自分にとっては食べることが唯一の楽しみで生きていたので食べることまで奪われてしまって、それで痩せているならまだ納得したんですけども、食べられないうえに鼻から栄養を入れられてどんどん太っていくというなんてひどいことをするんだって……」

——不本意だと？

「そうです、正直地獄でした。自殺未遂も一回したんです。タオルで首を絞めました。本当に死にたくて、とにかくここから抜け出したくて……約二年間ここにいなきゃいけないと思うと本当につらかったです」

刑務所のつらさは理解できるが、何がそこまで彼女を追い詰めるのか、まだこの時点では私にはわからなかった。彼女は一番太っていた時は六五キロ以上あったという。ここでのさまざまな療法が奏功し、自分に対する甘さを今は克服し体重も増え、精神的にも安定してきたという。

——以前と今と比べてご自身は変わったなと思っていますか？

「そうですね、体重が増えた自分も受け入れられるようになったということが変わったことかなと思います。以前はどうにかして体重を減らさないといけないという気持ちが強かったですけれども、もういいやって思えるようになって少し楽になったと思います」

そして出所後には夢があるという。

「摂食障害は本当に治さなくちゃいけないなと思います。父も母も、もう年なので私の病気のせいで妹が家を出ることになってしまって、妹とも離れ離れになってしまって二〇年近く会っていません。ここを出てもう一度家族四人で会いたいというのが一番の夢です」

摂食障害の治療の必要性すら理解できなかった服役当初と比べて、自分自身が変わっていることを自覚できているならば、彼女のゴールも近いのかもしれない。

もちろん、摂食障害に陥った人すべてが犯罪などの道をたどるわけではない。繰り返すが摂食障害の受刑者の中には、食べ物欲しさから窃盗などを犯した者が多く、そのため、再犯を防ぐためには「摂食障害」の治療が不可欠なのだ。

女区の居室を見てみると、ただひたすら新聞紙で鶴や冑《かぶと》を折る作業療法を行っている女性受刑者がいた。まずは自分の部屋での作業となる。さらに回復し医師の許可が出た受刑者には工場での刑務作業が課せられる。

「八工場出室用意！」

刑務官が部屋を出るように指示をする。続いて点呼が行われる。

「番号！」

「一、二、三、四、五、六、礼！」

「おはようございます！」

居室と同じフロアにある作業場は「八工場」と呼ばれ、一室に三人ずつ入り、袋折り作業などを行う。摂食障害の患者はもともと対人関係に問題があるケースが多いことから、少しずつ作業人数や内容を変える工夫がされているのだ。担当の刑務官も彼女らの普段の様子を日頃から注視している。

「患者の中でも今まで摂食障害になるきっかけが対人関係の問題だとする受刑者に関しては、集団生活の中でどれだけやっていけるのかを見ながら、そこに気をつけながらやっています。二人以上だったら必ず対人関係はすごく問題になってくるので、計六人の工場でも『誰かが私のことを気にしている』とか『私もこの人が気になる』という話は多少出てきています」

最低限の集団生活ができるようになった受刑者は、今度は健康な受刑者もいる工場の中に入って刑務作業をするステップに移る。「九工場」と呼ばれ、ここに来られるようになることが、この医療刑務所の最終目標なのだ。

摂食障害治療の難しさ

「作業終了！」

午後四時四〇分、刑務官の大きな声が響きおよそ八時間に及んだ刑務作業が終了する。刑務作業から部屋に戻ると夕食の準備が始まる。この日の夕食の献立はカレーライスだった。その香りが屋内に立ち込める。女性刑務官が各部屋をのぞき、受刑者の動静を注視する。食事の時間はいっそう注意が必要なのだ。

「大丈夫？　全然食べてないじゃん、大丈夫食べて！　カレーも大丈夫、食べて！　心配することないでしょ、みんな食べてるよ、全部食べてよ！」

「何かあった？　ないね、大丈夫ね？」

などと各部屋を回って受刑者に声をかける。十数分も経つと回復している受刑者は夕食も完食し食器の片づけを始めていた。食べ終わった受刑者に女性刑務官は、

「カレーを食べても悪いことは起きないから、ちゃんと食べられた？　美味しかった？明日の朝も大丈夫、夜も大丈夫だから！」

などと受刑者たちを安心させるようやさしく声をかける。夕食が終わると投薬の時間だ。受刑者たちに薬が渡される。

部屋で泣き暮れる女性受刑者

しかし、タオルを口元にあて、部屋で一人泣き暮れる受刑者の姿があった。いったい、何があったのか。彼女も摂食障害で治療中の三〇代の受刑者だ。よく見ると彼女には一切、配食されていなかった。彼女は、一時は刑務作業ができるほどまで回復していたが、再び隠れて食事を戻すようになったため体重が激減。やむを得ず、医師の判断で「絶食」とされ、栄養剤を与える治療に切り替わったのだ。担当刑務官から経緯を説明する。

「彼女は、小さい頃から母親との関係でトラウマを抱えていて、母親が自分より男性のほうに目がいったり親の愛情を感じられずにきたというのがベースにあります。人との信頼関係がそういう面で躓《つまず》いているところがあります。

そういう成育歴ですから、摂食障害という症状にしがみつくことで心の傷から目を逸らすことができるし、人よりも痩せているということで自分の存在感を感じられるので、なかなかスムーズには回復に結びつかない面はあるんです。根底には不安定な要素があるかと思います」

食事を口にしたい、しかし、吐かずにはいられない心の弱さ……。たった一人さめざめと泣き続ける受刑者の姿に、この治療の難しさが象徴されていた。絶食をはじめ、こうした行動制限の意味はどこにあるのだろうか。担当刑務官に聞く。

「まず当所に入所してきた重症の摂食障害受刑者は、まず自分が病気だということを認めません。回避ですね、治療に対してもかなり強く拒否しますので、そういう人たちに、すぐさまよくなろうとか思ってもらうのは難しいんです。まずは行動制限によって、外から賞罰を与えることによって変わろうという動機づけ、最初は外発的なものなんですが、そこから入っていきます。それと並行して心理的な働きかけをすることで、外発的だった動機が徐々に内発的な、自分のために変わろうというふうになっていくので、そういうふうに本人たちを変えるきっかけとして、行動制限は有効に働いているのかなと思います」

――刑務官としてやりがいを感じる瞬間はどんな時ですか？

「チーム医療ということで、刑務官・看護師・医師といった違った業種の人たちが協力しあって取り組んでいます。しかも困難な事例にもかかわらず、みんなで協力して何とか乗り越えたり、体重を減らすことなく何とか出所させたりとか、実際の効果が数値で見えたりすると頑張ってきたかいがあったなと思います」

グループミーティングで語られた〝漠然とした不安〟

さらに、生活面での働きかけに加え治療の大きな柱が、自分の人生や犯罪との関わりを考えさせるカウンセリング、そして同じ摂食障害の受刑者同士のグループミーティングだ。これらを通じて、摂食障害の原因に向き合う取り組みも行われている。その現場も見ることができた。

カウンセリングでは刑務官が受刑者に話を聞き、いまどんなことを考えているのか、どういう身体的、心理的状況にあるかを確認していく。受刑者が書いた文章を見ながら女性刑務官が質問する。

「失ったものというと、家族からの信用や信頼、あとは健康な精神や体、仕事、時間、友人、母との生活の時間、財産って書いてあるよね。これは相当大きかったよね、逆に得たものは?」

「得たものは今振り返ると何も価値もない、重みのない、なくてもいいような取るに足らないものだったとよくわかっています。本当に得たものといえば、ただの自己満足とかそんなものだけでした」

「あなたは何を得たかったわけ?」

「本当は失ったものを大切に生きていたかった。家族からの信用、信頼も失いたくなかったし、私は親友もこの犯罪のせいで自業自得ですけども失うことになりました。今まで一生懸命に頑張ってきた仕事も刑に服することで辞めざるを得なくなりました。やはり人間としてこれからみんな普通の人たちは歳を重ねるにつれて仕事だとか友人だとか時間だとかを大切にして、そちらに満足感とか達成感とか充実感を得て生きて積み上げていくのに、私は本当にすべてを失ってしまいました」

「なんでこうなったんだっけ？」

「やはり摂食障害がこの犯罪と密接に結びついていて、私は大切なものすべてを失いました」

カウンセリングで刑務官は決して詰問する感じではなく、受刑者が自分を見つめ直せるようにやさしく導いていくように見えた。そして、受刑者も本当に素直に今の心情を吐露していた。そして、受刑者たちの心の中を整理させていこうとの狙いも見えた。

グループミーティングには所長と看護師も同席する。

この日、集まった受刑者は六人。その中にインタビューをしたあの五〇代の受刑者Aの姿もあった。グループミーティングには遵守事項がある。まずそれを全員で唱和する。

「一、ここで聞いたこと話したことは絶対に他言しない

二、人の考えを一方的に非難したり批判したりしない

三、話せることを正直に話そう
四、自分の良い面、メンバーの良い面を知ろう」
そして人前で話す緊張感をほぐすため全員で深呼吸をしてグループミーティングが始まる。五〇代の受刑者Aが少々緊張した面持ちで口を開く。

「私はやっぱり親の愛情が欲しくて、その求め方が間違ってしまったと思います。体形が細くなったら注目してもらえるだろうと間違った感情が原因で摂食障害になってしまったと今は思います」

さらに〝告白〟は続く。

「あと妹と自分を比較して妹よりも勝ろうとしていました。妹よりも親に可愛がってもらおうと、とにかく根本が親に愛情を求めたことなんですよね……。それで就職に失敗してしまい、親の期待を裏切ったという気持ちが強くあったんですよ。じゃあ、見栄えがよくなることによって親の気を惹こうと……」

それに対して、他の受刑者がコメントする。三〇代の女性受刑者も〝告白〟する。

「やっぱり似ているところがすごくあります。私は逆に妹だったから姉に対しての劣等感がありました。年上だから姉のほうが何でも上手にできる、母親は姉が上手にやっていると『あんたはダメね』と私にきつく言うんです。年下なのに同じ条件なんですよ」

そして摂食障害になったきっかけに話が及ぶ。

「妹の立場から見たらお姉ちゃんは何でもできてうらやましい、褒められてうらやましい存在でした。私は何にもできなくてすごく劣等感を感じていました。私は当時、太っていたから、やっぱり周りからデブ、チビ、ブスとさんざん悪口、陰口も言われました。だから、それだけで人より劣っていると思ってしまって……、そこからダイエットをし始めて……やっぱり体重が落ちていくと、私の中で勝ったっていう」

「勝った？」

話を聞いていた看護師の女性が疑問を呈すると、

「今まで太っていたから負けていた、太っているだけで自分はダメなんだという自信のなさがもう身についてしまったんです。その時にダイエットをして体重が落ちることによって自分の中で『勝った』と訳のわからない意識になりました。体重っていうわかりやすい数字の評価が出たから、自分の中で『勝った』っていう優越感を得られたというか、やっと普通になれたんです」

そして体重が増えることに対し、言いようのない恐怖を抱いたという。

「体重が増えることがすごく怖くなってしまって……。どこからその不安がくるのかというと〝漠然とした不安〟って言うんですけど、自分の中で『とにかく太ってはいけない』ということが頭の中に染みついてしまっていますから、ちょっとでも増えるとすごく不安になって体重を増やせなくなってしまったんです」

〝漠然とした不安〟。まるで芥川龍之介が自殺前に書き留めた表現に似ているな、と私は心の中で思った。

所長が摂食障害は「心の病」と強調するのがこのグループミーティングを聞いていて、ものすごく腑に落ちた。

ミーティングの終わり間際、こう本音を漏らした受刑者もいた。

「みんなの話を聞いていたら、すごく似ていて、思うのはもっと昔にみなさんと知り合いたかったなって思います。本当に苦しかったから昔……その気持ち、こんなに同じ人がいたらわかち合えたのにと思います」

まさにこれこそがグループミーティングの狙いで、同じような体験を持つ者の話を聞くことによって、苦しいのは自分だけではないことを知り、治療の励みにしながら考え方、生き方も変えさせていくことなのだ。

〝生きている〟という実感

終了後、服役四回目の五〇代受刑者Aに話を聞く。

「いつも思うんですけど、グループミーティングが終わった後、スッキリするんですよね。自分と重なる点がいっぱいあるんです。この人もこうだったんだっていうのがあって、それぞれ頑張っているんだな、自分だけじゃないんだと思って……。最初は、摂食障害を治す気はないとずっと思っていたんですけど、それが今回、自分をしっかり見つめ直すことができ、考え方も変わりました。確実に私の場合は摂食障害と犯罪が結びついているって気がついたんです。摂食障害を治さず、窃盗だけを止めることはできないとわかったんですね」

——医療刑務所は初めて？

「いえ、二回目なんですけど、前回は刑務所に来ても摂食障害を治す気が全くありませんでした。表面上、言われたことをやっていました。ここはあくまでも刑務所ですから刑期が過ぎたら出なきゃいけませんよね。だから前回は、窃盗はなるべくしないなんて中途半端な状態で出て行ってしまってるんですよ、自分を見つめることなく……」

そして一〇〇円ほどのパンを万引きし今回の服役となってしまった。

——今回また医療刑務所に来たときはどう思われたのですか？

「まず情けなさを感じました。私は当時二七キロでもまだ元気でやれるって、普通の人と同じです、っていうプライドがありましたから……。ここにきて食事から何から全部取り上げられて、私はそこまで何もできない人間なのかと、プライドがもうずたずたで……。私はそっちのほうが耐えられなかったです。おむつもしましたし……」

——塀の中に入ったり出たり繰り返して、万引きはいけないっていう罪悪感はなかったのですか？

「それはわかっていましたけど、食を抑えていたぶん、それが抑えられなくなるんです。食べたいって気持ちが……『今それをしたら失うものが大きいのもわかってるね』ってずっと言われてたんですけれど、万引きするときは、そんなものふっ飛んでしまうんですよ。食べたいだけの欲で……」

今は食事ができるまでになったという。

——食事はどうですか？

「してますよ、美味しいです」

——いつから感じるようになった？

「もともと私は食べることに抵抗はなかった、私は過食だから食べたいってなって、過食嘔吐だから実際には食べてないというか、でも最近は過食嘔吐をやめて初めて体調がいいんです。便は必ず出るし、決まった時間にお腹は自然なリズムで、無理しなくても体がこう、求める。お腹が空いたから食べるし、食べたら出るという感じです」

——自分が変わったなと実感している？

「そうですね、朝起きたら、今は金木犀《きんもくせい》の匂いがするんです。ああいいなあ、生きてるなあというか、なんか嬉しくなるんですよ」

初めて明るい表情を見せた。自然を愛でる気持ちも生まれたのだろう。今は八工場で他の受刑者たちと一緒に刑務作業をしている。

――摂食障害は克服できたと思いますか？

「克服したとはまだ今は言えないと思います。塀の中で決められて守られて、規則正しい生活の中で今の自分がいますよね。でも社会ではそうはいかないですよね、その中で自分がどう耐えられるかですよね」

彼女は三〇年にわたり摂食障害と闘っている。今度また社会復帰した時こそ、その真価が問われるのだということも、医療刑務所二回目の服役で理解しているのだろう。「無理に完治を求めようとすると、またそれにとらわれて焦ってしまうような気がする」とも話していた。

〝逃げられない〟環境ならでは

彼女の話を聞いていて、同じ轍《てつ》を二度と踏まないという強い意識があれば、彼女も立派に社会復帰できるだろうと思えた。摂食障害治療の専門家でもある所長は言う。

「摂食障害は回避の病気、嫌なことから逃げる病気です。ご説明した通り、心の成長不全なんです。そこを治していかないと、本当の意味の治療にならない。実は刑務所という環境は塀の中という、これ以上ない物理的な枠組みがありますので、不適切な逃げ方ができない状態にできるというところが非常に大きいんです」

塀に囲まれ規律が厳しく〝逃げられない〟刑務所ならではの環境が摂食障害の治療には

プラスになるというのだ。実は所長は大学病院で勤務していたところを摂食障害の専門家ということでヘッドハンティングされた人物だった。初めて刑務所に勤務したときは、その環境に関心を持ったという。

「一般社会の病院では摂食障害でも二、三週間で退院させないと許されないような、医療経済上の問題がありまして、治す治療はできない面もあります。刑務所に初めて来たときは、どのくらいの期間で治療できるのだろうかというのに非常に関心がありました。こちらの先生に聞いたら刑期いっぱい年単位でできる、ということでした。

そうした治療期間が十分にあるという物理的な枠組みが実は摂食障害の治療にはなくてはならないものなんです。その期間で全部治るかというと物足りないなという面ももちろんありますけど、それでも結構なところまで改善される人が多いんです。ここで規律ある生活を続けてくれれば、自分でもどうしたらいいかがわかってくるんです。自分は今まで逃げてばっかりいた、逃げてはいけないんだ、そういうふうに思うようになります。そうなれば必ず良いほうになっていきます」

所長の話を聞いていて刑務官のカウンセリングを受けていた女性受刑者の言葉を思い出した。それは女性受刑者の「ここで治療を受けてよかった」という言葉に対し刑務官が、

「どういう治療がよかった?」

と尋ねると彼女は、

「ここでの治療はただ寝ること、体力を温存すること、栄養を摂ってというものです。掃除も体を動かすこともできません。ただ食べる、寝るだけの生活で、お水も使えない、トイレも普通に使えません。そんな生活を強いられるようになって、今まで身の回りにあったお水が自由に使えることだとかトイレに自由に行けることだとか、体が自由に動かせることがどれだけ大切だったか、ありがたいかということに気づきました。そういう治療を受け、身の回りにあるありがたかった物を一つずつ実感することができました」

そして家族への思いも変化したという。

「家族は当然私の帰りを待っていてくれる、帰る場所は当然自宅だと思っていたのも本当に大きな間違いで……。

今まで家族は私のせいでどれだけ悔し涙を流してきたか、今も私は塀の中で守られているけども、自宅で近所の目を気にしながら私の帰りを待っていてくれているんです。父や息子が私のそばにいてくれるのも、当然のことではなかった、そんなことにも気がつくことができて、物に対するありがたみだとか食事に対する感謝の気持ちだとかそういうことに一つずつ気づくことができました」

受刑者が苦しみを乗り越え、こうした感謝の思いに至るまでになれるのであれば医療刑務所の存在意義は大いにあると間違いなく言える。問題はその先であって、この「気づき」が塀の外に出て、社会に戻った時も維持できるかだ。時には犯罪を引き起こすまで、女性たちを追い詰めてしまう摂食障害。増え続ける現代病のひとつであるだけに、今後も医療刑務所が果たすべき役割はより重要なものとなるであろう。

第七章　塀の外に出てから

更生保護施設「両全会」の朝食の光景

更生保護施設「両全会」

更生保護施設とは

「みんな塀の中にいる時が大事だと言うけど、塀の外に出てからのほうが、もっと大事なんだよ。塀の外に出た彼女たちにいかに寄り添えるかがわれわれの仕事なんだ」

こう熱く語るのは、東京・渋谷区にある女性専用の更生保護施設「両全会」、小畑輝海理事長。小畑理事長は元法務省キャリア官僚だが、話をしてみると、そんなエリートのイメージからは程遠い。一見するとまさに好好爺である。矯正・保護の世界に長年身を置いているからか、どんな人間でも受け入れるその懐の深さ、包容力が全身から滲み出ている。

刑務所での服役を終え、いざ社会復帰となってもなかなかうまくいかないケースも多い。ただちに自立することが難しい出所者たちを一時的に受け入れる施設が更生保護施設だ。対象となるのは刑務所を仮釈放されたり、少年院を仮退院した保護観察中の者や、更生緊急保護という形で不起訴や刑期満了で保護観察はつかないものの行き場のない人たちだ。

法務省からの委託を受け保護期間は原則六か月以内、住居や食事を提供し、あいさつの仕方や金銭管理などの生活指導や就職先探しの指導も行い社会復帰を支える。二〇一六

（平成二八）年現在、全国に一〇三か所あり、定員は約二三〇〇人。平均の在所期間は四か月程だ。

両全会のように女性だけを受け入れる施設は全国で七か所しかない。現在、受刑者に占める女性の割合が増加している上に、女性の再入所率の上昇も問題となっている。その原因はどこにあるのか、塀の中だけ取材していても、それはわからない。小畑理事長が言うように塀の外に出てからが問題だからだ。私は塀の外に出てから出所者たちがどのように過ごしているのか知る必要があると思い、これまでに「スーパーJチャンネル」で五回にわたって特集を放送してきた。取材を始めたのは二〇一四（平成二六）年からだ。

帰る場所がない女性たち

明治神宮の森にほど近く、ひっそりとたたずむ白い建物が両全会だ。敷地は約三六〇平方メートル、五階建てで一三の部屋があり定員は二〇人。両全会に入所した瞬間、女性たちは「寮生」と呼ばれるようになる。

その歴史は古く、一九一七（大正六）年、出所した女性たちの窮状を見かねた教誨師《きょうかいし》が自宅の一角に寮を作り、社会に復帰できるための支援と指導を始めたことにさかのぼる。すでに一〇〇年以上の歴史があることになる。

「両全」という言葉は聞きなれないが、唐の李商隠という詩人の言葉「忠孝両全」からひいたものだという。君主へ忠義を尽くすことと、両親へ孝行することは全く別のものだが、どちらも両立させるという意味だ。

　開設当初は寮生の年齢層が若いことや、労働者が男性中心だったという時代背景もあり、結婚相手の紹介や生活資金の貸与など経済的支援が中心だった。しかし、今は薬物、窃盗事犯の増加など時代の流れとともに犯罪の傾向も変わってきており、両全会の支援の内容も多様化している（両全会の寮生も約四割が薬物事犯、約四割が窃盗事犯である。また約半数が障害者である）。

　また、これまで紹介してきたように〝塀の中の高齢化〟が深刻で高齢の出所者が増加していることから、福祉施設への橋渡しも重要な活動の一つになっているのが現状だ。小畑理事長は語る。

「女性の場合は男性に比べてやはり依存的な部分が強くて、精神的なダメージを受けやすいというところがありますね。また社会復帰した際にも、社会はまだまだ女性の方がより厳しく難しいんです。ここでの数か月間の生活は、まず人間性の回復のためでもあるんです」

　理事長の言葉の通り、両全会に来る女性たちを取材して気づいたのは、いかに更生の道が険しく難しいかということだ。寮生たちの多くは、劣悪な家庭環境に育った〝弱い女性〟たちで、男性への依存、悪い人間関係から抜け出せないでいるのだ。法務省のデータでも、再犯者の中でも「帰る場所がない」者の約六割がわずか一年未満で刑務所に舞い戻ってしまうという。いわばその〝弱さ〟ゆえに悪い人間関係から付け込まれたり、弱さ故に解決方法を誤って罪を犯すことを繰り返してしまうのだ。

必死に生きようと努力するものの、社会にどうしても溶け込めず挫折し、もがき苦しむ女性たち。そして、そうした女性たちにやさしく手を差し伸べ、何とか自立させようと懸命に支える多くの人たち。そこには数々のドラマがあった。

シングルマザーの新たな入所者

「こんにちは、よろしくお願いします」

取材を始めたその日も、両全会に刑務所を仮釈放になったばかりの四〇代の女性がやって来た。

「いらっしゃい、きょう釈放になった方だね、よろしく」

そう言って出迎えたのは、補導主任の三浦芳美さんだ。補導主任とは、寮生と直接、接して生活指導をする責任者である。長年、刑務官を務めた方で、この施設の〝お父さん〟役で奥さんとともに寮に住み込んでいる。見るからに〝昭和のお父さん〟という風貌で、寮生を指導する場面を幾度となく見ることになるのだが、それは本当に立ち直ってほしいという〝親心〟からであり、厳しさの中にやさしさも垣間見える。奥さんも、食事などの世話をしていて〝お母さん〟的存在として寮生から慕われている。

女性は覚醒剤を繰り返し使用し、懲役二年の実刑となった。幼い子どもが一人いるシングルマザーだ。

――どういうきっかけで薬物を始めてしまったのですか？

「家事とか育児とかができなくなってしまって、そのことを実の父に咎《とが》められて覚醒剤を打ってでも動けと言われたんです。父からはDVもあったので何をされるか怖くて……」

これまでの生い立ちが影響しているのか、女性は今でも何かに怯《おび》えているような感じで、表情にも翳《かげ》りが見える。家事と育児に一人で悩んでいた時に、実父に唆《そそのか》され逃げ場を求めて手を出してしまったのが覚醒剤だった。

父親のいる自宅に戻れば元の木阿弥になってしまう。そこで今回、両全会が身元引受先となったのだ。ここにやって来るのは、こうした家庭の問題を抱える女性たちばかりだ。

到着して早々、三浦さんは、

「じゃあ、まず荷物を調べさせてもらうね」

と言ってシートを広げ、女性が持ってきたカバン、手提げ袋からひとつひとつ中身を取り出しチェックを始める。これも再犯防止のための第一歩なのだ。薬物などを隠し持っていないか、犯罪に関わった悪い人間関係とつながっていないか、手紙や葉書なども丁寧に確認していく。すると三浦さんが、ある手紙に着目する。

「この手紙は？」

「これは友人からのものです」

「友人はいい友人？　悪い友人？」

「悪い友人ではないと思いますが、今は連絡をとっていません」

「過去の人とはもう付き合わないで、いいね。それが、あなたが助かる道だよ！」

女性が必死で釈明するものの三浦さんは厳しく注意する。それもすべては女性のためを思ってのことだ。施設にいる間は、外部の人間との接触、電話や手紙などもすべて許可が必要となる。

三浦さんはじめ両全会の職員たちが、あらゆる寮生たちに厳しく指導するのには理由がある。前述したとおり、寮生たちの多くは幼少期から恵まれない家庭環境にあって情操も育たず、親からDVを受けるなど人間関係の基本的な決まり事すら教えてもらえなかったケースが多いのだ。それゆえ、三浦さん夫妻がまさにいま〝親代わり〟となって、人間関係のルール、社会のルールを一から徹底して教える必要があるのだ。

女性たちは寂しさからつい依存的な関係に陥りやすく、往々にしてそれが悪いほうへと人生を狂わせてしまうと小畑理事長は言う。両全会では、その悪い流れを何としてもここで断ち切らせるという強い決意のもと、職員たちは寮生と厳しく接しているのだ。

荷物チェックを終え、いよいよ他の寮生との初対面となる。部屋までは先輩の寮生が案内する。女性は緊張した面持ちで階段を上がり一〇畳の和室へと向かった。部屋の前で案内役の先輩寮生が他の部屋の女性たちに声を掛ける。

「すいません、みなさん新入です」

「新入さん、はい」

「よろしくお願いします！」

彼女は頭を下げ同じ部屋の寮生たちと挨拶をした。施設には個室や二人部屋もあるが、新人はまず先輩寮生たちと共同生活を送り、この施設での集団生活に慣れるようにする。

両全会の一日

「おはようございます！」

翌朝六時、両全会の朝は早い。寮生たちの新しい一日が始まる。施設の一日はまず補導主任・三浦さんへのあいさつから始まる。そして、午前六時二〇分、寮生たちが毎朝起きて最初にすることは掃除だ。全員で施設の中をくまなくきれいにする。訪れて思っていたが、施設は玄関から廊下、階段、トイレ、壁そして各部屋とも実に整理整頓が行き届いて清潔感に溢れている。これも寮生たちにきちっとした社会生活を送らせるためだ。私も小さい頃、母から「部屋の乱れは心の乱れ、部屋はいつもきれいにしなさい」と常々注意されたことを思いだす。掃除は夕方にも行われる。毎日、規則正しく暮らすことが更生への

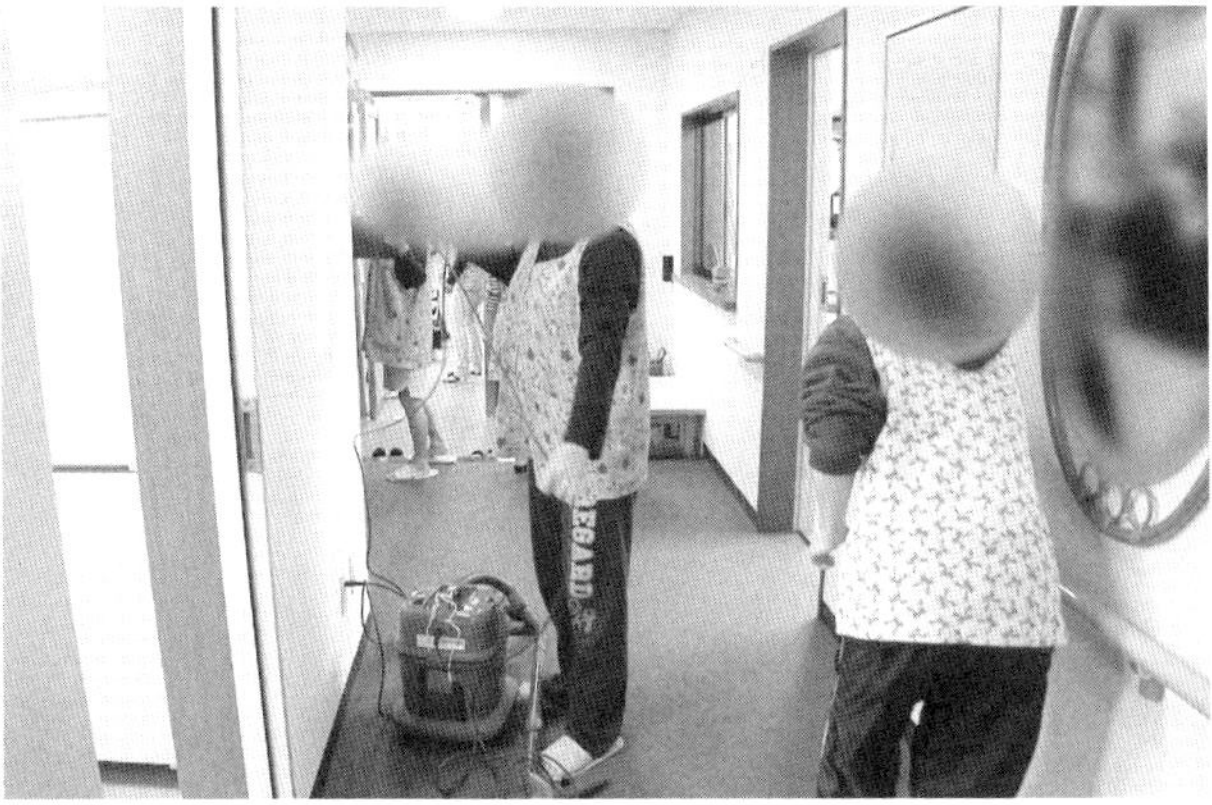

朝一番に行われる掃除

第一歩でもあるのだ。

「いただきます！」

そして、午前六時半に朝食。寮生たちは決まった時刻に決められた席に着き全員がそろって食べる。この日の献立は焼き鮭、納豆、味噌汁とご飯。寮生たちの食事代は国から支給されている。その内訳は朝四一〇円、昼三〇〇円、夜五二〇円。

平日の朝食と夕食は施設で食べるが、昼食は実費支給となる。そのため、朝食が終わりに近づくと残ったご飯、おかずを容器に詰め込む姿が見られた。支給されている昼食代を浮かせて少しでもお金を貯めるためだ。

朝食の後、三浦さんの奥さんが一人の寮生をつかまえ、何やら怒っている。話を聞いているとー
「あれは何なのよ！　部屋がすごくたばこ臭か

ったけど、認めるの？」

「気をつけます……」

寮生は下を向く。

「認める？」

「認めます……」

「反省文、書いてきなさい！」

「はい」

どういう事情か奥さんに聞く。

「たばこは戸を閉めてベランダで吸うという決まりなんです。それなのに閉めないで部屋の中で吸っていたので厳しく注意しました」

――結構、根気がいるんじゃないですか？

「そうですね、毎日同じことの繰り返しです」

と、奥さんはやれやれというような表情を見せた。

そして補導主任の三浦さんは、仕事に出たり就職活動に向かう寮生たちに必要な分だけのお金を渡していた。施設では寮生たちのお金の管理もしている。三浦さんは、

「今日一日の行動を聞いて必要なお金だけ渡しています。要するにみんな再犯をさせないためです」

この施設を出て寮生たちが独り立ちする時に先立つものはお金だ。両全会ではその日に備え、必要な生活資金を貯めるよう指導している。そのため三浦さんらは、寮生たちが持ってくるレシートを見て毎日、無駄な出費をしていないか厳しくチェックしている。寮生たちは平均で約四か月間、ここで過ごすが、その間三〇万円の貯金が目標だ。中には少し長い期間いたケースだが八〇万円も貯めた寮生もいたという。小畑理事長も言う。

「お金の管理を通して金銭感覚を身に付けてもらいたいということだけでなく、彼女たちが何を買っているかを見ることで生活や精神状況を把握するという狙いもあるんです。累犯窃盗で服役した人もいるわけですから、レシートのない物は万引きしてしまったものかもしれない。店や警察が気づかなくてもわれわれは決して見逃さないぞということです。お菓子ばっかり買う人もいるんですが、そういう人には両全会職員の看護師から指導を受け健康への意識も高めてもらっています」

メイク指導やファッションショーも

その一方、両全会では寮生たちの社会復帰を手助けしようと、さまざまなイベントも用意されている。たとえばメイクの専門家かづきれいこ氏を呼んでの「美容教室」では自信を取り戻すためのメイク指導も行われる。

その指導を受けた寮生に聞いてみる。

——実際やってみてどうでしたか？

「感動しました。あまり化粧に興味がないのですが、ちょっと覚えたいなと思いました」

——鏡を見たときはどうですか？

「うれしい気分ですね」

私は男性なのでよくわからない面もあるが、下を向きがちだった寮生たちの表情は明るく生き生きとしていて、確かに自信をつかんだように見える。

そして、寮生をモデルにして年に一回「ファッションショー」も開催される。これは、これまで日の当たらない生活を送ってきた女性たちがスポットライトを浴びることで自信につなげさせる狙いがある。小畑理事長は語る。

「刑務所で洋裁指導をしてくださっているファッションデザイナーの村田愛子先生にご協力いただいて実現しました。村田先生の作った服を着て歩くだけですが、村田先生は寮生たちに『まっすぐ前を向いて堂々と歩いて』と応援してくださいました」

村田先生は取材したこの年に亡くなり、『村田愛子先生追悼ファッションショー』として開催された。

私はファッションショーに参加した一人の寮生に注目した。四〇代後半の大村裕子（仮名）さん。窃盗の常習でこれまでに四回、刑務所で服役している。今回はスーパーで約二〇〇〇円相当の食料品を万引きしたという。両全会も今回で二回目だ。ファッションショーは食堂で行われるのだが、次々と関係者が観客として訪れていた。出番を待っていた大村さんに声を掛ける。

――結構、人が集まってきましたね。

「緊張するようなこと言わないでください！」

そう答えると微笑んだ。

――やはり、人前に出るとドキドキしますか？

「そりゃしますよ！」

――人前で服を着て見せるようなことは？

「ないですよね」

寮生たちはさまざまな衣装を着て大勢の人たちの前で自信を持って堂々と歩いていた。ファッションショーは一時間ほどで終わった。大村さんに感想を聞くと、

「やってみたら結構楽しかったです。思った以上にかわいくできたかな、やっぱりドレスはいいですね、そんなに着ることもありませんし、それで人に見られるっていうので、その中を歩くと緊張してドキドキしました」

と達成感に満ちた表情で実に嬉しそうに話した。

「悪いもう一人の自分が」

このファッションショーの後、大村さんに詳しく話を聞くことができた。施設に来て一か月余りが経っていた。

――こちらでの生活は慣れましたか？

「やっと仕事にも慣れてきて落ち着いてきました。ただ正直に言うと、いろいろ当番が大変ですね」

彼女は以前、他の更生保護施設にもいた経験があるが、同じ更生保護施設でもやり方が全然違うという。

――両全会の規律は厳しいですか？

「実際、厳しいですね。外出が四時間以内だから本当にこの周辺にしか行けません。前の施設だと休みの日は朝七時半くらいから外出ができて夜の一〇時までに帰ってくればよかった。それに食事も、朝、昼、晩にみんなそろっていただきますとかは全然なくて、食べたいときに食堂に行って食べる感じだから、こことはやり方が本当に全然違うんです。

両全会では登録していなければ知人でも手紙のやりとりもできないし、会うこともできません。あと、ここは朝、晩と役割活動としていろんな当番があります。前の施設だと朝だけでこんなに掃除もしませんでした。休みの日以外、朝晩の掃除って仕事よりもきついかなって」

　大村さんは清掃関係の会社で仕事をしている。清掃の仕事は初めてで最初はできるか心配だったそうだが、両全会での掃除当番のおかげで今では一人で仕事を任されるようになったという。

　──仕事にはやりがいを感じていますか？

「はい、仕事はもともと嫌いじゃないし。遊んでいてもご飯は食べられないし、体が動くうちは働きたいと思っています。働けばそれだけ自分の貯金が増えるわけだから、いつまでもここにいるわけではありませんし……」

　彼女は今回四回目の服役中に仮出所した。三回目の出所後、施設に夫から離婚届が送られてきた。成人した二人の子どもがいるが、夫が引き取り全く会っていないという。

　──お子さんと会えずに寂しくないですか？

「寂しいけど、私の場合は私から会いに行くことは今の自分の気持ちとしてはできないし……、旦那がどういうふうに子どもに言ったかわからないけど、子どもにしてみれば捨てられたと思っていると思うので私からは会いには行けません。今は子どもが私に会いたいと思ったときに、会いに来ても会えるように生活をちゃんとしないと……」

　──今の自分は会う資格がないということですか？

「はい」

最初に起こした事件は置き引きだった。寺の石の上にカバンがポンと置いてあり、それを盗んでしまった。被害額は一、二万円ほどだったという。

――お金に困っていたり、生活が苦しかったんですか？

「そういうわけではなくて、気持ちが……気持ちが寂しかったんでしょうね」

――育児が大変だったんですか？

「生活自体がですね」

――盗むとストレスを発散できるのですか？

「盗んだからといってストレスを発散できるわけではないんですけど、その時は気持ちが自分で持っていきようがなかったというか……」

――人格が変わってしまうんですか？

「悪いもう一人の自分になっちゃうというか」

もう一人の自分――窃盗を繰り返す人がたびたび口にする言葉だ。

彼女の最初の判決は懲役一年、執行猶予三年だった。しかし、この執行猶予中に再犯をしてしまったため、この懲役一年と再犯の懲役一年が合算され、最初の服役は二年となった。刑務所関係者らがよく言う〝お弁当持ち〟だ。

――四回目になってしまったんですけど、その都度これで最後にしようという気持ちはなかったんですか？

「ありました。だけど今まではそんなに刑務所に入っても、満期でもいいかなって感じだったんです。でも今回で刑務所生活が本当に嫌になったし……」

――今までと何が違ったんですか？

「やっぱり自分の年齢を考えました。このまま刑務所で死ぬのも嫌だし、歳をとるのも嫌だし、やっぱり社会で死にたいなって……」

――なぜ同じ過ちを繰り返してしまったと思いますか？

「気持ちが寂しかったんでしょうね。夫のせいにしていたのもちょっとあるのかなと……。自分の気持ちを旦那に言えばよかったんですけど、旦那も満足はしていなかったと思います」

――夫婦関係のストレスが一番大きい？

「幸せはお金では買えないものだから……、どんどん自分をさみしくしてしまって同じことを繰り返していたんでしょうね」

窃盗のきっかけは夫婦関係のストレスだったという。置き引きに始まって何度も逮捕されたが、それでも盗みが止められない。夫とも離婚し、子どもとも会うこともなく一人になってしまった不安、孤独感から盗みを繰り返す〝負のスパイラル〟に陥ってしまったようだ。

施設ではカウンセラーによる常習窃盗の離脱指導も受けている。

——今、離脱指導を受けられて自分自身何か変わった気はしますか?

「すごく自然と話せるっていうか。そのときの気持ちの話をしていて、だから指導という感じではなくて知り合いと話をしている感じですね」

——両全会に来てよかったと思いますか?

「最初のころは嫌だなってはっきり言って思いましたが、今では両全会はよかったかなと思い始めています」

——今までの環境と今の環境で全然違っている?

「違いますね。今は本当に落ち着いています」

——では、もう再犯しないという自信は?

「もう社会で死にたいです……。だってもう刑務所に入ったって自分にプラスになることはないし、自分でどんどん寂しくしていくだけですから。仕事をしていけば社会で生活をしていけると思います」

社会で死にたい——そう繰り返した彼女の目頭はいつしか熱くなり、静かに決意を語った。その決意の言葉を私は信じていたのだが……。

警察署の面会室での悲しい再会

ある朝、両全会を訪ねると、三浦さんら職員が慌ただしい雰囲気に包まれていた。大村さんと連絡が取れなくなったというのだ。われわれ取材班もどうしたのか心配していると、所轄の警察署から連絡が入った。三浦さんが残念そうに話しだす。

「大村さんですが、所轄署から東京保護観察所に通報があったそうです。デパートの婦人服売り場から衣類を盗んだところを現行犯逮捕されました。今、警察署に勾留されています。刑期満了の一日前ですよ……」

三浦さんも悔しさからか両手を握りしめ思わず言葉に詰まる。一報を聞いて私も一緒に取材をしていた連形ディレクターも耳を疑った。あんなに生き生きとした表情でファッションショーも楽しみ、「もう社会で死にたい」と強い決意を話していたのに……。

いったい彼女に何があったのか。どうしても本人の口からその訳を聞きたかった私は連形ディレクターとともに大村さんが勾留されている警察署に面会に行くことにした。受付で名前、職業、住所などを書き待っていると、警察署の職員が案内してくれた。

ロッカーに荷物を預け、面会室に入る。私も連形ディレクターも警察署での面会は初めてで少々緊張し大村さんを待つ。

女性警察官がドアをちらっと開け、大村さんに私たちの姿を見せ確認するよう言っているようだった。大村さんは小さく頷き、面会室に姿を現した。透明のアクリル板を挟んで向かい合った。後ろには女性警察官が立ち合っている。心なしかやつれた様子だ。

――どうしてこんなことになったのか……、お話を聞いて残念に思います。

「申し訳ありません」

大村さんは軽く頭を下げた。

――何か、理由があったのですか？

「私には両全会を出た後に一緒に暮らすはずの男性がいたんです。しかし、刑務所に入る前に私の持っていた通帳や携帯電話など貴重品を預けていたんですが、売りさばかれ悪用されたと知ったんです……。もう裏切られたという思いで気持ちがプッンと切れてしまいました……。両全会の方々を裏切ることをしてしまい、申し訳ないことをしたと思っています」

やはり背景には異性関係が潜んでいたのだ。交際していた男性の裏切りを知って精神的にも不安定になり、新生活にも自信が持てなくなったという。気づいた時には、また物を盗んでいたのだ。事情はどうあれ、もちろん許される行為ではない。

あれほど小畑理事長、三浦補導主任が過去の悪い人間関係は断つようにと指導されていたのに……私は面会に行く前に、小畑理事長に何かメッセージはあるか聞いていた。小畑理事長は、

「まあ、こういうことになったけど、もしよかったら気にせずにまた両全会においでと言っておいてくれよ」

と言われていた。

――小畑理事長は、またよかったら気にせずに両全会に来てくださいとおっしゃっていましたよ。

すると、下を向いていた大村さんが顔を上げ、ちょっとびっくりした表情を見せた。

「ほんとですか？　うれしい」

両手で顔を覆い、大粒の涙を流す。

――いろいろあるかとは思いますが、私たちも応援していますので頑張ってください。そういう人間がいるということも忘れないでください。

「ありがとうございます……。小畑先生たちにも、申し訳なかった、またよろしくお願いしますとお伝えください」

そう言うと、女性警察官に連行され面会室を後にした。その後ろ姿を見て、更生の道の険しさを改めて実感した。そして、さらに取材を進めると予想すらできない場面に直面することになった。

新たな試み「リ・コネクト」

自立支援を進める両全会だが、再犯防止にむけ新たな取り組みを進めているのも特徴だ。

二〇一二（平成二四）年七月の犯罪対策閣僚会議で「再犯防止に向けた総合対策」が策定され、「刑務所出所後二年以内に再び刑務所に入所する者等の割合を今後一〇年間で二〇％以上削減する」という数値目標も掲げられた。

現場は当然、数値目標実現にむけ具体的に動かざるを得ない。両全会でも常習的に窃盗を繰り返す女性を更生させるための「リ・コネクト」（再社会化）という全国でも初めての試みを始めた。その名の通り、社会と再び関係を築かせようというプログラムで、心理学的なアプローチから窃盗の再犯防止を図ろうというものだ。取材時には、万引きの常習で服役を九回繰り返した六〇代の女性がプログラムを受けていた。

ベテラン保護司であるカウンセラーの女性が、この六〇代女性に質問する。

「窃盗も仕方なかったという、あなたはどんな言い訳をしているのかな？」

「盗ることに対して少しくらいなら大丈夫だろうという気持ちが繰り返すんですね……」

こうした聞き取りを重ねて、どうすれば常習窃盗から抜け出せるのかを考えさせていくのだ。プログラムを進めるスーパーバイザーの早稲田大学の藤野京子教授（心理学専攻）はこう言う。

「窃盗を繰り返している人たちは衝動的だと言っていますが、誘惑に負けてしまっているということです。その誘惑にどう打ち勝つか、我慢するだけでなく、打ち勝つことは自分にとっていいことなんだという気持ちを促すことですね」

また薬物依存からの離脱を目標にした「ローズカフェ」というプロジェクトもスタートさせている。大学教員や医師ら専門家を招き、本格的な薬物依存離脱の指導を続けるのだ。

認知行動療法を活用して臨床心理士との面接やグループディスカッションを重ね、薬物依存の原因となったストレスを抑える方法を身につける。集中的な一二回のプログラムのあと、三年間は両全会を卒業しても受講を継続できる。両全会は退会したら終わりではないのだ。こうした新しい試み、地道な努力がいつの日か、実を結ぶ日が必ず来ると信じたい。

突然姿を消した寮生

取材を始めて一年ほど経った四月、この日も仮釈放となった女性が両全会の門をたたいた。女性は六〇代の小林弘子さん（仮名）。

「はじめまして、これからお世話になります」

出迎えた三浦さんに深々とお辞儀をした。苦労を重ねてきたからか年齢以上に頭には白いものが目立つ。荷物チェックを終えた後、私は小林さんに話を聞いた。

――今回、どういう事情でこちらにいらしたのですか？

「私……」

と言葉を発したのと同時に目頭を押さえ泣き出した。

「本当は、身元引受人は娘だったんですけど、娘のほうに何か事情ができたようで身元引受人にはなれないからって……」

――服役していた罪名は？

「殺人です……」

小林さんは自営業の夫と娘と暮らしていた。だが夫は酒浸りで時には暴力を振るうなど苦しめられた。追い詰められた彼女は夫を殺害し、懲役九年の判決を受け八年服役。今回、満期より約一年早く仮釈放となった。娘も当然歳をとり、事情が変わったのだろう。決して短くはない刑期だ。その娘が身元を引き受けてくれると信じていたのだが、裏切られた形となってしまったのだ。

社会復帰したというのに喜んでいる様子には見えない。

――娘さんのところに帰れると思って刑務所で頑張って暮らしていたのですよね？

「あの子たちと一緒に何年暮らせるかどうかわからないですけど、少しでも一緒に暮らしたいと思いますけど……」

出所したらあれもしたい、これもしたいと夢は描いていたが、現実はうまくはいかなかった。そんな小林さんの様子を見て補導主任の三浦さんが元気づける。

「これからは、過去は関係ないからね！　過去に帰る道はないんだよ！　今日から何に向かって進むかというと、就職活動をしてきちんと働いて、お金を少しでも貯めて、幸せになれる基礎づくりをする、そういうことだからね！　じゃあ、部屋を案内してあげて」

三浦さんは口癖のように「過去は関係ない」「過去は断ち切って」と繰り返す。三浦さんから励まされたものの、小林さんは同じ部屋の先輩寮生に案内される間もずっと泣き続けていた。

全員がそろって食べる夕食の時間、三浦さんが寮生の皆に小林さんを紹介する。

「きょう仮釈放になりました小林さんです、よろしくお願いします」

「よろしくお願いします！」

全員が小林さんに挨拶する。小林さんも、

「よろしくお願いします」

と蚊の鳴くような声で挨拶を返す。

この日の夕食は小林さんの歓迎の意味も込めて、ちょっと贅沢な厚切りのトンカツだった。刑務所では出ない豪華な食事だが、彼女はほとんど箸をつけず俯《うつむ》いたままだ。話をすることもなく周囲と溶け込もうという意欲も見えない。果たして規律の厳しいここでやっていけるのか、私も少々不安に思う。

そして一か月後、その不安が的中してしまう。三浦さんからトラブルがあったと連絡があって、私と連形ディレクターが両全会に駆けつける。

――三浦さん、いったい何が起きたのですか？

「昨日、寮生が一人帰って来なかったんです」

――小林さんですか？

「そうです。ノートに『お父さん、お母さんお世話になりました』と書いてあったんです」

お父さん、お母さんとは三浦さん夫妻のことだ。無断外泊は明らかに規律違反だ。最悪の場合は仮釈放も取り消されてしまい、塀の中に舞い戻ってしまうことにもなる。

――それで、まだ見つからないのですか？

「いえ、朝になって自ら交番に出頭して警察官に連れて来られ、ここには戻ってきました」

聞けば一晩中、あてもなく新宿の街をさまよった挙句、朝になって交番に出頭していた。落ち着いた頃を見計らって、小林さんに事情を聞いた。

「仮出所をいただいた身ですが、施設での人間関係がどうしてもイヤで寮を飛び出しました。外泊すれば刑務所に戻れると思っていましたし、万引きしようとも思っていたのですが、そこまではできなかったです」

驚いたことに規則に違反すれば、刑務所に戻れると考えたというのだ。八年服役してようやく社会復帰できたというのに、何がそこまで彼女を追い詰めたのか。

施設に戻ってきた彼女に三浦さんもさらに事情を聞く。

「他の寮生となにかあったの？」

「陰で何か言ったり……」

「陰口を言われたの？」

「はい、私は神経質なんですよね、こうだなと思うと、もうダメなんです……」

やはり両全会に馴染めなかったのか。自分の生きる道を自分で切り開いていかなければならないという重圧に負けたのか……それはこの施設の寮生の誰もが実感しつつも、みな前を向いて必死で一日一日を暮らしているはずだ。三浦さんは言う。

「みんな楽な道を選びたがるんですよね、だけど社会生活というのは我慢の連続なんですよ。何でも思い通りにできない刑務所は逆に我慢しなくてもいいわけですよ、それしかできない生活ですから、その切り替えがうまくできるかなんですがね……」

指示に従っていればいい刑務所生活と、自分で考え自分で道を切り開いていかねばならない社会生活との間には、越えなくてはならない大きなハードルがある。そのハードルを一日も早く越えられるように小畑理事長、三浦さんらが日々彼女たちを支えているのだ、今回の一件を通し、そんなことを感じた。

〝薬物事犯〟更生の険しい道のり

女性の場合、窃盗と並び、再犯率が高いのが覚醒剤などの薬物事犯だ。取材時に、ちょうど両全会を晴れて卒業する女性がいた。三〇代の西岡淳子（仮名）さんだ。覚醒剤の使用と密売で罰金二〇〇万円と懲役四年の実刑判決を受けた。罰金を労役で支払ったため刑務所には六年ほど服役、仮釈放が認められ両全会で半年近く生活していた。

部屋の鍵を持って西岡さんが事務室に現れる。これまで貯めたお金、携帯電話などが三浦さんから渡され、退会の手続きをする。三浦さんが言葉を掛ける。

「保護観察所に必ず電話をしてね、『今日予定通りに出ました』と。担当の先生がいない場合は伝言をお願いしますよ。ここにも落ち着いたら元気でやっていますと、ちゃんと報告するんだよ」

「連絡します。お世話になりました」

西岡さんは頭を下げた。

「後はもし仕事の面でも言っていることと違ったり、困ったことがあったらなんでも連絡をしてあげるからね」

「お願いします。お母さんありがとうございました」

いつもは厳しいお母さんこと三浦さんの奥さんも、

「遊びにおいでよ」

と最後はにっこりと笑顔でやさしい言葉を投げかける。

「ありがとうございました」

「元気でね」

三浦さん夫妻に見送られ、西岡さんは両全会を後にした。感動的な瞬間だ。三浦さんもいつになく嬉しそうな表情を見せる。

——また一人旅立ちましたけど、こういう日はどういう心境になるのですか？

「これで私たちの指導が実ったということになりますのでほっとしています。これからの彼女の幸せと再犯がないように祈るだけですね」

——自立をしていくのは、なかなか難しいところもあるかと思いますが？

「これからは本人の強い意志を発揮して再犯のない幸せな道を歩んでいってほしいです。厳しい寮生活を頑張れたので必ずやってくれると思いますけどね」

「両全会は刑務所より厳しい」

両全会を出た西岡さんは都内にある団地で過ごすことになった。シャワーが共同の１K、家賃は約四万三〇〇〇円だ。少々年季の入った建物ではあるが、この際贅沢《ぜいたく》は言っていられない。

両全会を出て駅まで向かう間、私は彼女に抱負を聞いた。

——今日のこの日を迎えて今の気持ちは？

「やっと社会に出られるという感じはしますね」

——あっという間でしたか？

「過ぎてみればあっという間でしたね」

――両全会ではどういった面が一番大変でした？

「寮の中での人間関係ですね」

刑務所と同様、みな集団生活での人間関係に頭を悩ますようだ。

――半年の間は仕事をちゃんとされて、お金も結構貯まったんですか？

「そうですね。ちゃんと仕事をして貯めました。やっぱり貯められますね、ここでは、お母さんの食事とかも出してもらえますので自分で節約して何とかお金は貯めていけます」

――お父さん、お母さんにはかなり感謝に堪えない感じですか？

「そうですね、いろいろな面ですごく助けられました」

――いよいよ一人で自立するということで不安はないですか？

「不安はありますけど刑務所の中にいた時よりは不安はないですね。捕まる以前よりは不安はないです」

――この半年で自分なりに自信が付いたということ？

「そうですね」

――もうお父さんとかお母さんがいなくて大丈夫ですか？

「ここで身につけたことをずっと活かしていけたらいいなと思います」

明るい表情で話す前向きな言葉に、私も取材をしていて嬉しくなる。電車を乗り継ぎ、東京郊外にある西岡さんの新しい住まいのアパートに到着する。

――どうですか、本当に一人になりましたけど？

「これからですね」

荷物の整理などひと段落したところで、西岡さんにこれまで聞けなかったことなどを改めて聞いた。

――西岡さん、ご結婚は？

「結婚は二回しましたけど、夫は二人とも覚醒剤をやっていました。相手がやっていて、それで自分も興味があったのでつい……」

――一回試してみてハマってしまったんですか？

「そうですね、いつか止められるのかなと思ったんですけど止められなかったですね」

覚醒剤は二〇歳すぎから使い始め使用歴は一〇年以上になる。西日本出身の彼女が再犯をしないために決意したのは交際男性との関係を絶つことだった。そのために縁もゆかりもない東京で一人暮らしすることを決めたのだ。

――最初、両全会に来た時はどんな印象を持ちましたか？

「刑務所の延長みたいな、というか刑務所より厳しいと思いました。中途半端に社会に出ていて自由がないから。時間厳守で帰ってこないといけないし、お金も管理されるので」

――買ったものまでチェックされますもんね。

「そうそう！　レシートもきっちりチェックされるし。だから社会に出ているのにまだ刑務所の中にいる感じでしたね」

やはり両全会での生活には、多少の息苦しさは感じていたようだ。

——お仕事はもう決まっているのですか?

「仕事は決まっています。両全会のほうで紹介してもらったところです」

——そのお仕事はなかなか入れないようなところだと聞きましたけど?

「そうですね、しっかり頑張っていかないと、と思っています」

——自分が認められたって感じを受けると嬉しいですか?

「認められたとはまだ思っていないんですけど、ちゃんとやっていれば認めてくれる人がいるんだなと実感ができてすごくありがたいです」

——両全会にいた半年を振り返ってご自身変わったことや学んだことはありますか?

「自分を大切にしないといけないなって、人のことばかりを考えても仕方ないなって。自分を大切にしないと人のことも考えられないということを学びましたね、お母さんに」

——お母さんとはいろいろな話をしたんですか?

「しんどい時に話を聞いてもらったら助けられました。ちょっときついことも言いますけど、やっぱり女同士だから話を聞いてもらって助けてもらいました」

厳しいながらも親身になって指導してくれた三浦さん夫婦への感謝の言葉も自然と出てきた。西岡さんの実の母親は離婚している。姉が二人いるが疎遠になっていて、母親だけは逮捕された際にも手紙のやりとりや遠方から面会に来てくれたという。

――実のお母さんに何か一言いうとしたらどんなことを伝えたいですか？

「ちゃんと恩返しをしていきたいです、自分なりに」

――落ち着いたらお母さんにも会いに行きたいですか？

「そうですね……」

そして、ずばり彼女にこう聞いた。

――再犯をしない自信はありますか？

「今はありますね、今は（薬を）やりたいとは思わないですね。やったらしんどくなるっていうのがわかっていますから。一回やったらもう止まらないです。薬をやっていた時の生活に自分が戻るのは嫌ですから……」

――何が嫌なんですか？

「薬をやっている時はすごく不安だったんですが、その不安は今ないです。あとは歯もボロボロですし、血管が全部つぶれて病院に行っても注射の針が入らないですね……」

――自分をこれ以上痛め付けないようにしてください。

「はい、自分を大切に生きていきたいですね。実はまわりで死んでいる人が多いんです。ヘロインとかで何人も死んでいますもん、量を間違えて。先が見えない生活はもうしたくないです」

――今、禁断症状はない？

「今はないです。薬をやっていて先が見えない不安がすごく大きかったんですけど、今は生活していく不安はありますけど、そういう先の見えない不安はないです」

――今後の抱負、目標は？

「今の生活を維持していくことですね。一〇年、二〇年先に続いていけたらなって。今の生活をしていれば薬にもまた戻ることはないいんじゃないかなって思います」

彼女は力強く答えた。これで独り立ちできるであろうと思い、私も安心して団地を後にしたのだが……。

OA中にニュースで逮捕の報を

半年後、団地を再び訪ねてみると、彼女の姿はそこにはなかった。また更生を誓ったばかりの女性が消えてしまったのか。私は少々裏切られた思いがしたが、彼女の携帯に電話をしてみた。

――西岡さん、今は東京にいらっしゃらないんですか？

「はい、ちょっと地元のほうに」

――東京を出られたのですね？

「はい、もうちょっとしんどかったですね。東京には身内も友人もいないし、土地勘もな

いし……。両全会を出てから、人間関係もしんどくなって一人になって考え込むようにな
ってしまって」
――取材をさせていただいた部屋で頑張っていらっしゃるのかなと思ったんですけど。
「半年は頑張りましたけど……」
――お仕事はどうしているんですか？
「派遣に行っていますね……」
あえて犯罪を起こした地元を離れ、自立を目指していたが、東京での〝孤独感〟に耐え
られず地元へ舞い戻ってしまっていたのだ。私は心配になって聞いた。
――薬物の禁断症状は大丈夫ですか？
「そうですね、実はひどかったんですね。一人でいると不安になって薬物に手を出しそう
になって、それではいけないという繰り返しでした」
――今は大丈夫ですか？
「身内で話を聞いてくれる人がいましたので……」
私はとにかく困ったことがあったら誰かと話をするようにと言葉を掛けた。しかし、話
し方が少々おかしいのが気になった。
そして、その数日後、またも不安が的中してしまう。私と連形ディレクターが担当の特
集の放送を終え、サブ（副調整室）から出ようとすると、

「飲食店のトイレに置き忘れていた覚醒剤を取りに戻ったところを逮捕されました」

とニュースが流れる。逮捕者の字幕スーパーを見ると、西岡さんの名前だったのだ。

あれだけ再犯しない自信はある、と更生を誓いながら再び覚醒剤に手を出し逮捕されてしまった西岡さん。彼女に一体、何があったのか、私と連形ディレクターは彼女が勾留されている警察署に面会に行くことにした。

二人で面会室に入り待っていると、西岡さんは女性警察官に連行されてきた。彼女に面会に来る人間も少ないからか、表情は明るい。

「こんなふうになって本当に恥ずかしいです。両全会の皆さんにもお世話になったのに申し訳ないです」

西岡さんは軽く頭を下げ、まず初めに謝罪と反省の言葉が口をついた。そして両全会を出た後の苦しい生活について語り出した。

「東京での仕事は高齢者ばかりの掃除や飲食店の仕事ばかりで、働けど働けど生活ができるほどの給料がもらえないのに、他のバイトは禁止だなどと言われ、すっかり人間不信になってしまいました……」

やはり地道に働き生活をしていくことはできなかったのか。

――相談できる人はいなかったのですか？

「東京にも知人はいましたが、親身になって相談できる頼れる人がいなかったんです。姉を頼って地元に戻ったのですが、姉の夫に断られてしまいました。そこで覚醒剤を止めているという元交際相手に連絡をとり、一緒に更生を誓いましたが、結局うまくいきませんでした……」

――ご家族は今回の逮捕をご存じなのですか？

「母や姉には逮捕を伝えていませんでしたが、ニュースで知られてしまいました。母は面会にも来てくれました。今後どうしたらいいのか……誰に相談したらいいのか本当にわからなくなってしまい不安だらけです……」

強い不安を口にするものの面会中、つとめて明るく振舞おうとする姿が逆に痛々しかった。東京で抱えた果てしない孤独感、そして地元に戻ったのに行き場がなくなってしまった絶望感……それはわれわれの想像を超えたものだったのだろう。危惧していた彼女の〝弱さ〟がまた同じ過ちを繰り返してしまったのか、と思うと私もやるせない思いが募った。

私は今回の事件で、今どんな捜査が進められているのか少し気になっていた。地元系列局で仲がよい記者に頼んで所轄警察署の副署長を紹介してもらい話を聞いた（通常、所轄警察署のマスコミ対応は副署長が行う）。警察署の受付に行くと、二階に副署長がいると案内される。副署長はこう切り出した。いかにも〝現場たたき上げ〟という風貌だ。

「今も共犯者を中心に調べています。だけど西岡は共犯者、入手ルートについてはようしゃべりません。関係先はこの周辺でほぼ全部ガサ（家宅捜索）でつぶしたという認識です。まあ、びっくりするくらい相当な量を押収しましたよ。最近はこっちがパクるとブツ（薬物）を取り戻しに押しかけてくる連中もおって、そいつらも潰すちゅう感じですわ」

薬物を取り戻しにまで来る、という話に私も連形ディレクターもそこまでするのかと驚愕した。

「僕らは東京で彼女が一人暮らしを始めた所を見届けて『悪い人間関係も絶って更生します』という言葉を信じていたので、裏切られた感じなんです」

というと副署長は「ははは」と笑い出した。

「清田さん、そんなヤク中（薬物中毒者）の女の言うこと本気にして、どないしますねん。ご承知の通り薬物事犯はなかなか抜けられない、再犯繰り返すのがほとんどですわ。反省の言葉なんて信用なんかしたらアカンですよ、まあそれがわれわれの仕事なんですがね」

立場によって、こうも言うことが違うのか、記者をしていれば百も承知だが、薬物を取り締まる側の捜査機関としては〝性悪説〟に立たざるを得ないのだろう。

塀の中からの手紙

私と連形ディレクターは、拘置所に移送された後も面会に行ったり、手紙を書いて彼女のことを気にかけている。実刑判が確定し現在は刑務所で服役中だが、二〇一九（令和元）

年の秋、彼女から久しぶりに手紙が届いた。Ｂ５の便箋に、しっかりとした字で書かれていた。

「お久しぶりです。ようやく長かったお盆も終わり少しずつ涼しくなってくる頃ですね。去年の夏に比べると今年の暑さはだいぶましかと自分を励ましながら日々過ごしています。盆明けになんとか体調も戻り（刑務）作業に出られるまで回復できたのでよかったです。まだ先が長いので自分の体と向き合い元気でこのまま社会に帰りたいです」

不安を抱えつつも前向きに受刑生活を送っている様子が伝わってくる。とりあえず私もほっとする。そして、自ら犯した罪と向き合い考えた文面が続いていた。

「両全会で受けたプログラムの中でも薬物（事犯）の八割は、また繰り返し刑務所へ戻ってくるとのこと、私も捕まるまで約一〇年以上薬物を使い続け薬物中心の生活が当たり前に過ごしてきてしまい、普通ではない生活を当たり前に過ごしてきた自分が恥ずかしいです。帰るまでにまだ時間はあるのでこれからは自分が何をすべきか無理をせず、希望を持った生活ができたらいいかと思います。刑務作業を通して毎日継続して仕事を続ける大変さをつくづく感じているのですが、清田さん、連形さんもずっと今のお仕事を続けられるのはご苦労が多いと思います。なにかやりがいがあるから続けられるのかと勝手な私の想像ですが、私も見習いたいです。（中略）まだ先が長いので気長にお付き合いしてもらえればと思います。またお手紙します。……文が下手ですいません」

過ちを繰り返したとはいえ、その後の受刑生活でまた自分を見つめ直すことができたのだろう。文章も決して下手ではない。真摯に自分と向き合っている姿も伝わってきた。出所までのこと、そして出所後をどうすべきか、徐々にだが整理できつつあるのかな、と思い私もうれしくなった。こうした手紙をもらうと、本当に記者冥利に尽きる。私も今後も、自分の立場ででき得ることを彼女にしたいと思う。

〝寄り添い型ケア〟のグループホーム

両全会を卒業したものの、再び窃盗を繰り返したり、薬物に手を染めてしまう。うまく社会生活を軌道に乗せられるかどうか、そこは本当に紙一重である気がする。補導主任の三浦さんも、

「要するに国の予算の関係ですよね。六か月で自立させないといけない、というのがわれわれに課せられた任務なものですから、その範囲内でできることは全部します。しかし、最後のここから出すことが一番、難しいですよね」

と本音を漏らす。

そこで、新しいことにチャレンジするのが両全会だ。小畑理事長は悲願だった「グループホーム」を関連機関として都内にオープンさせたのだ。更生保護施設を出た後、なお自立が難しい障害を持った女性を対象に住居を提供し、中長期にわたるケアを続け、社会復

帰の後押しをしようという試みだ。更生保護施設を出た後も寄り添いケアしていくのが狙いだ。

両全会が一戸建ての住宅を購入し、数人で共同生活し専門職員の指導を受けられるというスタイルだ。オープン初日、グループホームにいたのは両全会にいたときに話を聞いたことのある四〇代の女性だ。服役した罪名は保護責任者遺棄致死。子どもを閉じ込めてしまい食事を与えず死亡させてしまったという。

――一人部屋はどうですか？

「さみしいです。一人で悩むことが多いですね。やっぱり事件のことはずっと忘れられません。この先どうなるのかという不安もありますし……」

今でもわが子を死なせてしまった事件のことを思い悩む。ホテルのベッドメイキングの仕事をしながら自立に必要な資金を貯めている。事件後、夫とは離婚。今、地元を離れて一人で自立への道を歩み出そうとしているが、それを阻むものがあるという。

「ギャンブルをすごくしていたんです。本当に、あればあるほど使ってしまうんですよ」

――今はもうやるつもりはない？

「全然ないです。ギャンブルはもう怖いです」

――一回やってしまうとまた泥沼に？

「今度は本当に立ち直れなくなるんじゃ……前よりもひどくなってしまうのはわかってい

ますから」

もともと精神的に不安定でギャンブルに依存してしまう傾向があるため、「金銭管理をしてくれる人がいないと不安だ」と本音も漏らした。両全会を出て一人暮らしするのに不安だった彼女も、このグループホームで過ごすことで、その不安もとりあえず解消される。

「ありがたいですね、更生保護施設を出て一人でやっていけるかなっていう心配のほうがみなさん強いと思います。施設を出た後もこういう施設があると安心できます」

更生保護施設を出てからも

両全会を出た後のフォローが必要だと常々思っていた小畑理事長もグループホームのオープンに感無量と語り、その必要性を訴えた。

「更生保護施設での三、四か月の期間では短くなかなか難しいということで、もう少し期間が必要だと感じていましたし、そのための施設も必要であると思っていました。彼女たちの一番大きな心配事は相談相手がいないことなんです。また昔の悪い仲間や彼氏に相談をしてまた薬物に手をだしたりしてしまうので、そういうことがないように寄り添い型のケアをしてあげようということで、このグループホームを作ったというわけです」

職員が常駐し食事や洗濯などの指導や、何かトラブル、悩み事があった場合には相談にも応じる。

「更生保護施設の期間が短いのは、その通りです。この期間をもう少し長くケアをしてあげれば、かなり再犯防止にも効果的だと思うんですね」

――こうしたグループホームが増えていくといいですね。

「そうですが、予算の面、いろいろな環境の面で難しいところがあります。どこかが試行的にそれをやる、チャレンジするところがないとこういうことはできませんので、うちが一つの実験的な施設としてチャレンジしたわけです。これは経営的には大変です。非常に心配していますけどね。何とか彼女たちのためにね、次のステップを作ってあげたいとそういう思いで始めたわけです」

まだまだ試行錯誤はしていかなければならない面もあるだろう。そして小畑理事長は社会の〝受け入れ態勢〟の協力も訴える。

「まず社会の支援が必要です。社会が排除をするのではなくて、社会がそういう人たちの再出発を支援する体制がないといけません。そうでないとまた再犯を繰り返し刑務所に戻るということになってしまいます。やはり再チャレンジを助けるという成熟社会ですかね、日本はこれから世界の見本となる安定した成熟社会を目指さないといけません」

そして未来に向け小畑氏は熱く語る。

「日本が『世界一安全な国』を目指すのであれば、社会が罪を犯してしまった彼女たちの再チャレンジを支援するというふうになってもらいたいと思いますね。社会がより定着しうる場所を作ってあげることが必要なんです。なかなか社会の壁は厚いものですからね。そこでやり直そうとしてもなかなか壁に跳ね返されてしまいます。そこで受け入れる基盤を少しずつ広げるということです。このグループホームもそうですし、いろんな関係機関や地方自治体とも連携をしながら彼女たちの社会化に少しでも手助けできればいいなと思っています」

小畑理事長が指摘するように、東京オリンピック・パラリンピックを前に政府は「世界一安全な国、日本」実現に向け、数値目標まで掲げて再犯防止対策を進めているのだ。前述した犯罪対策閣僚会議は二〇一四（平成二六）年一二月には「犯罪に戻らない・戻さない」と宣言し、「立ち直りをみんなで支える明るい社会へ」と謳っている。

目標として「犯罪や非行をした者を社会から排除・孤立させるのではなく、再び受け入れる（RE—ENTRY）ことが自然にできる社会にする」と掲げているのだ。その数値目標は、「二〇二〇年までに犯罪や非行をした者の事情を理解した上で雇用している企業の数を現在の三倍にする」「二〇二〇年までに帰るべき場所がないまま刑務所から社会に戻る者の数を三割以上減少させる」ことだ。

また二〇一六（平成二八）年、いわゆる再犯防止推進法が全会一致で成立、翌一七年に国はその効果的な実施を図るため「再犯防止推進計画」を策定、地方自治体や関係機関を含めた再犯防止を進めるための体制もできてきた。

出所者らを積極的に受け入れる企業などは「協力雇用主」と言われるが、この数を増やすというのは対策として非常に有効だとは思う。法務省によると再犯で刑務所に収容される受刑者の約七割が無職であり、仕事に就いていない者は仕事に就いている者と比べて再犯率が四倍にもはね上がるというデータもあるのだ。これまで多くの再犯受刑者にインタビューしてきたがやはり仕事を途中で投げ出してしまったり、転々とするケースが多い。再犯防止につながる仕事の確保は急務である。そして、二つ目の数値目標「帰る場所がない出所者を三割減らす」というのも現在、刑務所、保護観察所、地方公共団体など関係機関が連携し、服役中に出所後、速やかに支援サービスが受けられるよう仕組みが整備され年間約一〇〇〇人の帰住先の調整が行われるなど実績も出てきている。一方で出所後の一時的な居場所としては、更生保護施設などにつないでいく必要があり、両全会の果たすべき役割は今後も大きくなっていくと言えるだろう。

こうした政府が掲げる目標が絵に描いた餅にならないよう、われわれ社会、国民一人ひとりが意識改革をしていくことも必要だろう。

特別編

元オウム信者との〝面会記録〟

元オウム真理教信者・平田信から目黒公証役場事務長監禁事件の遺族に書かれた手紙（時事通信）

〝塀の中〟での出会い

私はこれまで三年余り、元オウム真理教信者・平田信《まこと》との面会を続けてきた。彼は目黒公証役場事務長・仮谷清志さん監禁事件（監禁罪のみで起訴、致死罪については問われていない）、宗教学者宅の爆弾爆破事件、火炎瓶事件に関わったとして一九九五（平成七）年に特別指名手配され、一七年もの逃走の後、二〇一一（平成二三）年一二月三一日に突然、警視庁に出頭した。〝平田信〟といえば、長きにわたって逃走し大晦日に出頭してきた男という、この記憶しか持ち合わせていない読者も多いかもしれない。

裁判では「運転手役などとして巻き込まれただけで、事前に犯罪行為をするとは知らされてはいなかった」と主張したが、ほとんど認められず、爆発物取締罰則などで懲役九年の刑に服している。

この章では、現在もある刑務所に服役する平田との面会でのやりとりを中心に、一人の元オウム信者が現在どのような心境で受刑生活を送っているか、かつての教祖や教団、そしてメディアに対して、どのような思いを抱いているかを書いてみたい（なお、文中の敬称は一部、略させていただいた）。

まず刑務所での面会がどのように行われるかをご紹介したい。受刑者が社会にいる人と面会するためには、面会をしたい人物を「外部交通登録」しておく必要のある施設もある。

刑務所の面会室に着いたら受付で面会申出書に氏名、生年月日、住所、職業、そして面会の目的など必要事項を書いて提出する。すると職員から身分証明書の提示を求められ、運転免許証などを提示しなければならない。この手続きを終えると一五分程度待つことになる。刑務官が刑務作業をしている工場などへ受刑者を迎えに行き、面会室まで連れて来なければならないので、この程度の待ち時間が必要となるのだ。一度に最大三人まで面会できる。

平田との面会はこれまで計四〇回ほど（一回につき最大三〇分）になるが、そもそもの出会いは、一九九五（平成七）年三月三〇日に発生した國松警察庁長官狙撃事件をめぐる取材がきっかけだった。

この事件はオウム真理教による犯行という見立てで警視庁公安部による捜査が進められたものの、結局は証拠不十分で、迷宮入りすることとなった。にもかかわらず、二〇一〇（平成二二）年に公訴時効が成立した際、公安部長が記者会見を行い、「事件はオウムにより行われた計画的・組織的なテロであった」と発表したことで厳しく批判された。

オウム犯行説の中でも、実行犯としてとりわけ疑われたのが、射撃経験があり、教祖・麻原彰晃のボディガードを務めていた平田である。

詳細は拙著『警察庁長官狙撃事件――真犯人〝老スナイパー〟の告白』（平凡社新書）を読んでいただきたいが、この事件はオウム真理教による犯行ではない、というのが私の立場である。平田本人からこの事件に関わっていないことを確認するために、服役中の刑務所に手紙を送ったことから関係は始まった。

一七年間にわたる逃走の理由

平田との初めての面会は二〇一六（平成二八）年一〇月。まず一七年間逃走した理由について聞いた。

アクリル板越しではあるが目の前に平田信がいる……。初めての面会で〝オウム記者〟の私は平田を目の前にして緊張しながら質問をした。

——逃走した理由はなんですか？

「國松事件が大きいです」

——出頭されたのは國松事件が時効になっていたこともある？

「そうですね、逃走、出頭については國松事件がその理由のほとんどです」

——出頭したのは麻原の死刑執行を遅らせるためだという見方もありますが？

「そうではありません。それに関しては私が何か言えば言うほど勘ぐられますので、言っても仕方がないのかなと」

——麻原については今どう思っていますか？

「何もありません。言葉もありません」

――信仰心はないと？

「一切ありません」

――犯罪にかかわってしまったことは今どう思っていますか？

「一言では言い表せません……」

――雑駁な質問で恐縮ですが、一七年の逃走中はどのような心境、どんなことを考えていたのですか？

平田はしばらく考える。そして、

「一言で言えることではありません」

――私は、平田さんが國松事件の犯人だと思っていない。犯人扱いされたことをどう思っていますか？

「一言では言いがたい、どうもこうもないという印象です。私にとって國松事件はもう終わったという認識です。今さらどうということもないことです。今の自分の目下の関心事ではないという感じです」

――事件後、一七年逃走されたが、國松事件で犯人扱いされたことが大きいのですか？

「それはものすごく大きいです」

――平田さんは撃っていないですよね？

「はい。逆に聞きたい。なぜ私が疑われたのか？　そのように犯人扱いされたのか、なぜそうなったのか聞きたいくらいです。もうひとつ聞きたいです、いいですか？　私の背が高いとか射撃経験があるといったことだけでなんでここまで國松事件で疑われることになったのか逆に聞きたいです」

平田は私に強い語気で質してきた。

――われわれもそういう意味では警察情報に引っ張られてしまったことは反省しています。

「警察も言うんですよ。君は國松事件ではそこまで容疑性がないのになんでマスコミはあそこまで取り上げるのかねって。マスコミと警察は、お互いなすりつけ合っているだけのように見えます。テレビ朝日だって、そういう報道していたわけでしょ」

平田が訴える〝報道被害〟

このやりとりにもあるように、平田と面会していてもっとも痛感させられるのが彼のメディアに対する〝不信感〟である。確かに当時、國松事件の〝犯人〟であるかのような報道が新聞、テレビ、週刊誌などで繰り返されていたのだ。

二〇一七（平成二九）年二月、五回目の面会のことだった。國松事件を特集する番組の中で、オウム犯行説を否定する証左のひとつとして平田氏との面会の様子を伝えたいとお願いすると、次のように語気鋭く訴えてきた。

「はっきり言いましょうか。私に冤罪をかけたのは警察もそうですが、マスコミはそれ以上だと思っています。それを頬被りしてマスコミが警察を批判するのはものすごく違和感があります」

私が答えに窮していると、さらに手元に持っていたものをアクリル板に掲げた。

「じゃあ、象徴的なものを見せましょうか。当時の週刊誌です」

一九九八（平成一〇）年四月に発売された、ある週刊誌記事のコピーだった。平田氏の顔写真に「ＷＡＮＴＥＤ　國松長官狙撃事件の容疑者・平田信」と書かれていた。

「こういうのは週刊誌だけじゃないんです。テレビでも私がスナイパーだと報道された。逃走に使われた放置自転車から私の指紋が出てきたとか、犯行前日に私が亀戸で早川（紀代秀元死刑囚）と密談しているのを見たとか、いかにも物的証拠があがっているように報じているのもあった。

松本サリン事件の被害者・河野（義行）さんの冤罪でもマスコミはご本人に謝罪して、再発防止を誓った。しかし、そう言っているすぐ脇で私に同じことをしている。それについても検証してもらいたい。なんで逮捕状も出ていない人間に容疑者と言えるんですか？」

「容疑者」という呼称はもともとメディアが作った用語（捜査機関は「被疑者」と呼ぶ）であるが、そもそも逮捕状が出たり、実際に逮捕された人間に対してのものである。繰り返し言うが平田は國松事件では指名手配もされていないし、逮捕状も出ていない。これは重大な「人権侵害」であると言えよう。平田が負った精神的な苦痛を思うと私は言葉を失った。

その後、面会を重ね二年後の二〇一八（平成三〇）年一一月、二八回目の面会でのこと。

「國松事件に限って報道、扱いのひどさを言えば日テレ7、フジ2、テレ朝とTBSは0・5ずつという割合の印象ではありますよ。当時もテレ朝は慎重な姿勢は感じられましたよ。清田さんも、こうして月一回来られて、取材姿勢にも、こういうマスコミの方もいるんだとそれなりに感心してはいますよ」

――ありがとうございます。

「まるで当時のマスコミの代表みたいに私から不満をぶつけられて理不尽に思われているでしょうけど」

――そんなことありませんよ。

と私が笑いながら否定すると平田も笑う。

「ただ書く側と書かれる側の論理は違うんですよ。そちらは『背景を書けば私だと匿名にしてもわかってしまう』と言いますが、それは書く側の論理です。例えば今年のノーベル賞の受賞者の名前、憶えていますか？」

――すいません、忘れました。

私も思わず笑ってしまう。平田も笑みを浮かべながら、

「そうですよね、人なんて関係ないことは忘れるものなのです。塀の中でも事件の本が好きな連中が多くて、國松事件に関する本を読んだ奴に『お前、こんなことに関わっていたの？』などと言われるから『違う、違う』って説明しているんです。その人にとっては、その本がたとえ昔に出版されていても最新の情報になってしまうんですよ」

一度受けた心の傷は何年経っても癒えるものではない、それは報道被害においてもそうであると、恥ずかしながら平田の話を聞いて初めて痛感した。〝メディアの驕《おご》り〟という言葉もしばしば聞く。取材される側、報道される側の心情に思いを馳せることを忘れてはならないと平田との会話を通じ再認識させられた。

被害者遺族に対する態度

二〇一七（平成二九）年一二月、一九回目の面会の際には一七年間に及んだ逃走時の思いを改めて聞いた。

――出頭しようと思われたり、当時、逡巡《しゅんじゅん》はあったのですか？

「長い時間ですから、いろんな思いはありました。逃走したのは國松事件、ほぼすべて、そこにありました」

――不安はありましたか？

「そりゃ人間ですから全然なかったと言うのは簡単ですが、誰だってそうだと思います」

――國松事件の時効前にも出頭しようと思ったことは？

「それはありますけど……」

――六年前の大晦日、出頭したのは震災の影響などが？

「いろんな条件が重なり合っているので……、簡単に言えるものではありません」

――これは厳しい質問ですが、一七年間平田さんが逃走していた間は社会に不安感が広がったと思う。その点については今、どう思っていますか？

「もちろん、世間を騒がせた、迷惑をかけたという点について反省したいと思っています」

――亡くなった仮谷清志さんやその遺族に対してはどう思っていますか？

「私自身は、致死には関わっていないが、その延長上にあったわけですから、法律的な問題はありますが、道義的にも大きな責任はあると感じています」

――謝罪の気持ちはある？

「はい。謝罪させてもらいました。その意も受け入れてもらって……メッセージもいただきましたので。……（しばらく沈黙）なんとも言いがたい……ただただ、お詫びしかありません」

彼は絞り出すように言葉をつないだ。平田は一審判決後、亡くなった清志さんの長男・

仮谷実さんに謝罪の手紙を送っている。その中では、

「私を含め十数人で仮谷様を恐怖の中で殺したとのお考えに反論はありません。犯人全員に極刑を望むお考えにも同じく反論はありません」

「一体、私は何をすればご遺族様方に慰藉となり得るだろうかと考えましたが、答えは出ません。それでも尚、考え続けています」と綴っていた。

遺族の仮谷実さんはこれをどう受け止めたのだろうか。平田とのやりとりを伝えると、仮谷さんも平田の真摯な態度を認めていた。仮谷さんは、

「字も丁寧に書かれていたし、私たちに対する謝罪の気持ちは本物であると感じる手紙でした。平田氏は率直に言いますと、すべてにおいて真面目という印象です」

と平田からの手紙を評価していた。面会で私は彼にこう伝えた。

──仮谷実さんからメッセージを預かってきています。仮谷さんは「手紙は発信制限があるようなので無理はしないで下さい。あとは父の供養はこれからも継続してくれると信じています。叔母（仮谷清志さんの妹）を助けようと思ったというのは本当でしょう。大体のことを認めているし概ね真実を述べていると整理がついています。事件については詳しいことは知らないのだと思います」と話されていました。

この間、平田氏は仮谷さんのメッセージを書き漏らすまいと必死でメモをとる。仮谷さんに何かメッセージは？　と聞くと、

「非常にありがたい。非常にありがたいです。本当に申し訳ない、の一言につきます。私は供養の気持ちを持ち続けることしかできません。今できることはそれだけです。その気持ちは忘れずにいたいと思います」

と語った。二〇一七(平成二九)年には、偶然にも仮谷さん事件が起きた二月二八日に面会したことがあった。この際にも、

「言葉で表すにはなかなか難しいが、私なりに供養する気持ちを命日にかかわらず、持ち続けております、と仮谷さんにはお伝えください」

と私に語った。

私はオウム裁判も数多く傍聴し、多くのオウム元信者らの言動を見てきたが、平田の被害者、遺族への謝罪、真摯な姿は本物であると確信した。

地下鉄サリン事件前夜〝爆弾事件〟の真相

平田が私との面会で最も強く訴えているのは「裁判の不当性」だ。それは初めての面会の時からだった。

――いまはどんなことを考えながら受刑生活を送っていますか?

「今、思っていることを一言で言うなら納得しがたいものがあります」

――どういうことですか?

「自分の判決、裁判のことです。裁判はもっと公平なものだと思っていました。（近代法の原則では）推定無罪と言っていますが、実質、〝推定有罪〟です。（日本では）九九・八％という異常な有罪率の高さが続いています。権力を監視する立場であるマスコミもそれを問題視しない。自分個人としては証人、証拠の恣意的な選別、これは個人の不満ではなく司法の構造問題として提起したいんです」

そう答えると彼は上告趣意書など裁判資料を出して、アクリル板越しに掲げた。

彼は、その後も「ここにいる人でも話を聴くと本当にひどい裁判を受けた人が他にもいます。オレ一人じゃないんだなと思いました」と言う。

——他の受刑者と話すと裁判への不満とか裁判所への不信感を持っている受刑者が多いとのことですが、実際そんなに多いのですか？

「それはもう多いですね。半数以上だと思います」

——そういう話を他の受刑者と部屋でするのですか？

「しますね。一方的に聞く話では確かにひどいねという話もあるし、もちろん愚にもつかない自分勝手なものもありますが、話を聞く限りはひどいなというのもあるのは確かです」

塀の中では裁判への不満、裁判所に対する不信感を持っている受刑者が少なからずいるようだ。

平田の裁判で最大の争点となったのは地下鉄サリン事件前夜に起きた爆弾事件だ。一九九五（平成七）年三月一九日午後七時半頃、当時オウム真理教に好意的だったとされる宗教学者が住んでいたマンションに時限爆弾が仕掛けられ爆発した。幸いけが人などはいなかった。

確定した判決では、犯行当日、東京・杉並区にあった「今川アジト」の狭い部屋で井上嘉浩元死刑囚と共犯者らの謀議があったと認定している。これは主に井上、元自衛官のAらの証言をもとに構成された事実認定だ。

判決によると、井上は集まった信者たちに紙袋から時限爆弾を取り出し見せ、

「俺たちは爆弾を仕掛けたら逃げるから、平田は爆発を確認してくれ」

と指示したとしている。そして夜七時過ぎに車二台に分乗し、平田は井上の乗った車の後をつけ宗教学者のマンションに到着。井上がマンションのエントランスに時限爆弾を仕掛け、別の信者は教団を中傷するビラを床に置いた。その後、井上らが乗った車は平田の車より一足先にマンションを後にする。平田と林泰男元死刑囚は爆発を確認するため現場に残る。その数分後、計画通りに爆発を確認した、というのが判決の認定である。

しかし、平田の言い分はこうだ。

——爆弾自体誰も見てないと？

「はい、アジトには持ってきていません。あの日爆弾なんて誰も見ていません」

――爆弾を認識したのはいつですか？

「それは爆発した瞬間です。井上からは事前に具体的に何をしに行くかは一切聞いていません」

平田によると、犯行当日の夕方、今川アジトでうとうとしていると、隣の六畳の和室で井上が数人の信者たちと何やら話をしていたという。すると林泰男から、

「平田、もう帰っていいよ」

と言われアジトを出ようとすると、井上から、

「ちょっと待って、この後、ちょっと付き合ってくれるか」と言われ、車を出すことになったという。平田はこの場面を鮮明に覚えている。

「言い方としては非常に軽いというか、コンビニなどに行くときに（そんな感じで）よく誘われたので、今回もそうなのかと思った」

しかし、平田が車を運転し、井上らが乗った車の後を付いていくと住宅街にあるマンションの前だった。すると紙袋を持った井上が車から降りてきて、別の信者と二人でマンションの中へと入っていく。何をしているのかわからない平田は同じ車で待機していた林泰男に、

「これからどうするの？」

と話しかけると、

「いや、よくわからんけど、とにかく『見ていてくれ』だって……」

「見るって何を？」

「いや、よくわからん」

などという会話を交わした。

どうしてここへ来たのか訳もわからず戸惑う平田たちを残し、井上たちが乗った車は先にマンションから出て行ってしまう。そして、数分後、時限式爆弾が爆発したというのだ。

これが平田の主張する爆弾事件の真相だ。

判決で認定された事実と平田の主張は余りにも違う。つまり、事前に「爆弾を仕掛けに行く」などと井上が平田に伝えたのかどうかだ。ここは有罪か無罪かの分かれ道ともいえる。平田は当時、車両省に所属しており、井上ら幹部信者らの用事でよく車を出していたという。

私は同じ車両省にいた元幹部に、当時の教団内の状況がどうだったか話を聞いた。

——具体的な指示がないまま信者が動くことは当時教団ではあったのか？

「よくありましたね、逆に説明するほうが少ないと思いますけどね」

そうした光景を実際に度々、目撃したこともあるという。

「爆弾事件の時も、井上が『ちょっと来て』それくらいじゃないですか」

——軽い感じ？

「そうそう、井上が過去にそういう言い方をしていたことはあります。平田が言っていることのほうが本当じゃないかと僕は思っています」

と証言した。

さらに、平田は手紙で林泰男について次のように書いてきた。

「爆取（引用者注・爆発物取締罰則）では私と同じ車に乗り、同じ記憶認識を持つ林さんですが、彼も逮捕当時から爆弾事件については自ら供述していました。この件については裁判でも触れていて、

『自分はサリン事件だけで死刑になるだろうから爆取では逮捕されないかと思った』

『いや検察はそんなことしない。（爆取で）逮捕しないのは関与の度合いが低いからだ』

という検事とのやりとりを証言していました。

しかし、私の裁判上、どうしても林さんの立件が不可欠となり立件されました。これには林（泰男）さんも『当時から自供していたのに一五年以上も経ってから立件なんて納得できない』と調書への署名、捺印を拒否するも、検事は『いや、とにかくこれで立件終了だから』と一方的に帰ったそうです。

その林さんの裁判での証言は当時と変遷することなく『井上にちょっと付き合ってと言われたので、お茶にでも行くのかと思った』『爆弾については聞いてなかったので非常に驚き憤慨した』との証言でしたが、判決では『平田と林は親しいので庇《かば》っている』でした。

この日のために一五年も前から私を庇う伏線を張っていたとでも言うのでしょうか」

私も当時の教団の状況など冷静に考えると平田の主張のほうが、合理性があるのではないかと思う。

裁判所の〝恣意的な訴訟指揮〟

「私は裁判において証人を選別するなんてことは裁判前に考えてもみなかったんです。私に不利なことを証言する証人はOKで、有利なことを証言するのはダメだと。それが一審、二審、三審と続いて、それに驚いたんです。司法制度として見たとき、問題提起をしたいと、公平性が必要だと、マスコミもその問題性を抱いてくれたらと思いました。私の裁判に傍聴者もいっぱいいました。そのほとんどがマスコミだったと思いますが、それに気づいたのはたった一人の記者だけです。全くそれが読み取れなかったかわからないが、これは自分の立場として訴えたいのです」

平田の判決は懲役九年、これは爆弾事件で問われたいわゆる〝爆取《ばくとり》〟、爆発物取締罰則によるところが大きい。裁判では、この爆弾事件で弁護側が出した証拠、証人申請がことごとく退けられたのだ。判決で謀議があったとする今川アジトの六畳の部屋の様子から平田は説明する。

「六畳間の今川アジトの部屋はゴミ屋敷みたいなところで、最小で八人、最大で一一人が集まる形で肩がふれあうようなスペースです。

井上は非合法活動をしていた中心人物ですが、サリン実行役の人たちに、指示を出した後にそのままの形で地図を広げて爆弾を仕掛けにいくと言ったというが、それを証言しているのは井上と元自衛官の信者Aの二人だけなんです。

Aは私のことを別人の名前で記憶していて、そこにいなかった人間のことまで証言しています。その人間が爆取で誤認逮捕されたが結局、不起訴になり、立件も見送られた。記憶力に関しては証拠能力を持っていない人間の証言による判決なんです。この五〜一〇分の間にこの謀議が認定されてしまったんです」

平田はそう私に訴えた。そして、この爆弾事件の指示は、その場にいたはずの広瀬健一元死刑囚の裁判では一切出てこないという。要は検察寄りの証言をする井上や記憶が曖昧な元自衛官Aの証言による認定だというのだ。逆に記憶がしっかりしている豊田亨元死刑囚や広瀬の陳述書は証拠として認められず、弁護側の証人申請も却下されてしまったのだ。

「裁判所の裁量で証拠として認めないということで全くフェアではない。証拠でもないようなものをずらっと並べる法廷戦術もあるようだが、そういうのではないんです。無下に却下されるべきではないと思う。内容的にもあるものだし、そういうふうにして誘導していくようなことは司法として許されるのか？　それを証拠として認められなかったことに相当びっくりしました」

——豊田、広瀬の陳述書はどういう内容なのですか？

「彼らは爆弾事件の謀議を否定しています。そういう陳述書がある」

——豊田、広瀬は具体的にどう言っているのですか？

「明らかに爆弾謀議を否定しています。事件直後もずっとそう話しているが、改めて聞いても『そんな話はなかった』と話している。地下鉄サリン事件前日で相当な緊張状態にあるなかで自分たちが明日しなければならないことを考えたら記憶しているはずです。井上本人は連絡調整役といっているが、彼が明らかに現場指揮役だった。豊田、広瀬も井上を現場指揮役ととらえていて彼の言動はかなり注視していた。そこでもし爆弾という、かなりインパクトのある言葉を使っていたら覚えていると思う。

明日やること、つまり地下鉄サリン事件を考えたとしても、爆弾と聞いたら驚いて記憶に残ると思う。裁判所は明確に否定した人は証人、証拠として採用しない。検察官も証人申請しない、認めないというのはまるでゲーム。不利なカードは切らない、有利なカードは切るとしたら、それはゲームです。もしゲームであるならばディーラーである裁判官はもっとフェアにしてほしい。井上がいたのは五分から一〇分、どんなに多くみても一五分です。井上自身が言っているがスーツに着替え、克也（高橋克也受刑者、地下鉄サリン運転手役で無期懲役）に指示をした。そしてサリンについてさらっと言って、そこにまた、さらには、爆弾謀議が入った。今川アジトでは幕の内弁当のように人がぎゅうぎゅうに詰められているんです。五〜一〇分という短い時間で、そして六畳という狭い空間に一〇人近くいたんです。そこで謀議するのは空間的にも物理的にも不可能です」

さらに、平田は裁判所が〝証拠の改竄《かいざん》〟までしたと訴える。

「元自衛官のAの記憶が抜けたのは八時間なんです。東京のラーメン屋にいたのに、気づけば上九（山梨県の旧上九一色村）の施設にいた。意識を失ってラーメン屋にいたのに気づいたら上九で立って話していたと。それってかなり異常な現象ですよね。二審では裁判長の判断でそれが一時間とされた。これは証拠の改竄ですよ。検面調書、上申書、すべてどこにも一時間などと書かれていない。証拠の改竄を高裁自らやっているんです」

平田は〝証拠の改竄〟という言葉を使い、高裁自ら証拠をねじ曲げて事実認定していると強く訴えた。

——記憶を失ったというのはいつのこと？

「爆弾事件の前日です。非常にめちゃくちゃな話です。本人も薬を盛られたかもしれず八時間記憶が抜けていると言っていて警察官調書でも二〇〇ページにわたる上申書でも明確に八時間とあるのに一時間で問題ないと、ここまで行くと証拠の改竄ですよね。当時の状況、どういったら理解してもらえるか……本当に難しい」

そういうと苦悩の表情を見せた。

控訴審では、前述したとおり弁護側の証人は認められず、午前中で結審してしまったという。その時の様子を切々と語る。

「二審のとき、午前中で審理が終わっているんですよ。さすがにこのとき東京拘置所の担当刑務官さん、私はオヤジと呼んでいましたが、オヤジが『覚醒剤事件とか窃盗事件ならまだわかるがお前の事件の裁判が午前中で終わるなんて』と驚いていたんです。オヤジは慰めるような感じだったが『それは裁判所からのメッセージなんだと思え』と。一審判決で未決（勾留日数）が五〇〇日参入されて、長いほうだけどありえると思っていたが、二審判決で二九〇日も参入になっている。これは拘置所のオヤジも『まずそんなに入らない』と驚いた。上告審の判決でも一九〇日参入されて、もっと驚きました。オヤジも『珍しい、おれらもみたことがない』と言っていました。それで『これは裁判所からのメッセージで、お前の言い分はわかる、こういう形で減刑するからと、メンツがあるから減刑はできないと、こういう形で減刑するから飲んでくれよということだ』と言っていました。長く拘置所にはいたので刑務官とも親しくなって、事件の状況を話したりしていたんです。私を励ます意味もあると思いますが……上告審で未決が一九〇日入るというのは清田さんも聞いたことがないんじゃないですか？」

私もそれは同意する。（平田の言う「未決」とは「未決勾留日数の参入」ことである。判決が出るまでの間、勾留されていた日数のうち裁判所が刑期として認める日数のことである。この日数が多ければ、それだけ早く刑務所から出ることができるのだ）実質審理が最後となる控訴審がなんら証拠調べ、証人尋問もせず、結審してしまったのはさすがに裁判所として乱暴ではないか。彼の言うように〝推定有罪〟ではないか。平田はこう訴える。

「いま裁判は心証主義に陥っています。かつては証拠主義だったのに、裁判員裁判になって心証が大きく左右されるようになってしまった。なおさら証人を選別するのは、余りにも問題だと思います。いまの司法があまりにも〝有罪ベルトコンベア〟化が完璧にされている。被告席についたら有罪という流れが確定してしまっている。裁判で真実を明らかにするという感じはなくなっていると」

そして今、再審請求の準備を弁護士と進めている。

「自分としては再審に大きな希望を抱いているわけではありません。日本の司法に本当に正義があるなら、その正義を見てみたいという思いがある。地裁、高裁、最高裁計一一人の裁判官が黙殺した。一二人目にちゃんと証拠は証拠として扱う裁判官がいるのかなという思いです」

――再審には期待する部分と期待していない部分があるということですか？

「現実的には期待できないでしょう、というのも再審は〝開かずの扉〟とも言われていますから」

――訴訟は長引くこともありますから、再審が出所後になってしまうかもしれませんね。

「刑期を短くしようとは思っていないんです。恣意的な訴訟指揮、証拠があったということを明らかにしたいだけです。無罪を勝ち取ろうなんていうのは二の次、三の次なんです」

――再審の場で裁判所の恣意的な訴訟指揮、証拠の改竄があったことをあぶりだしたいと?

平田は大きくうなずいた。私は思わずこう言った。

――まともな裁判官にあたるといいですね。

「そうですね。そういう人は極めて希少な存在で確率的には低いのでしょうけど」

このとき、平田は珍しく歯を見せて笑った。この面会は二〇一七(平成二九)年の年末のことだったのだが、面会終了時間が来ると平田は、

「よいお年を」と私に言ってくれたのだ。私も、「平田さんもよいお年を」と言葉を掛け面会室を後にした。

オウムはいつから変質したのか

現在は教団への信仰心は一切ない平田だが、時折、当時の教団の様子を語ることもある。平田はオウム真理教の前身「オウム神仙の会」からの古参の出家信者であったが、本当にヨガを本格的にしたいという思いから入信したという。

「最初は宗教じゃなく、二〇人から三〇人の普通の単なるヨガサークルだったんです。そ

こからどんどん変わっていって、変化に耐えられずやめた人も多いが、残った人というのは麻原に魅力があったのだと思います。常人と違う雰囲気を持っていました。最初の頃はいろんな能力も持っていたと思う。彼自身が節制していたし、真剣に修行に取り組んでいた」

――平田さんはオウムではどのような生活をしていた？

「車両省だったので一般の配車係みたいなことをしていました」

――修行をやりつつ？

「そうです」

――修行はどの程度？

「仕事はせず修行に専念する時は、がっつり一日二四時間、一日一食、睡眠時間ゼロで……」

――睡眠ゼロですか？

「瞑想するのでそれが睡眠のかわりになるのですが、四、五か月くらい一度も横にならずに修行した時期はありました」

――立位礼拝ですか？

「いや、座禅したり、呼吸法であったり」

――立位礼拝の修行を九〇〇時間やられたと聞きましたが、そのとき神秘体験をしたのですか？

「いや、その修行では少なかったです。立位礼拝は麻原がもともと仏教にあるものを開発したものですが、それでは体験は少なかった。ベーシックなヨガ、そういう呼吸法や瞑想に近づけば近づくほど体験がありました」

——オウムでの修行は自分のためになったと思いますか？

「よくオウムはパッチワーク宗教とも言われました。たしかにいろんなものを切り取っていますが、切り取っていい部分はあったとは思う。日本も過去には〝神仏習合〟として在来の神道と外来の仏教を融合させて土着させていったという歴史がある。そういう言い方するとまた誤解されるのであまり言いたくはありませんが……」

——ヘッドギアは嫌だったんですよね？

「嫌っていました」

——勝手な想像ですが、平田さんは（自分の）内に理想を求める方だと思っていました。

「まさにそうですね。私はもともと内に求めていました。理想とか自己変革とか。麻原が途中から急に外に向かい始めたんです。まあ、仏教思想でも他者の救済という考え方がありますから、うまくすげ替えが行われたなと。大乗仏教の思想にも、他者の救済というのはありましたから、若干の違和感もありましたが、ある意味初期の人と後期の人（信者）とは温度差があるなという話は古参と話をしていた」

――そもそもオウムに入ったのも内面的なものを求めてですよね？

「はい、社会を変えようというのはない、興味もなかったし発想もなかった」

――自分の内面を変えようと？

「はい、大体みんなそうですよね」

ではいつの頃から、教団は変質し、暴走していったのだろうか。

――教団の方向性がおかしいと思ったのはいつぐらいからですか？

「選挙（一九九〇年、衆院選で真理党を結成し教団幹部らが出馬したが全員落選）あたりですかね」

教祖・麻原彰晃に対してはどのような感情を抱いているのだろうか。死刑が執行される前の二〇一七（平成二九）年五月の面会で彼はこう話していた。

――麻原に真相を話してほしいという思いはありませんか？

顎に手をあててしばらく考える。

「うーん、あきらめています」

――麻原に真実を話してほしいと思っていた時期もあったのですか？

「ある時期まではありましたが、早々にあきらめはつきました」

――当時、平田さんが麻原から地下鉄でサリンをまけと命令されたら従いましたか？

「あの状況の中では断りづらかったですね、指示されて席を立つことはできなかったと思います」

――運転手役に平田さんの名前もあがっていたと聞いていますが、それはどうですか?

「そのことについて話すと説明が長くなります、近い位置にいたのは確かです」

――サリンということは知っていた?

「単語は知っていたが、どのようなものかまでは……松本サリン事件については知りませんでした。あの当時は新聞、テレビから隔絶されていましたから」

――麻原からは?

「麻原が説法の中でサリン、タブン、イペリットなんかと単語の羅列として使っていて聞いていました」

刑務所とオウムの〝共通点〟

二〇一八(平成三〇)年三月、面会も重ねて一二回目のとき、こんなことを話し始めた。

「たとえばこの刑務所とオウム、私は両方経験していますが、ものすごく似ていると思うんです。比較文化論的に論ずれば面白いと思う」

――たとえばどんなことですか?

「まず非常に細かいことですが、社会の非常識と言われることが、ここでは常識になっている。教団内では買い食いや外食は禁止で、外で物を食べてはいけなかった。それが当たり前だったんです。刑務所のルールも社会にいたらありえないこと、驚くようなルールがいっぱいある。それがこの中に入って慣れると当たり前になります。たとえば歩くとき手をここまで高く上げなければいけない（手を高く挙げる）、娑婆でこんな歩き方したら変ですよね。そういった独自のルールに縛られる。その価値観に馴らされる過程が非常にオウムと似ている」

なるほどと思う。さらに続ける。

「教団には教義があって、勝手に彼らは真実だと独善的に決めつけていわば〝死刑〟を執行してしまった。国も法律において死刑を執行できる。

以前、拘置所ではオヤジ（刑務官）が親身になってくれて深い話ができました。オヤジに『死刑囚を送ったことはあるか？』と聞くと、『この仕事長いから送ったことあるよ』と。『そりゃ悲しいよ、人間だもの。昨日までここにいたのに病気でも事故でもなく、いなくなるんだから。それが法律だから仕方ないと思うしかない』という。

教団で殺人をやった人間も似た心境だったと思います。『麻原は絶対に正しい』と思って、それも仕方ないという感じでやったのではないかと思います。

教団には独居があって、修行ということで監禁状態にして、本人も同意はしている違いはあるが、ひとつの狭い空間に閉じ込める手法もそっくり。ここで従事している人間も法律だからというのと、麻原の説く真理がそうだから従ってしまうという心理状態も似ています。

教団の場合は相手のためになると信じて殺人をしている。早川(紀代秀元死刑囚)さんも〝慈悲殺人〟という言葉を使っていた。慈悲によってこういう行為をすると。そういう意味で純粋に死刑を執行したのは彼らだと思う。そういう気はします」

――早川さんはそう言っていたのですか?

「裁判の中で言っていました。T君(教団を脱会しようとして麻原ら教団幹部に殺害された男性信者)の事件の裁判で、動揺はあったが麻原がそうすることで、我々は輪廻転生を信じていましたから、よい転生につながることを信じて慈悲の心を持ってやったと。坂本弁護士事件でも確か言っていたのではないですかね。当時、早川さんも殺害されたTさんを見てある種、羨ましいと感じたと証言していました」

――そうなんですか?

「ええ、麻原によって高い転生を得られるわけですから」

――普段、こちらでそういうこと考えていらっしゃるのですか?

「そうですね、考えざるをえないですね、ほんと似ています。刑務所のローカルルールが絶対で正しいのか、と感じることがあります。オウムのときも買い食いや恋愛を見つけたら注意するんですが、心に躊躇もあって、ひどくしかりつけることもできなかったですがね」

現在、かつての教祖・麻原についてはどう思っているのか。話の流れで再度聞いてみる。

――今現在、平田さんにとって麻原彰晃はどういう存在ですか？

「別になんとも思っていない……。というと無責任な言い方ですが……」

左手の親指を唇にあてたり、頬杖をついたりしてしばらく考え込んだ。

「表現が難しいですね……。うーん、そうですね、彼自身が多面的な要素を持った人間だったと思う。とこういうことを言うとまた悪くしか聞いていない人がいるかもしれないし、発言は慎重になってしまいますね」

非常に言葉を選びながら彼は答えた。繰り返し言うが、平田が「今、麻原への信仰心はない」と断言しているのを前提としてほしい。そして受け取る側の問題もあると指摘する。

「たとえば『あんな奴、最悪だ』とか悪口ばかり言ったとしたら、『じゃあなんで麻原を信じたんだ？』となる。じゃあ、いい部分も言わなくてはと思って肯定的なことを少しでも言うと『まだ切れていないのか？』となる。何を言ってもヒステリックな反応しか来ないのはわかっています。ヒステリックな反応をしない人だと確信が得られたら、それなりに話すことにしています」

オウム死刑囚の一斉執行

二〇一八（平成三〇）年七月六日、麻原ら七人の死刑囚に対し、刑が執行された。その数日後、私は面会に行った。もともとその日に行くと決めていて、結果的に執行直後の面会となるはずだった。しかし、二〇分ほど待ったあと刑務官が来て、「面会希望の清田さんですか？　今日は本人が会えないと言っています、面会はできません」と言われた。私は驚き、刑務官に理由を問いただしたが、「申し訳ありません。理由はわかりません。会えないということです」。

そう言うと刑務官は立ち去った。私は頭が混乱した。教団とは決別したと言ってはいるが、やはりかつての教祖、そして仲間たちの死刑執行はショックだったのだろうか？　私はもう二度と平田とは面会ができないのだろうか……失意の中で新幹線に乗り帰京した。

その数日後、平田から手紙が届いた。何が書いてあるか、ドキドキしながら開封すると、面会する前週の金曜日に骨折して、面会室までも歩けなくなってしまい、やむなく面会をあきらめたというのだ。

翌八月、無事再び面会することができた。面会室に現れた平田は松葉杖をついていなかった。

「先日は来ていただいたのに申し訳ありませんでした」

彼は軽く一礼した。

――お手紙をいただいて、びっくりしました。今は足、大丈夫なんですか？

「大丈夫です。直後は、壁伝いにけんけんで階段登りしたりして、何とか面会できるかなと思ったんですがダメでした。連絡もつかず申し訳なかったです」

――いえいえ、お大事になさってください。でも、どうして骨折したんですか？

「それが間抜けな話でして、階段で足をグキってひねってしまって、その時は大丈夫だと思って、そのままにしていたんですが、翌日ものすごく痛くなって診てもらったら亀裂骨折だったんです」

――工場の作業中とかですか？

「いえ、工場内でけがをしたら作業事故として調査、懲罰になってしまいます。そうではなくて運動の時間で、体育館に行ったんですが、その帰りに階段で、足をつこうとしたらグキってやってしまいまして、痛いとは思ったんですが、まさか折れているとは……」

――もう工場には出ているんですか？

「はい、今月一〇日に休養解除、休養は入院と同じことですが、次の日からお盆休みが六日ありまして、多少今も痛みはありますが、生活に支障はありません」

――病舎なのにエアコンもなかったと手紙で書いていましたが、体調はどうですか？

「熱中症で病舎に運ばれた人の部屋にはエアコンがついているんですが、自分の場合はけがなのでエアコンはついていませんでした。少し、涼しくなってようやく楽になってきました。自分、多汗症なので、いつも汗だくで体力的にも厳しかったですね。松葉杖が間に合えば前回の面会も何とかなったんですが、それも間に合わなかったんで……なんでもここは時間がかかるんです」

そう言うと苦笑した。

麻原らオウム死刑囚が執行された夏も暑かったが、翌年の夏もまた猛暑だった。二〇一九（令和元）年九月の面会で、

――今年の夏も暑くて大変だったのではないですか？

「暑かったです……。いまダニに噛まれて痒くて仕方ありません」

――薬は塗っていますか？

「軟膏をもらっています。痒み止め成分が入っているんですが、全く効かないんです。今だったらムヒを一万円でも買います」

――部屋にエアコンは？

「ついていないです」

――じゃあ、夜は暑くて寝られないのではないですか？

「そうですね、夏は寝苦しいですから常時、睡眠不足になります」

――和歌山の女子刑務所は部屋にエアコンがついていましたが、富山の男子刑務所はついていませんでした。

「去年、熱中症で死亡したケースもあったので、新しい施設ですとエアコンがついているようですが、ここは五〇年も経っているのでエアコンをつけるような造りになっていませ

ん。そういう造りにするわけにもいかないのでしょうし……」

──工場にもエアコンはないのですか？

「工場にもないですね」

受刑者たちにとって夏は一年で一番、厳しい季節なのかもしれない。

平田との関係性

面会も回数を重ねてくると、雑談も含めさまざまな会話をするようにもなってきた。二〇一七（平成二九）年五月、一一回目の面会では平田が感銘を受けた映画の話になった。

「清田さん、『大統領の陰謀』という映画は見られましたか？」

「いいえ、見ていません」

「そうですか、ウォーターゲート事件を描いたものですが、ワシントンポストの記者役のロバート・レッドフォードとダスティン・ホフマンが見る気もしない裁判を傍聴するとどこか違和感を覚えて、どんどん取材してウォーターゲート事件にたどりつくという映画です。小さいところからニクソン大統領の辞任に追い込んでいく。自分のイメージとしては、それがジャーナリズムのあるべき姿だと思っています。以前から言っている通り、日本の司法の状況は、ほぼ一〇〇％の有罪率、それに慣れてしまっている訳です。もう国民もマスコミも有罪だ、有罪だと一〇〇％近いことに違和感も覚えないようになっている、それは教団にいた時の感覚と似ていると思います。お前らと一緒にするなと反発を受けると思いますが、ただ非常に似ていると思います。渦中にいると異常なことを異常と思わなくなる。外に出て初めて異常性に気づくというか……」

平田が熱く語ったこともあり、私はその次の面会までに「大統領の陰謀」を見て、平田とこんな会話を交わすことになる。

――これだけ面会を重ねたので改めてお聞きしたいことがもうひとつあります。最初の面会の際に『一七年間の逃走生活については一言で言えることではない』とも言われていました。いまこれだけ私ともお話しさせていただけたこともあり、逃走中に、どのような心境の変遷があったのかを改めて知りたいのですが……。

彼はしばらく考える。

「それは……理解していただくのは不可能だと思っているんです。こういう状況ですし」

そういうと面会室のアクリル板を手で示した。さらに、

「娑婆で一晩語り明かすくらいならいいんですけど、一面だけとられるのは不本意なんで、答えたくないのではなくて、答えることができません」

――では社会に出たらぜひ、お話ししましょう、酒飲みながらでも。

私がそう言うと平田も笑顔を見せ、

「まだ先の話なんで……」

——お互い元気で、社会復帰されてからも、またお会いしたいです。

これは私の本心からの言葉だ。平田は微笑む。

——満期はいつでしたっけ？

「さて、しばらく意識していなかったんで……そういえば『大統領の陰謀』はご覧になりました？」

——はい。ああやって小さなことから大きなことへとどんどん追いつめていく姿は見応えがありました。昔の新聞記者の取材の仕方はああだったのかなと思いました。

「自分が思い描くジャーナリストはああいうタイプなんです。ここまで証拠、証人を選別するのなら、裁判自体がセレモニーになってしまうんで、証人は封殺するは、証拠は捏造するは、私の事件なんて重大事件とはいえないのかもしれませんが、司法の普遍的な問題として扱ってもらいたいんです」

平田はまた自身の裁判の経験と重ねていた。

そして二〇一八（平成三〇）年一月、二〇回目の面会の際には、『天文年鑑』を差し入れてほしいと言われたこともあった。私が、

「実は私、中学、高校の時、天文部だったんですよ」

と答えると、

「そうですか」

と言って笑った。

「刑務所って全然星が見えないんですよね、田舎なので見えると思ったのに、今だと昴《すばる》がようやく見える程度です。じゃあ、大学は天文学ですか？」

「いえ、文学部です。天文は完全に趣味です。平田さんも星が好きなんですか？」

「わりと好きですが、そんなに詳しいわけでは……」

平田と刑務所の面会室で、まさか自分の趣味の天文の話をする日が来るとは思ってもみなかった。最近はこうした雑談もよくするようになった。出所の日まで許される限り、平田との面会は続けたいと思っている。

エピローグ

「石川や浜の真砂は　尽きるとも　世に盗人の種は　尽きまじ」

長年、刑務所の取材を続けていると、この歌を思い出すことがたびたびある。ご存じの方も多いと思うが、石川五右衛門の辞世の句とされている。

受刑者の数は現在、減少傾向にあるものの、この歌の通り決してゼロになることはないだろう。犯罪が全く起きない世の中となれば刑務所など必要ないし、そのような社会が理想的であるのは言うまでもない。ただ、それは現実的ではないだろう。なぜならプロローグでも書いたが古来、人間とは過ちを犯す生き物だからだ。それは歴史が証明している。

今の日本社会は〝格差社会〟がひどくなる一方である。生活に行き詰まり窃盗や薬物から抜け出せず負のスパイラルに陥る人々、出所しても行き場のない多くの高齢者たち、悪い人間関係を断ち切れない女性たち……塀の中を歩く度、その社会の〝歪み〟を強く感じざるを得ない。この日本社会が現在抱える深刻な現状から決して目を逸らしてはいけない、

私が刑務所取材を続ける理由は、そこにある。塀の中は、もはや〝高齢者施設〟にしか見

えない。刑務所が行き場のない人たちの〝終《つい》の棲家《すみか》〟になってしまっていいわけがない。

かつてに比べ受刑者の数自体は減り、黒羽刑務所など閉鎖となる施設も今や出て来る時代となった。しかし実は再犯者率が高くなっていて、いわば犯罪者が〝固定化〟してきていることは好ましい傾向ではない。

折しも、このエピローグを書いていた最中、人気歌手の槇原敬之が覚せい剤取締法違反で逮捕された。個人的ではあるが〝人生最大の失恋〟をしたとき、彼のヒット曲「もう恋なんてしない」を聴き心に突き刺さり、以来彼の楽曲に惹かれていった。一九九九（平成一一）年、最初に覚せい剤取締法違反で逮捕、起訴されたとき、私は司法クラブのキャップを務めていたこともあり、彼の裁判を傍聴取材した。

法廷で彼は、罪を認め反省の態度を見せ、執行猶予がついた判決を受けた際にも、二度と薬物に手を出すことはないと誓っていた。私もその言葉を信じて再起を期待するリポートもした。そして執行猶予期間中に音楽活動を再開、平成最大のヒット曲とも評される「世界に一つだけの花」を世に送り出した。

しかし二一年後の今年二月、また薬物で逮捕されてしまう……。一人で抱え込まず誰か相談できる人間はいなかったのか、周囲に支えてくれる人はいなかったのかと残念でならない。薬物事件の受刑者や出所者たちの話を聞くにつけ、薬物中毒からの脱却の道は長く険しく、決して一人ではできるものではなく、いかに難しいかということを思い知らされる。

彼のヒット曲「どんなときも。」の歌詞に「迷い探し続ける日々が答えになること僕は知ってるから」という一節がある。彼も五〇歳ではあるが、この歌詞の通り〝迷い探し続け〟答えをまた出してほしいと一ファンとして切に思う。

第七章で紹介した更生保護施設「両全会」の小畑理事長の言葉も刑務所取材をする度に脳裏をよぎる。

「塀の中にいる間ももちろん大変なんだけど、問題は塀の外に出てからなんだよ。いかに彼女たちに寄り添うかなんだ。更生保護施設の保護期間は原則半年だけど、それじゃ短いんだよね。できることも限られるというもどかしさをいつも感じているんだよ」

高齢で身寄りのない受刑者の場合、社会にいると孤独感に苛まれるが、塀の中では逆に話し相手もいて他者と触れ合え居心地がいいと答えるケースの多さに私は愕然とした。しかし、その〝居心地がいい〟刑務所もいずれは去らなくてはならない日が来る。更生保護施設も、そうである。小畑理事長のように私費を投じてまで弱者に〝寄り添う〟方でも、残念ながらその限界はある。永遠には寄り添えないのである。

では、どうすべきか？　社会にいるわれわれ一人一人が、そうした居場所のない出所者たちを受け入れ支えようという意識を持ち〝寄り添う〟社会を構築していかなければならない。

一人ひとりの意識改革も肝要だが、一市民の力は限られている。そこには当然、政治の力も必要だ。「桜を見る会」などに巨額の血税を投入するのであれば、こうした〝弱者〟にこそ目を向け、再犯防止にむけた〝寄り添う〟社会作りをしていくべきだと塀の中の取材をするにつけ切に思う。拙著をお読みいただき、こうした厳しい矯正・保護行政の現状を理解していただける契機となれば筆者としてはこの上ない幸せである。

受刑者や出所者らのインタビュー取材をしても実際に放送できるのは、本当にごく一部で必要最低限に切り取った形になってしまい、今回初めてお伝えできた内容も多々ある。長年、取材をしながら世に送り出すことができず〝消化不良〟の思いを募らせていたなか、今回このように取材成果を活字に残すことができたのは記者冥利につきる。

手前味噌になってしまうが、オウム事件、そして刑務所問題という、私のライフワークの集大成とも言える著作になったのではないかと思う。前作『警察庁長官狙撃事件』に続き編集を担当され、このような機会を作ってくださった平凡社の金澤智之氏、また帯に推薦の言葉を寄せてもらった吉岡忍氏には深く感謝したい。

拙著を執筆中に大学時代、ゼミでお世話になった慶應義塾大学文学部元教授・青池愼一氏が急逝された。恩師にもこの一冊を捧げたい。

末筆ながら拙著の出版にあたり、法務省矯正局の大橋哲局長に内容を監修していただいた。この場を借りて厚くお礼申し上げたい。

二〇二〇年二月二七日

清田浩司

【著者】
清田浩司（きよた こうじ）
1967年群馬県生まれ。テレビ朝日報道局デスク。91年慶應義塾大学卒業後、テレビ朝日に入社。報道局社会部、ニュース番組「スーパーJチャンネル」「報道ステーション」で記者、ディレクターを務める。95年の地下鉄サリン事件発生時から20年以上にわたり一連のオウム真理教事件・裁判を取材するとともに、刑務所取材をライフワークとする。著書に『警察庁長官狙撃事件——真犯人“老スナイパー”の告白』（共著、平凡社新書）がある。

平凡社新書941

塀の中の事情
刑務所で何が起きているか

発行日——2020年5月15日　初版第1刷

著者——清田浩司
発行者——下中美都
発行所——株式会社平凡社
東京都千代田区神田神保町3-29　〒101-0051
電話　東京（03）3230-6580［編集］
東京（03）3230-6573［営業］
振替　00180-0-29639
印刷・製本—図書印刷株式会社
装幀——菊地信義

ISBN978-4-582-85941-6
NDC 分類番号326.52　新書判（17.2cm）　総ページ448
平凡社ホームページ　https://www.heibonsha.co.jp/